중국천주교회와 조선천주교회의 연계활동에 관한 연구

-19~20세기 만주지역 천주교회를 중심으로-

중국천주교회와 조선천주교회의 연계활동에 관한 연구

-19~20세기 만주지역 천주교회를 중심으로-

이석재 著

한국학술정보[주]

머리말

16세기 유럽의 식민지 확장 시대에 스페인과 포르투갈에 위임된 '국가후원의 선교 제도'(Padroado, 保敎權)에 힘입어 가톨릭교회도 세계 여러 나라로 선교사를 파견하게 되었다. 이탈리아 출신의 예수회원 마테오 리치(Matteo Ricci, 利瑪竇, 1552-1610)는 동양 선교를 위해 리스본으로 가 코임브라 대학에서 수학한 후 동양 선교에 나섰다. 그는 1582년 마카오에 도착하여 선교사로 활약하면서 중국 내지 선교를 준비하였고, 조경(肇慶), 소주(韶州), 남경(南京) 등을 거쳐 1601년 마침내 수도 북경(北京)에 입경할 수 있었다. 리치와 동료 선교사들은 북경에서 종교인으로서의 역할 뿐 아니라 천문학자, 수학자, 대포 주조자, 약사, 예술가, 통역관 등 전문인으로서 봉사하였고, 서양의 과학 기기들과 문물들을 전하고 많은 서적들을 저술하거나 번역하여 청에 서구 문명(淸歐文明)을 꽃피웠다. 이 문명은 조선 시대 북경을 오가던 우리나라 사신들에 의해 조선에도 전래되었다.

당시 전래된 여러 가지 서구 문명의 이기(利器)들과 한역서학서(漢譯西學書)들은 조선 정치인들과 뜻 깊은 젊은 학자들의 연구 대상이 되었고, 일부 남인계 학자들은 한역서학서들을 탐독하면서 서양 사상 뿐 아니라 천주교 신앙까지 받아들여 스스로 신앙 공동체를 이루게 되었다. 그들은 여러 가지 교회의 가르침들을 익히고 실천에 옮기며, 때로는 주어사 천진암 등에 모여 강학(講學)을 갖고 제반 학문과 천주학에 대한 토론을 벌이기도 했다. 이후 이들은 더 깊은 연구를 위해 북경 사신의 일원으로 이승훈을 파견하여 서양 학문과 신앙에 관한 문의와 서적들을 구해 오도록 하였고, 북경에서 세례를 받고 돌아온 이승훈을 통해 세례를 받고 명례방 신앙 공동체를 이루었다. 이 초기 신앙 공동체의 구성원들은 차츰 성직자의 필요성을 느끼게 되어 그들 스스로 북경 교회 제도를 모방하여 성직자단을 구성(모방 성직제)하기도 했었다. 그러나 이것이 곧 그릇된 것임을 깨닫고 지도자들은 북경 교구장에게 성직자 파견 요청을 하게 되었고, 조선 교회의 요청을 받은 북경 교구장과 선교사들은 성직자 파견뿐 아니라 조선 교회 사목에 대한 대책을 세우게 되었다. 그러나 한편 그 당시 포르투갈은 60여 년간 (1580-1640년) 스페인의 지배를 받았었고, 그 결과 많은 식민지를 잃었으며, 포교지 교회와 선교사 보호 능력도 점차 상실해 가고 있었다. 따라서 중국에 진출한 선교사들에게 경제적 후원을 해 주기도 힘들어졌고, 성직자들의 추가 파견 또한 어렵게 되었다. 아울러 중국 내에 종교적 박해까지 겹치게 되자 북경 교구장은 조선 천주교회의 성직자 파견 요청에 대해 흔쾌히 사목적 응답을 할 수가 없었다.

중국과 조선 천주교회가 이런 상황에 놓여 있을 무렵, 교황청은 새로운 선교 대책을 마련하고 있었다. 1622년에 설립된 '포교성'(Congregatio de Propaganda Fide, 현재는 '인류복음화성'으로 이름이 바뀜)이 그 예인데, 포교성은 교황 대리 대목제(代牧制)를 채택하여 보교권 제도 하에 선교사들이 파견되어 있지만 그 활동이 미미한 지역에 교황 대리 감목들을 파견하여 선교 활동을 새롭게 활성화시켜 나가기 시작하였다. 보교권 하에 기득권을 지니고 있던 포르투갈 선교사들은 포교성의 대목제 방침에 대해 반발하였지만 이 제도는 각 선교지에서 점차 뿌리를 내리게 되었다. 그리고 1658년에는 이 같은 포교성의 새 선교제도에 따르는 재속 선교 수도단체인 파리외방전교회가 탄생되어 포교성의 선교 방침을 도왔다.

조선 초기 교회 공동체 지도자들이 북경 교회와 관계를 맺으며 선교사를 요청하거나 사목적 도움을 청하던 때가 교황청의 보교권 제도와 교황 대리 대목제도가 갈등 및 상화적 관계를 맺어가던 때였고, 초기 교회 지도자들은 당시 교회의 상황을 깊이 헤아려 북경 교회뿐 아니라

직접 교황청에 성직자 요청과 조선 교회에 대한 사목적 배려를 청하게
되었다. 그 결과 조선에 성직자가 한 명도 없었던 때인 1831년 9월 조
선교회가 북경교구로 부터 독립되어 교황 대리 대목구로 승격되었고,
선교 업무도 파리외방전교회 선교사들이 담당하게 되었다.

이 같은 결과들을 돌아보며 필자는 조선 초기 천주교 신앙 공동체가
중국 천주교회에 어떻게 영향을 미쳤고, 조선 대목구 설정 전후로 북
경 교회와 잦은 접촉을 맺은 이들과 조선 교회를 도와 준 중국 내 선
교사들은 누가 있었는지 살펴보았으며, 포교성의 두 선교 제도(국가
후원 선교제도와 교황 대리 대목제도)로 인해 중국 천주교회와 조선
천주교회가 안고 있던 교계 제도상의 문제는 어떻게 해결되었는지 살
펴보았다. 아울러 프랑스 선교사들의 조선 입국과 선교를 용이하게 하
기 위해 조선 초대 대목구장 브뤼기에르 소 주교의 청원에 따라 1838
년 북경교구로부터 분리 신설된 만주(요동) 대목구 지역 교회의 발전
과정, 특별히 교구 분할 과정과 선교를 담당했던 대목구장들에 대해
포교성 자료들을 참조하여 정리하였다. 또한 1909년 2월에 조선 제8대
교구장 뮈텔 주교의 요청으로 조선에 진출한 독일 오틸리엔 베네딕토
수도회 회원들이 두만강을 사이에 두고 간도와 함경도 지역에서 선교
를 담당하였는데, 오늘날에는 중국으로 귀속된 간도 지역 연길교구 내
개별 교회에서의 독일 선교사들의 선교 역사도 살펴보았다. 이들 지역
내에는 조선인, 일본인, 중국인들이 함께 어울려 살고 있었기에 신앙을
매개로 이들 세 민족들이 상호 원만한 신앙의 교류를 맺었었는데, 그
런 과정 속에 한중 상호 연계 활동 내용들을 찾아보고자 하였다.

필자는 지난 1992년 한중수교 체결 직전에 북경과 간도 지역을 답사
했었는데, 당시의 중국 종교 정책으로 인해 자유롭게 사료들을 수집하
거나 역사 현장에 접근하기가 쉽지 않았었다. 그래도 그 당시 공산화되
기 이전에 신앙생활을 하던 옛 신자들이 생존해 있어서 여러 가지 미
비한 사료들을 점검하고 확인할 수 있었다. 이제는 한중 수교가 맺어지

고 상호 교역 및 신앙 교류도 그 때보다는 빈번하고 자유로워졌기에 한중 천주교회 관계사도 더 깊이 연구되어야 할 때라고 생각된다. 마음 같아서는 학위 논문을 책으로 다시 내는 이 번 기회를 통해 많은 부분을 보완하고 싶었으나 마음먹은 대로 하지 못해 아쉬움으로 남는다.

끝으로 이 같이 부족한 내용을 책으로 출간하도록 도움과 용기를 나누어 주신 한국학술정보(주) 출판팀에 근무하시는 신재훈 님께 깊은 감사를 드리며, 학위 논문을 작성할 때 지도와 질정을 가해 주신 인하대학교 대학원 사학과 교수님들과 특별히 지도교수이셨던 이충희 교수님과 만학의 길을 열어 주신 박찬용 사도요한 신부님께 다시 한 번 감사의 말씀을 드린다.

아직은 우리 교회의 영적, 물적 사랑의 나눔이 필요한 중국천주교회를 위한 기도를 봉헌하며, 이 책이 한중 신앙교류에 조금이나마 보탬이 되었으면 좋겠다.

2006년 11월
이석재

목 차

제3장 독일 성 분도회의 조선 진출과 선교활동 ················· 171

서 론

1. 연구의 목표 설정과 접근 과정

조선 천주교회[1]가 中國 천주교회에 끼친 영향을 찾아보는 것이 본
연구의 첫 번째 목표였다. 그러나 선행 연구 논문이나 자료들을 살펴
보면 中國 천주교회가 한국 천주교회에 끼친 영향들을 찾아보는 것이
더 쉽고, 오히려 자료들도 많아 보였다. 그래도 혹 문화는 한쪽으로만
흐르지 않고 상호 연계성을 지니고 서로 영향을 끼치며 발전해 나가는
것이기에 희망을 갖고 여러 가지 자료들을 찾아보게 되었다.

이 목적을 달성하기 위해 17세기 초부터 시작된 中國으로부터 조선
으로의 종교 및 문화의 유입, 특별히 예수회 선교사들에 의해 중국에
전래된 서양 문명의 이기들과 한역 과학서나 한역 서학서들이 부연사
행원들의 손을 거쳐 조선에 유입[2]되고, 18세기 말 종교로서의 만남보
다는 학문으로서의 만남을 통해 서학에 눈뜨게 된 일부 학자들이 사행
원들의 틈에 끼어 北京의 천주당을 방문하고, 선교사들을 직접 만나
신앙 입문을 하고, 조선에 신앙 유입을 위해 애쓴 朝·中 연계활동들
과 이들이 누구였는지에 대해 고찰해 보았다. 또한 중국에 선교사로
파견되어 사목을 담당하던 이들 중에서 조선으로부터 파견된 밀사들을

---

1) 가톨릭 교계제도상 조선은 1831년에 '조선 대목구'로 설정되어 1911년까지
이어오다가 1911년 4월 8일에 대구 대목구와 서울 대목구로 양분되었다. 본
연구에서 대구 대목구가 분할되기 이전의 전 조선 교회를 지칭할 경우 '조
선 천주교회'라는 표현을 사용하였고, 경우에 따라서는 교계제도적 의미로
서가 아닌 일상적인 의미로서의 中國교회와 대비되는 한국교회를 지칭할
경우 이 표현을 사용하기도 하였다.
2) 이원순, 『한국 교회사의 산책』, 한국교회사연구소, 1988, 38쪽.

만나 도움을 베풀거나 조선교회의 창립이나 발전에 협조한 이들도 찾아 정리했다. 아울러 北京에 가서 그곳 선교사들로부터 세례를 받은 이들에 대해서도 고찰하였는데, 이는 가톨릭 교회법상 세례성사를 받으면 수세자가 세례를 베푼 사목구 주임(本堂) 신부의 본당에 기록되어 본당 공동체의 한 구성원이 됨을 의미하는 것3)이기에 조선 밀사들의 영세는 朝·中 교회관계가 공식적으로 형성됨을 뜻하기 때문이었다. 1784년 초, 北京에서 베풀어진 이승훈의 세례4)는 1659년 南京 교구 관할지로 조선이 편入되기 시작한 이래 처음으로 재치권 지역 내에서 실행된 세례였고, 1792년 4월 1일 조선이 北京 주교 드 구베아(Alexander de Gouvea, 湯土選, 1571~1808)5)의 관리 하에 편입되게 되는 첫 디딤돌 역할을 한 것이었다.

또한 필자는 19세기경부터 천주교 신앙이 싹터 온 만주 지역, 특별히 中國人들과 어울려 지내며 조선족 신앙 공동체를 이루어 온 간도 지역의 교회 관계 자료들을 찾아 정리하였다. 이 지역은 다른 지역에

---

3) 1916년 12월 14일 교황 베네딕토 15세(1914~1922)에 의하여 마무리되고 1917년 5월 27일 반포되어 1918년 5월 19일부터 발효된 교회법전(CODEX JURIS CANONICI)은 라틴 교회의 보편적이고 일반적이며 체계적인 법전이었고, 이전의 교회법률들을 대부분 수용하여 로마법의 체계에 따라 만들어진 교회 내의 최초의 법전인데, 이 법전 제877조 제①항에는 "본당 신부는 지체 없이 영세자의 성명, 영세 일시, 장소 및 집행자, 양친, 대부모의 성명을 세례부에 정확히 기록하지 않으면 안 된다."고 되어 있고, 제778조에는 "세례가 소속 본당 신부에 의하지 않고 또 그 입회도 없이 주어진 경우에 집행자는 그 수여에 관하여 되도록 빨리 영세자의 주소가 소속하는 본당 신부에게 보고하지 않으면 안 된다."고 되어 있다. 1983년 반포된 현행 교회법전 제877조 제①항과 제878조에도 동일한 내용의 법조문들이 들어 있다.

4) 아직 이승훈의 세례대장 기록이 확인된 것은 아니지만, 그의 세례에 관한 여러 기록들이 있고, 가장 확실한 기록은 방타봉(Ventavon) 신부의 1784년 11월 25일자 서한에 들어 있다[샤를르 달레 원저, 안응렬·최석우 역주, 『韓國天主敎會史』上, 분도출판사(이하 달레, 『韓國天主敎會史』로 약기함), 1979, 305~307쪽 참조].

5) 구베아 주교는 1782년 12월 15일 北京주교로 임명되었고, 이듬해 2월 印度 고아(Goa)에서 주교로 성성된 후 1785년 1월 18일 北京교구에 부임하였다.

비해 비교적 많은 조선인들이 中國人, 일본인들과 함께 어울려 살아가
던 곳6)이었기에 사목자들도 中國人 공동체와 조선인 공동체를 위해
따로 종교예식을 준비해야만 했었다. 그 예로 延吉市의 경우 延吉下市
본당은 中國人들의 거리에 성당이 있었고, 延吉上市(延吉西部) 본당은
조선인 시가에 성당이 있어 두 민족들이 따로 공동체를 이루었고, 敦
化의 경우에는 1926년에 본당이 시작되었는데, 간헐적으로 주임신부가
있다가 1936년부터 상주하게 되었고, 교회 건물은 朝·中 양측 신자들
이 함께 지어 1942년 11월에 봉헌식을 가졌다. 敦化 본당 주일미사는
첫 번째 미사는 중국인을 위해서, 두 번째 미사는 조선인을 위해서 봉
헌되었다.7) 다민족 교회 공동체를 이루며 함께 어울려 신앙생활을 해
오던 간도 지역(延吉 교구)은 1921년 북만주(吉林) 교구장의 배려로 한
국 교계제도로 편입되었다기 1946년 中國 교계제도가 설정되면서 다시
中國 교계제도에 재편되었다.

---

6) 일본 외무성 外交史料院 자료인 明治 44년 1월 25일자에 접수된 보고서「間
島一般ノ狀況ニ關スル件」에는 龍井村에 관한 다음과 같은 통계자료가 있다.

구 별	43年 6月 현재		42年 12月 현재		호 수		인 구	
	호 수	인 구	호 수	인 구	증	감	증	감
일본인	81	231	75	227	6	0	14	0
조선인	226	1,057	247	1,077	0	21	0	20
淸國人	130	322	86	229	44	0	103	0
합 계	437	1,622	408	1,523	50	21	117	20

「間島視察關係雜纂」문서분류번호 6-1-6, 87(在間島吉田憲兵大尉報告).

7)「CHRONIK VON TUNHOA(敦化 연대기) 1936~1945」: Chroniken aus
den Missionen, DER BENEDIKTINER-MISSIONÄRE VON ST.
OTTILIEN, SONDERDRUCK AUS DER CHRONIK DER BENE-
DIKTINER-KONGREGATION VON ST. OTTILIEN, Nummer 3 / 1954
*TATSACHENBERICHT AUS DEM MISSIONSGEBIET YENKI
(MANDSCHUREI)*, Unserem toten Bischof, Sr. O. S. B. in treuem
Gedenken gewidmet von seinen vertriebenen Missionären (선교지방 연대
기, 상트 오틸리엔 베네딕토 수도회 연대기 특집(1954년 제3호),『선교지역
옌키(滿洲)로부터 온 사실보고서』, 선교지로부터 추방당한 선교사들이 세상
을 떠난 지극히 존경하올 박사 테오도르 브레허 주교를 추모하는 마음으로
발간)(이하『延吉 사실보고서』로 약기함), 24~28쪽 참조.

또한 필자는 조선 천주교 전래의 디딤돌 역할을 했던 遼東 지역의 대목구 분구 과정에 대해서도 고찰하였는데, 이 지역은 조선에 천주교 신앙이 전래될 당시 중간 경유지 역할을 한 곳이기도 했고, 조선에 파견될 선교사들의 중간 거류지이기도 했다. 또한 조선 천주교 역사상 최초의 유학생이었던 김대건·최양업 등이 마카오에서 기초신학 공부를 마친 후, 사제품을 받기 전에 이 지역에 머물며 신학 공부를 하고 북만주 선교의 거점이었던 長春(Chángchūn) 인근 小八家子[8]에서 부제품[9]을 받았으며, 이 땅에 성직자 영입을 도모하기 위해 의주와 琿春 지역을 도보로 오가며(1844년 2월~3월에는 김대건 신학생이, 1846년 1월 말~2월 중순에는 최양업 부제가) 여러 위험을 이겨낸 지역이기도 하다. 1844년 12월, 김대건·최양업은 小八家子에서 페레올 高(Jean Joseph Ferréol; 1808~1853) 주교로부터 부제품을 받았고, 1849년 4월 15일 사제품을 받은 최양업은 1849년 5월부터 12월 3일 귀국하기 전까지 약 7개월 동안 中國 땅에서 보좌신부로서 사목 활동[10]을 하였는데, 그 활동지역이 바로 遼東 반도의 중간에 위치한 陽關·岔溝 지역이었으며, 이 지역은 1869년 이래, 遼東 대목구장 베롤 주교의 배려로 조선교회의 재치권 지역으로

---

8) 遼東 대목구장 베롤(Emmanuel Jean François Verrolles; 1805~1878) 주교는 교구 내에 두 곳의 선교의 거점을 마련했었는데 남쪽 지역 거점은 遼東 반도의 중간 부분에 있는 陽關이었고, 북쪽 선교의 거점은 長春 서남쪽, 四平 인근의 小八家子였다. 베롤 주교가 1841년 이 일대의 광대한 토지를 매입하여 성당을 건립하였다(성 김대건 신부 순교 150주년기념 전기 자료집 제2집 『성 김대건 신부의 활동과 업적』, 한국교회사연구소, 1996, 22~23쪽 참조).

9) 가톨릭 초기 교회 시절부터 있었던 교계제도상 직제는 감독(주교), 원로(장로), 보조자(부제: 사도 6, 1-6) 등 세 직책이 있었는데, 부제직은 사제직 바로 전 단계에 받는 직무로서, 감독이나 성직자들을 돕고, 교회 전례에 협조자 역할을 하며, 재정 관리와 교회의 여러 궂은일들을 담당하였다. 사제로 수품되지 않고 종신토록 부제직을 수행하는 이들도 있었다.

10) 최양업 신부는 사제수품 후 입국 전까지 7개월가량 이 지역에서 사목을 담당했었다(최양업 신부의 전기 자료집 제3집 『증언록과 교회사 자료』 배티사적지 편, 천주교 청주교구, 1996, 23쪽; 「가톨릭신문」, 1999년 6월 20일자 제15면; 차기진, 「조선입국 거점이던 중국 내 한국 사적지」 참조).

할양되어, 조선교구 대표부가 설치되었고, 이후 조선에 파견되어 오는 파리 외방전교회 선교사들의 중간 거점이 되었다.[11]

이들 지역에 관계된 자료들은 제한적이기는 하지만 (서울) 가톨릭대학교 도서관과 한국교회사연구소 등이 소장해 오고 있고, 많은 정치적 변화를 겪기는 했지만 延吉 지역 내에 있는 옛 수도원 건물이나 성당 등이 일부 현존해 있어 옛 모습을 찾아볼 수 있었고, 또한 공산화 이전에 신앙생활을 하던 옛 신앙인들을 현지에서 만나볼 수 있어서 그들을 통해 옛 신앙의 상황들을 그려볼 수 있었다.

中國은 1949년 공산당의 승리('제팡', 해방)와 더불어 毛澤東에 의한 정권교체가 이루어졌고, 1966년 5월부터 1976년까지의 '무산자 문화 대혁명' 이후 경제개혁 개방정책을 확정(1978년말 11회 3中全會에서)했고, 1982년 헌법 중에 '공민의 종교신앙자유'를 제정했는데, 그해 3월 종교정책의 구체적 지침 '사회주의 시기 종교문제의 기본관점과 기본정책의 통지'(19호 문서[12])를 발표하여 신앙의 자유를 제한적으로 허용하고, 종교활동 장소를 한정하거나, 외국 종교인·조직의 중국 종교 사무

---

11) 펠릭스 리델 원저, 한국교회사연구소 번역위원회 역주, 조선교구 역대 교구장 서한집 제1집, 『리델 문서』 I (1857~1875년) 병인양요와 선교사 활동의 좌절, 한국교회사연구소, 1994, 241쪽 참조.

12) 19호 문서 중에는 다음과 같은 내용들이 들어 있다: "각급 애국종교조직의 기본 임무는 당과 정부를 도와 종교·신앙 자유의 정책을 관철·집행하고, 광대한 신도 군중과 종교계 인사를 도와 애국주의와 사회주의적 각성을 부단히 드높인다."
"어떤 외국교회나 종교인사가 중국의 종교사무에 관여하는 것을 결연히 거절하고, 외국종교조직은 어떠한 방법으로라도 중국에서 전교를 하거나, 혹은 종교 선전자료를 몰래 대량 반입하거나 퍼뜨릴 수 없다."
"공산당원은 종교를 믿을 수 없고, 종교 활동에 참가할 수도 없다."
"어떠한 사람도 18세 이하의 청소년 아동의 강제 입교나, 사찰에 출가를 절대 허용할 수 없다."[행정원 대륙위원회 金永圭 역, 「中國 종교현황 소개」, 架磵 宋基寅 신부 화갑기념논총 『역사와 사회』, 架磵 宋基寅 신부 화갑기념논총 간행위원회, 현암사, 1997(이하 架磵의 화갑기념논총은 『역사와 사회』로 약기함), 331~333쪽 참조].

에 대한 간섭을 금지하고, 애국교회 조직을 통해 종교 관계 사무를 이끌어 왔다.[13] 韓·中 수교가 정식으로 맺어진 것은 1992년이었는데 그 이전까지는 외국인 사제가 延吉 본당 교우들과 함께 하는 주일 미사 봉헌도 허락되지 않았고,[14] 답사 기간 중 옛 延吉敎區 관할 본당(延吉敎區 소속 신부가 부족한 관계로 延吉本堂 외에 다른 지역 옛 본당들은 대부분 공소[15]가 되어 있다)들을 자유롭게 방문하거나 사료들을 수집하는 데 어려움을 겪어야 했다. 또한 일제의 식민 통치와 소련의 진주, 홍위병의 破四舊 운동[16] 등의 결과로 신앙관계 자료들이 소실되거나 폐기되어, 보존되어 있는 것들이 거의 없고, 본당이나 공소들은 정부 공인 교회인 애국교회 위원들이 관리하고 있는 현실이었다. 로마 가톨릭 전통을 따르고 있는 지하교회 신자들은 정부의 공인을 받지 못하고 있어 외부인의 접촉이 쉽지 않아 그들에 관한 소식을 접하기란 쉽지 않았다.

그러나 다행스럽게도 공산화 과정에서 자유를 찾아 남하한 만주 지역 교우들이나 함흥·평양 교구 등의 신자들이 남한에 현존하고 있어 역사 자료들을 제공하기도 하고, 왜관 성 베네딕토 수도원 가족이나 독일 오틸리엔 수도원 가족 중 1949년 이전에 延吉 또는 원산 교구에서 활동하다 피난해 온 성직자, 수도자들이 현존하고 있어 옛 사실들

---

13) 行政院 大陸委員會, 金永圭 譯, 위의 책, 330~333 참조: 로만 말렉, 「중국 천주교회의 재건」 실태와 문제점, 로만 말렉 엮음, 정한교 옮김, 『중국 천주교회』 안팎에서 본 어제와 오늘과 내일, 분도출판사, 1989, 14~26쪽 참조.

14) 필자가 延吉 지역을 방문한 것은 韓·中수교가 맺어지기 직전인 1992년 7~8월이었는데도 延吉 본당 주일미사에 공동미사 집전을 허락 받지 못했었다.

15) 公所란 사목구 주임신부가 주재하지 않고, 정기적 또는 비정기적으로 신부가 방문하여 신자들을 돌보고, 미사를 봉헌하거나 성사를 거행하는 지역교회 단위를 가리키는 말이다. 때로 '공소'는 공소 교우들의 모임 장소인 강당을 가리키는 말로 사용되기도 한다(『한국가톨릭대사전』, 한국가톨릭대사전편찬위원회 편찬, 한국교회사연구소, 1985, 103쪽 참조).

16) 舊 풍습과 구 문화, 구 습관, 구 사상 등 네 가지를 타파함을 의미한다(行政院 大陸委員會, 金永圭 譯, 『위의 책』, 1997, 330쪽 참조).

을 엮어내는 데 도움을 주었다. 이들은 생사의 촌각을 다투는 위기 속
에 피난해야 했기에 빈 몸으로 남하하기에도 바빠 귀중한 자료들을 가
져와 보관하는 데 한계가 있었다고 진술하기도 한다. 한때 延吉 지역
에 머물며 신앙생활을 하고, 독립 운동에 직접 가담했던 김병찬 翁[17])
의 경우가 그 한 예이다. 그러나 그는 노환과 기억력 감퇴로 전화 문
의에 정확한 응답을 하지는 못했다.

한편 1921년부터 1946년(포로 수용소 생활 3년을 합하면 1949년)까
지 延吉 교구에서 사목활동을 하던 독일 선교사들의 모원인 뮌헨 인근
상트 오틸리엔 베네딕토 수도원에는 延吉·원산·함흥 교구에서 활동
하던 선교사들이 매년 선교 현장에 대한 보고서를 작성하여 발송한 자
료들이 보관되어 있고, 현장 체험을 한 이들과 그들의 기록이 현존해
있었다. 그러니 그곳 자료들도 접근해 보면, 延吉 지역의 공산화 과정
과 남평 수용소 생활, 이후 강제 본국 송환 등의 과정을 겪으면서 대
부분의 사료가 될 만한 것들을 정리하여 가져올 수 없었기에 보존 사
료들의 결본들이 많았다. 다행히 각 선교기지에서 기회가 있을 때마다
수도회 본부에 보낸 보고서들과 연대기, 서신 등이 보존되어 있었고,
상트 오틸리엔 모원에서 발간한 책자들과 정기 간행물 등이 있어서 延
吉 교구 선교의 발자취들을 찾아보는 데 도움이 되었다. 그리고 독일
모원에는 한국에서 오랫동안 봉사하다 오틸리엔 모원으로 귀원한 백
플라치도(Dr. Placidus Berger) 신부가 있었고, 뮌헨에는 그곳 대학에

17) 현재 호주에서 생활하고 있다. 그의 부친은 間島의 천주교 독립운동 단체
　　인 의민단의 부단장 역할을 했고, 그 자신도 間島 지역에서 독립운동을 했
　　다(국제한국연구원 崔書勉 원장이 개최한 1996년 안중근 의사 순국 86주
　　년기념 학술대회에서 발표한 手記本과 본인의 전화 응답). 崔書勉 원장의
　　도움으로 그의 발표문 수기 복사본을 얻을 수 있었고, 그의 주소와 전화번
　　호를 입수해 전화 문의(1999年 여름)와 호주 거주 知人을 통해 방문 청취
　　를 구했으나 노환으로 인해 더 자세한 천주교 신자들의 독립운동 활동 내
　　용이나 천주교회 상황 등을 확인할 수는 없었다. 1911년 8월 10일생인 그
　　는 1943년 9월 30일 일본대학 예술과 본과를 졸업하였다.

서 역사학을 전공하고 있던 왜관 베네딕토 수도회원 선지훈(라파엘) 수사가 있어 옛 베네딕토 수도회원들의 발자취를 찾는 데 도움을 베풀어주었다.[18] 그는 '1909년에서 1949년까지 한국과 滿洲에서 있었던 베네딕토 회원들의 선교방법에 관한 연구'[19]라는 주제로 논문을 준비하고 있었다. 宣 수사는 귀국 후 그의 논문에 대해 해설해주거나 그 이외에 수도회 역사 자료들을 복사해 보내주기도 하여 필자의 연구에 큰 도움을 주었다.

또한 조선과 滿洲 지역은 한동안 일제의 침탈 하에 있었으므로 일본에도 延吉 지역에 관한 자료들이 외무성 산하 外交史料院에 보존되어 있다.[20] 이 사료들은 천주교 관계 사료들을 중점적으로 모아 보관하려고 한 것은 아닐지라도 사료 내용 중 천주교 관계 자료들을 등재하고 있어 당시의 종교 현황을 파악해 보는 데 도움이 되었다.

延吉 교구 각 宣敎基地(본당) 역사를 파악하는 데 도움이 되는 자료들과 中國 교계제도 설정에 관계되는 원 사료들은 교황청 고문서고와 인류복음화성[21] 고문서고에 잘 보관되어 있다. 2천여 연간의 자료들이 보관되어 있는 로마는 역사의 보고라 할 수 있다. 하지만 그 사료들에 접근하기 위해서는 좀 더 체계적인 예비지식(수기사료 독해 능력이나

---

18) 필자가 상트 오틸리엔 베네딕토 수도원을 방문한 것은 1996년 11월이었다. 宣智勳 수사를 만난 것은 뮌헨에서였고, 그는 공부를 마치고 귀국하여 1997년 司祭品을 받았다.

19) *Studien zur benediktinischen Missionsmethode von 1909 bis 1949 in Korea und in der Mandschurei*(이하 이 논문을 참조할 경우 『선지훈 논문』으로 약기함). 宣智勳은 이 논문을 1996년에 완성하여 뮌헨대학 학위논문으로 제출하였고, 필자는 그의 귀국 후 이 논문을 받아 볼 수 있었다.

20) 필자는 1999년 여름 국제한국연구원 崔書勉 원장의 도움을 받아 東京六本木에 있는 外交史料院을 방문하여 사료들을 열람, 수집하였다.

21) 성청은 교황령 「착한 목자」(1988. 6. 28: AAS 80(1988)를 발표하여 교황청 산하 기관을 재정비할 때 '포교성'을 '인류복음화성'으로 개명하였다. 이전에는 '인류복음화성 즉 포교성'이라고 병기하기도 하였었다. 1917년 법전에서는 각 省을 㻞省이라 표기하기도 하였다.

언어 능력 등)을 갖춘 후라야 가능한 것이 문제라 하겠다.[22]

이들 해외 소장 자료들과 기 발표된 국내 자료들을 정리하면서 필자는 연역적 방법과 귀납적 방법을 택하게 되었다.

연역적 방법이란 조선에 천주교가 전래되던 초기 시대, 近畿 지방 남인계 학자들에 의해 신앙의 싹이 트고 성장해 줄기를 이루고 마침내는 北京에 사절을 파견하고 北京에 가서 세례를 받아 신앙 공동체의 일원이 된 이들이 국내에 돌아와 교회 공동체를 성장시키고, 선교사 영입 운동을 펼쳐 나가는 과정에서 조선에 대목구가 형성(1831)되는 등 조선교회의 창립 과정들을 시대 순으로 정리함을 의미한다. 이 방법을 통해 중국과 조선과의 연계 활동에 대해 고찰해 보았다.

귀납적 방법으로는 延吉 교구 내 각 선교기지[23]의 약사 정리를 목표로 설정해 놓고, 이 목표에 도달하기 위해 延吉 수도원 본부 역사를 소급해 찾아보고, 거기에서 다시 延吉 교구가 속해 있던 북만주(吉林) 대목구의 역사, 더 나아가 남만주 대목구와 북만주 대목구가 분할되기 이전의 遼東 대목구 사료들을 찾아보고, 한 걸음 더 나아가 北京 교구와 中國에 교계제도가 설정되던 초기 교구 및 대목구 설정 사료들까지 소급해 고찰하였다. 그리고 조선교구 설립 당시에도 문제가 제기되었던 교황청 포교성의 선교 방침(대목제)과 포르투갈의 보호권(Padroado) 선교 제도와의 관계에 대해서도 비교 검토해 보았다. 이러한 과정 등의 내용 정리는 과거로부터 시작하여 시간의 흐름 순으로 정리하였다.

필자는 이 작업들을 통해 만주 지역 천주교회 역사의 한 흐름을 엮

---

22) 필자는 1999년 12월에 로마를 방문하여 인류복음화성 고문서고와 바티칸 고문서고를 방문하여 사료들을 검토하고 수집하였다.

23) 在俗 교구의 본당 개념으로서, 베네딕토 수도회 선교사들의 사목구를 의미한다. 지역 중심으로 나누인 본당의 개념에 수도회 창설자의 의도에 따른 수도원 분원의 의미를 더한 뜻으로 해석해 볼 수 있겠다. 선교기지의 선교사들은 본당 사목도 중요시 하지만 수도원 공동체 생활도 중요시하였다. 선교기지에는 통상 수도원, 성당, 수녀원, 부속건물(그 예로, 해성학교) 등이 함께 배치되어 있었다.

어 보고자 하였고, 그 당시 선교사들의 선교 정신과 활동 방법들을 반
추해 새로운 교훈을 얻고자 하였다.

필자가 소속한 인천교구는 북방 선교를 목표로 1994년에 새로이 신
학교를 설립하기로 결정하고[24] 그 목표를 달성하기 위해 신학생 양성
에 많은 노력을 기울여 왔다. 앞으로 배출되는 새 사제들이 다시 간도
지역이나 북녘에 파견되어 옛 선교사들처럼 힘차게 선교활동을 펼칠
수 있는 미래를 생각하며 이 자료들을 정리하게 되었다.

2. 연구의 범위

1) 시기적 범위

본 연구에서는 조선 천주교회의 초창기 신앙 전래를 가능케 해준 北
京 교구의 설정 과정을 살펴보기 위해, 1576년 마카오가 포르투갈의 보
호 교구가 되고, 1659년 南京 대목구 설립 및 1690년 南京・北京 兩 교
구가 설립되는 등 中國에 주교구가 설정되기 시작하던 때를 상한 시기
로 정하였고, 시기의 하한은 만주 지역에 소련이 진주하고 공산화가 이
루어져 延吉 교구 각 교회들이 폐쇄되고 선교사들이 체포 구금되어 마
침내 본국으로 송환되는 1946년~1949년까지로 정하였다. 다만 제3장에
서만은 瀋陽의 총주교였던 皮漱石(이냐시오)의 歸天 년도인 1978년까지
를 하한으로 삼았다. 주로 이 시기는 淸 世祖(順治帝, 1644~1661) 이후
1949년 中華人民共和國 설립 이전까지의 시기로서, 필자는 대목구 및

---

24) 인천교구는 1994년 9월 12일 학교법인 설립인가를 교육부로부터 받아, 학
    교 건축을 시작하였고, 1995년 12월 16일 인천가톨릭대학교의 최종 인가를
    받아 이듬해 3월 신입생을 뽑아 개교식을 갖고 교육을 하기 시작했다.

교구들의 설정 과정과 그 首長들의 교체에 대해 살펴보았다.

2) 지역적 범위

지역적 범위로는 赴燕使行員의 틈에 끼어 밀사로 파견된 조선교회의 초창기 신앙인들이 다녀오던 北京 교구와, 조선 신앙전파에 도움을 베푼 在中 선교사들이 체재하던 교구들과, 특별히 遼東 대목구와 遼東 대목구로부터 분구된 남만주 대목구와 북만주 대목구를 연구의 범위로 삼았다. 교구장(또는 대목구장)들의 관할 구역 설정 문제는 포르투갈과 스페인의 국가후원 선교제도(보교권, Padroado)와 교황청 포교성의 교황대리감목제노와의 마찰을 빚는 원인이 되기노 하였다. 반면 遼東 대목구와 조선 대목구의 경우 두 대목구의 선교를 담당한 선교회가 같았었기 때문에 遼東 대목구장은 자신의 관할지역인 遼東 반도의 일부를 조선선교사들을 위해 일시 할양하여 줌으로써 조선에 파견될 파리외방전교회 선교사들의 조선 입국을 용이토록 했었다. 한 걸음 더 나아가 포교성은 조선에 파견되는 선교사들의 륙로 입국과정이 어려울 경우를 대비하여 琉球 지역을 조선 대목구 재치권 구역에 편입시키기도 했다.

3) 연구와 유관된 在華 선교 수도회

中國 선교를 위해 파견된 남자 수도회는 28개 회였다.[25] 미국계 메

---

25) 趙慶源 編著, 『中國天主教 教區劃分及其首長接替年表』, 聞道出版社印行, 中華民國 69年, 309~315쪽(이하 趙慶源, 『中國敎區劃分』으로 略記함); 그중 대표적인 수도회들에 대해 살펴보면 1585년에 예수회원 루지에리와 마테오리치가 중국 남부지방에 들어가는 허가를 받았고, 리치의 北京 도착은

리놀외방전교회는 1918년 중국에 도착하여 江門, 梧州, 桂林, 嘉應, 撫順 등 다섯 지역에서 선교활동을 하였고, 1947년 撫順교구에서 강제로 떠나게 됨으로써 최종적으로 사목 일선에서 물러나게 되어 1950~1955년간 모든 회원들이 중국 땅을 떠나야 했다. 메리놀 선교회 소속 제임스 월쉬(James E. Walsh) 주교는 1958년에 체포되어 囹圄의 몸으로 중국 땅에 머물다가 1970년에 석방되어 환국하게 되었다.26) 메리놀 외방전교회는 撫順 지역과 평안도에도 진출하였었고, 베네딕토회와는 中國과 한국에서 동서로 서로 인접한 교구로 있었기에 서로 교류가 잦았고, 사목적 배려도 많은 편이었다. 그러므로 베네딕토회원들과 인접 교구 사제들로 활동했던 메리놀외방전교회에 대해서는 간략히 다루었고, 그 밖의 수도회들에 대한 연구는 다음 기회로 미루었다. 또한 遼東(만주) 지역에서 활동한 파리외방전교회 선교사들에 대해 그것도 중국 내에서 활동하던 모든 파리외방전교회 회원들에 대해 다룬 것이 아니라, 만주 지역 선교나 조선교회와 유관된 선교사들에 대해서만 다루었다.

이번 연구에서는 주로 상트 오틸리엔 베네딕토 회원들의 활동에 대해 고찰하였고, 그들의 선교 정신과 특성, 그것이 조선인 가톨릭 신앙 공동체에 미친 영향 등을 살펴보았다. 그 외 다른 선교회[프란치스코 수도회나 아우구스티노 수도회, 遣使會(Congregatio Missionis; 전교회, 味增爵會, 라자리스트회), 도미니코 수도회 등]에 대해서는 수도회 차원에서가 아닌 선교사 개인적 차원에서 조선 천주교회와 유관된 경우의 사항만을 간략히 고찰하였다.

1601년이었다. 1631년에는 도미니코 수도회 선교사들이 중국에 들어왔고, 1633년에는 프란치스코 수도회원들이 입국하였다. 아우구스티노 수도회는 1680년에, 파리외방전교회는 1684년에 중국에 진출하였다(김성태, 『歷史 안의 教會』, 분도출판사, 1985, 208쪽 참조).
26) Jean-Paul Wiest, *Maryknoll In China*, Sharpe, 1988, Chronologies ⅹⅹⅲ 참조.

3. 기존 연구 내용과 사료

朝·中 천주교회 연계활동에 관한 국내 연구 자료들은 쉽게 찾아볼 수가 없었고, 다만 아래와 같은 논문들을 통해서 연계 활동의 면모들을 천착해내야 했었다.

조선 대목구 설정(1831) 이전 시기 조선 교우들이 北京 선교사들과 교황청에 보낸 서신들에 대한 연구 논문은 윤민구의 「신미년(1811)에 조선 천주교 신자들이 북경 주교에게 보낸 편지에 대한 연구」[27]와 전수홍의 「조선인들의 서신과 여항덕 신부」[28]가 있다. 김기만의 논문 「인류복음화성 고문서실에 보관되어 있는 한국교회사 관계 사료」[29]는 옛 포교성 고문서실에 보관되어 있는 한국 관계 자료들에 대한 소개와 그 위치를 자세히 밝혀주고 있다. 위 논문들은 조선 밀사들이 北京에 전달했던 서신들의 내용과 영향 등에 대해 고찰해 볼 수 있는 자료들이다.

이영춘의 「중국에서의 포르투갈 '선교 보호권' 문제 및 조선 대목구 설정에 관한 연구」[30] 논문은 조선 대목구 설정 전후 시기의 중국교회 상황을 파악해 보는 데 도움이 되는 자료로서 포르투갈의 보교권 문제와 포교성이 새롭게 세계 선교를 기획하며 시도한 제도인 교황대리감목제와의 관계를 파악해 볼 수 있는 자료라 하겠다.

간도 지역 선교에 대한 고찰에 도움을 주는 논문으로는 전술한 바 있는 왜관 성 베네딕토 수도회원 선지훈의 논문 *Studien zur benediktinis-*

---

27) 『수원가톨릭대학 논문집』 제2집, 1990, 39~74쪽.
28) 『신앙과 삶』 제3호(1999 / 겨울), 부산가톨릭대학출판부, 118~144쪽.
29) 『복음과 문화』 제3호(1999), 대전가톨릭대학교 출판부, 95~124쪽.
30) 李榮春, 「중국에서의 포르투갈 '선교 보호권' 문제 및 조선 대목구 설정에 관한 연구」: 최석우 신부 수품 50주년기념 논총 제1집 『민족사와 교회사』, 한국교회사연구소, 2000, 159~208쪽.

chen Missionsmethode von 1909 bis 1949 in Korea und in der Mandschurei(『1909년에서 1949년까지 한국과 만주에서 있었던 베네딕토 회원들의 선교방법에 관한 연구』)를 들 수 있다. 이 논문은 상트 오틸리엔 베네딕토 수도회 선교사들의 정신과 서울·덕원·延吉에서의 활동에 대해 체계적으로 정리한 뮌헨대학의 1996년도 학위논문으로서, 宣 신부 자신이 이 수도회의 한 회원인 관계로 학문적 연구 외에 선배 수도자들에 대한 애정을 갖고 연구한 것으로 평가해 볼 수 있다.

간도 지역에 천주교 신앙이 전래된 1896년 이후 그 이듬해부터 파리 외방전교회 신부의 발길이 닫기 시작하여 1921년 독일 베네딕토회 선교사들에게 이 지역을 이양하게 되기까지의 프랑스 선교사들의 활동에 대해 개략적으로 알게 해주는 사료로는 불어본을 번역하여 두 권으로 출간한 『서울教區年報』(Ⅰ)·(Ⅱ)(*Compte Rendu de la Société des Missions Etrangères de Paris*)[31]를 들 수 있다. 이 『年報』는 파리외방전교회의 연대기로서, 해마다 파리 본부에서, 각 포교지로부터 접수된 교세보고를 한데 묶어 연간으로 간행한 것이다. 이 보고서는 특별한 경우가 아니면 항상 교구장이 직접 작성하는데, 교구장에 따라 약간 차이가 있기는 하나, 그 작성 방식이 대동소이하다. 즉 제일 먼저 신자 수, 성인 영세자 수, 외교인 자녀 영세자 수를 제시하고, 당해 년의 교세에 영향을 미친 일들을 상세히 보고하고 있다. 그 다음에 각 본당, 각 선교사들로부터의 통신을 요약 소개하고, 특히 주교의 순시, 본당의 신설, 성당 건축과 같은 새롭고 특별한 사실을 자세히 보고하였다.[32] 이 『年報』(Ⅰ)에는 1898년 뮈텔 주교가 파리외방전교회 본부에 보고한

---

31) 『꽁트 랑뒤』(COMPTE RENDU)는 파리에서 1841년에 창간되었고, 1987년에 한국어로 번역되어, 明洞天主教會 200年史 資料集 第1輯 『서울教區年報』(Ⅰ), 『서울教區年報』(Ⅱ)라는 제목으로 출판되었다. (Ⅰ)권은 1878~1903년까지, (Ⅱ)권은 1904~1938년까지의 보고서가 실려 있다(이하 『서울教區年報』로 약기함).
32) 『서울教區年報』(Ⅰ), 4~5쪽(최석우 신부의 해제) 참조.

간도 지역 최초의 선교사 브레(Aloysius Bret, 白類斯, 1858~1908) 신
부의 간도 지역 사목방문(1897. 12. 21~1898. 3. 28) 보고 내용이 요약
돼 게재되어 있고, 1901년 뮈텔 주교 자신이 간도 지역을 직접 방문한
후 파리 본부에 보고한 내용이 실려 있어 간도 지역 천주교회의 초기
상황을 파악하는 데 도움을 준다. 브레 신부의 전교 기행문(司牧訪問
記)은 파리 본부에서 발행되는 『Mission Catholique』 잡지에 게재되었
는데 林忠信 신부에 의해 한국어로 옮겨져 『원산에서 북간도까지』[33]라
는 책으로 출간되었다. 사목 방문 현장에서 필자가 직접 체험한 바를
기술한 것이기에 그 시대 상황을 파악하는 데 도움을 주는 사료라 하
겠다.

1936년 8월 24일부터 26일까지 龍井 그리스도 왕 성당에서는 간도지
역 천주교 전래 40주년 행사를 전 교구 차원에서 성대하게 거행하였는
데, 이 행사를 기회로 하여 발간한 「가톨릭 청년」 10월호 특집은 延吉
지역에 천주교가 전래된 초기 역사부터 시작하여 원산 본당 주임신부의
사목 방문 시절과 1909년 5월 서울에서 파견된 파리외방전교회 소속 선
교사 南一良(Léon Curlier: 1863~1936) 신부와 최문식(베드로, 1881~
1952) 신부의 사목활동과 독일 베네딕토회 선교사들이 사목을 전담하게
된 1921년 이후 1936년까지의 延吉 교구 발전 과정을 다루고 있다.

간도 지역에 파견된 베네딕토회 선교사들이 사목활동을 한 것은 대
략 30년(1921~1949)가량 되는데 이 시기의 후반부인 1938년부터 1949
년까지의 延吉 대목구 본부와 각 본당의 선교활동에 대해 파악할 수
있게 해주는 독일어 자료로는 전술한 '선교지로부터 추방당한 선교사
들이 세상을 떠난 지극히 존경하올 박사 테오도르 브레허 아빠스 주교
를 추모하는 마음으로' 독일 상트 오틸리엔 베네딕토 선교 수도회에서
1954년 3호로 발간한 상트 오틸리엔 베네딕토 수도회 연대기 특집, 『선

---

33) 백 브레트 신부 지음, 임충신 신부 옮김, 전교 기행문 『원산에서 북간도까
지』, 한국천주교중앙협의회, 1970.

교지 옌키(만주)로부터 온 사실보고서』(*TATSACHENBERICHT AUS DEM MISSIONSGEBIET YENKI(MANDSCHUREI)*)를 들 수 있다. 이 『1954년 연대기 특집. 옌키 사실보고서』는 선교지 현장에서 사제들이 살며 체험했던 내용들을 중심으로 엮어졌는데, 1921년 延吉 지역에 파견된 베네딕토 회원들의 1938년 이후 만주 지역을 떠날 때까지의 활동 내용을 기술[34]하고 있다.

다음의 자료들은 1909년부터 1949년까지의 시기 동안 한국과 만주에서 있었던 베네딕토회 선교활동 연구에 도움이 되는 자료들이다. 그중 한국과 만주에서의 베네딕토회 선교 60주년 기념일을 맞아 오틸리엔에서 간행된 축하 기념 논문집 『환갑』[35]이 있다. 여기에는 덕원 수도원과 延吉 수도원, 그리고 왜관 수도원 관계 사료들을 세 부분으로 나누어 정리하였고, 특별히 延吉 수도원 편에서는 루카스 발웩(P. Lukas Ballweg)의 글 「테오도르 브레허 아빠스 주교」와 필립 렌츠(P. Philipp Lenz)의 「만주 延吉에서의 베네딕토회원들의 선교」, 라이문트 아커만 (P. Raymund Acker-mann)의 「延吉의 몰락과 파괴」, 야누아리아 피스트너(Januaria Pfistner) 수녀의 「1931년~1945년간 延吉 선교에서의 수녀들의 활동에 대한 조망」 등이 실려 있다.

왜관 수도원에서 '베네딕토회 성 오틸리아 修族 100주년'을 기념하여 출간한 책자 『옛 등걸에 새 순이』[36]가 있는데, 이 책은 상트 오틸리엔의 설립사와 서울·덕원·延吉 수도원의 선교사, 공산치하에서의 수난과

---

34) 1954년 연대기 특집. 『延吉 事實報告書』 3쪽에는 독일 모원에서 1938년에 연대기 단행본을 발간하였다고 記述하였다. 그러므로 1954년에 발간한 『延吉 事實報告書』는 1938년 이후의 보고서들을 취합하여 발행한 것임을 알 수 있다.

35) Adelhard Kaspar / Placidus Berger, *HWAN GAB 60 JahreBenediktinermission in Korea und in der Mandschurei*, MÜNSTERSCHWARZACH, 1973 (이하 『환갑』으로 약기함).

36) 『옛 등걸에 새순이』 베네딕토회 성 오틸리아 수족 100년, 왜관 성 마오로 빨라치도 수도원, 1984.

왜관 성 마오로 플라치도 수도원에 관해 전반적인 설명을 하고 있다.

다음은 프루멘시우스 렌너(P. Frumentius Renner)[37]에 의해 독일어로 출간된『가지가 다섯 달린 촛대, 제2집』(Der Fünfarmige Leuchter, Band Ⅱ)[38]을 들 수 있다. 상트 오틸리엔 베네딕토 수도원의 고문서고 담당자로 있었던 그는 한국과 滿洲에서의 선교를 연구하는 데 필요한 고문서고 원전을 활용하며, 경우에 따라서는 구두로 전해들은 사실들까지 정리해 놓았다. 그리고 그는 원전자료에 나오는 통계와 날짜들을 내용별 연대순으로 개괄하여 보다 광범위한 연구 작업에 잘 활용하였다. 렌너의『가지가 다섯 달린 촛대』제2집은 부분적으로 번역되어 원산교구 설정 60주년을 맞이하여 한국교회사연구소에서 발행한『교회와 역사』제53호(1980. 1)로부터 제60호(1980. 8)에 이르기까지 8회에 걸쳐 연재되었다.

또한 위의 문헌사료와 같은 제목의『가지가 다섯 달린 촛대, 제4집』[39] 이 같은 발행인에 의해 1993년에 발간되었는데 크게 다섯 부분으로 구성되어 있다. 그중 두 번째 부분에 렌너의「한국과 중국에서의 선교활동(1909~1954)」에 관한 내용이 실려 있는데,「延吉 선교의 시련」이란 글과「延吉과 依蘭 지역 선교사 배치에 대하여」, 延吉교구에서 활동했던「코르비니안 슈래플(Korbinian Schräfl) 신부」외에 여러 글들이 게재되어 있다.

선지훈은 전술한 그의 논문에서, 선교활동의 종류와 방법에 대한 개관을 보완하기 위하여, 그동안 주기적으로 결정된 선교활동의 시기에

---

37) 1980년 1월에 간행된『교회와 역사』제53호 2쪽에는, 렌너 신부가 오틸리엔 대수도원의 고문서관장이며 역사학자로서 그 당시 65세였다고 기술하였다.
38) FRUMENTIUS RENNER, *DER FÜNFARMIGE LEUCHTER*, Bd. Ⅱ, Beiträge zum Werden und Wirken der Benediktinerkongregation von St. Ottilien, EOS VERLAG ERZABTEI ST. OTTILIEN, 1971(이하 렌너의 『五枝 촛대』로 약기함).
39) 프루멘티우스 렌너,『五枝 촛대』제4집(Der fünfarmige Leuchter, Band Ⅳ), 상트 오틸리엔 1993.

34

관한 연구 논문 두 편, 즉 백 플라치두스 베르거(Placidus Berger) 신부와 이보 아우프 데어 마우어(Ivo auf der Maur) 신부의 논문을 제시하였다.[40]

한국에서 오랫동안 선교를 담당했던 베르거 신부[41]는 그의 논문에서 서울 수도원의 베네딕토 회원들이, 무엇보다도 창립자인 암라인(Andreas Amrhein) 신부의 선교 이념을 현실화하고, 순수한 수도자적 삶을 살아가고자 했다는 점을 밝히려 하였다. 베르거 신부는 먼저 암라인의 기본이념에 대한 간략한 개관을 한 뒤, 실패한 상트 오틸리엔의 아프리카 선교에 대한 예들을 들고 있다. 그렇게 된 주 원인은 설립자의 기본이념[42]에 상치되는 본당(교구)활동에 있었던 것으로 보고있다. 1909년 서울에 진출한 베네딕토 수도회원들은 파리외방전교회가 추구하고 있는 학교 교육을 지원하는 일에만 몰두했고, 자체 본당활동

---

40) Placidus Berger, *Die alte Abtei Seoul. Versuch einer rein monastischen Missionsaufgabe*(「옛 서울 수도원, 순수한 수도자적 선교과제의 시도」); P. Basilius Doppelfeld(Hrsg.), *Mönche und Missionare. Wege und Wesen benediktinischer Missionsarbeit* (『수도자와 선교사, 베네딕토회 선교활동의 방법과 본질』),Münsterschwarzach 1988, 83-102쪽; Ivo auf der Maur, *Koreanische Benediktinermönche*(「한국인 베네딕토회 수사들」), *Neue Zeitschrift für Missionswissenschaft*(NZM), Beckenried, 1945ff.(선교학에 관한 새로운 잡지-정기간행물), 37호, 1981, 81-106쪽(이하 *NZM*은 『선교학 잡지』로 약기함).

41) 플라치두스 베르거 신부는 한국에서는 통상 '백 플라치도'로 불리웠다. 그러므로 한국 관계 자료들을 인용할 경우에는 '백 플라치도'라는 이름으로 인용하였고, 통상 지칭할 때는 외국인들의 습관에 따라 姓으로 불렀다.

42) 설립자의 기본 이념은 본당 사목을 하는 것보다는 옛 베네딕토회원들의 전교활동처럼 본당을 초월하는 전체적인 사목을 하는 것이었다. 그래서 수도 공동체 안에는 수사·기술자·의사·미술가·학자 등이 필요했다. 암라인은 공동체의 성직수사 대 평수사의 수적 비율을 1:7 정도로 하여 수도원 내에서의 성직자들의 역할을 최소화하고, 오직 지도 신부의 역할 정도로만 생각했던 것이다[백 플라치도, 「한국에서의 초기 베네딕토회의 선교방법」, 한국천주교회창설이백주년기념 『한국교회사논문집』 I, 한국교회사연구소, 1984(이하 『이백주년 교회사논문집』 I로 약기함), 773쪽; 베르거, 위의 책, 87쪽 이하 참조].

을 구축하는 일에 대해서는 관여하지 않았었다. 베르거 신부는 서울에
서 덕원으로의 수도원 이전을 불리한 것으로 다루고 있다. 왜냐하면
베네딕토 회원들이 덕원에서는 서울과는 달리 본당활동을 하게 되었기
때문이다. 그는 서울 수도원의 이전 원인과 덕원 수도원의 슬픈 결말
에 대해 주로 다루면서, 덕원 수도원에서의 수도자적인 삶과 활동에
대해서는 충분히 다루지 않은 채 남겨 놓았다. 그 다음 문제는 베네딕
토회의 기초 위에서 수도자의 삶을 계속해나갈 한국인 후진 양성에 관
한 것이었다.

이보 아우프 데어 마우어(Ivo auf der Maur)의 논문은 이러한 문제
에 대해 해답을 주고 있다. 그의 연구의 출발점은 한국인 베네딕토회
수도자 양성에 관한 문제였다. 아우프 데어 마우어는 베네딕토 회원이
그들의 업무 이외에도 파리외방전교회의 사목 현장에서 교사 양성에
관해 도움을 주며, 그들과 함께 일을 했는지, 그리고 처음부터 한국인
들을 수도원에 받아들이는 것에 대해서도 역시 고려했었는지 아닌지를
밝히려 하였다.[43] 그는 자신의 논증을 전개시키기 위해서, 창립에서부
터 1980년에 이르기까지 한국인 후진 양성에 관한 개관을 하면서, 시
기를 구분하여 그때그때마다 입회한 사람의 이름과 날짜를 열거하였
다. 그러므로 이 논문은 한국인 베네딕토 회원들에 대한 통계상의 증
명이 필요할 때 활용될 수 있다.[44] 그의 논문에서는 또한 베네딕토 회
원들의 선교방법에 따른 근본문제가 선교적인 활동뿐만 아니라 수도자
적 삶과 특별히 방인 후진들의 입회와도 관련되어 있다는 것을 쉽게
인식할 수 있도록 하였다.

다음으로는 상트 오틸리엔 베네딕토 수도회의 연대기와 선교기지들
상호간의, 그리고 선교기지와 모원과의 왕래서신들이 베네딕토회원들
의 한국과 만주 선교에 대한 주요 사료가 된다. 이 연대기는 해마다

---

43) 아우프 데어 마우어, 위의 글, 『선교학 잡지』 37호, 1981, 85쪽.
44) 아우프 데어 마우어, 같은 책, 93쪽.

수차에 걸쳐서, 많을 때는 7, 8회씩 간행되었다. 그러나 위의 자료들 중 1909년에서 1949년 사이의 것은 온전히 정리된 것이 아니다. 제2차 세계대전 기간에 많은 기록들이 유실되었고, 서신 왕래가 거의 중단되었기 때문이기도 했고, 또한 왕래한 서신들의 대부분을, 전시용 공개재판을 모면하기 위해서나 혹은 외환(지불명령) 위반과 외국의 적들과의 공모에 대한 비난을 모면하기 위해, 1941년 국가사회주의자(Nazi)들에 의한 상트 오틸리엔 모원의 해체 시에, 폐기할 수밖에 없었기 때문이었다. 상트 오틸리엔 모원에서 발간된 연대기는 첫 출판부터 1922년까지는 등사본으로, 1923년부터는 원고를 갖추어 인쇄하였는데,45) 1923년에서 1940년에 이르는 기간의 연대기들은 오틸리엔 모원의 협조로 복사되어 현재 한국교회사연구소에 소장되어 있다.46)

이러한 연대기의 불완전한 부분들은 '여러 가지 선교잡지들'로 보완할 수 있었다. 이 잡지들은 선교기지에서 활동하고 있는 선교사들에 관해서 기록된 다양한 선교 보고를 포함하고 있는데 「상트 오틸리엔 포교지」(Die Missionsblätter von St. Ottilien)47) 등이 그 예일 것이다.

국내에서 발간된 자료들로는 함경도 천주교회사 자료집 제1집 『함경도 선교사 서한집』 I, 원산 본당 편(1887~1921)이 있는데 함경도 천주교회사 간행사업회에서 발간한 것으로 延吉교구에 베네딕토 회원들이 진출하기 전, 원산교구 신 보니파시오 사우어 주교가 延吉 지역까

---

45) 선지훈은 1887-1922까지의 연대기는 비공개적으로만 상트 오틸리엔 모원 문서국에서 이용할 수 있었고, 1923년 이후 내용부터 공개되었다고 하였다 (『선지훈 논문』, 13쪽 각주 35 참조).
46) 함경도 천주교회사 자료집 제2집 『원산교구 연대기』, 한국교회사연구소 편, 함경도천주교회사 간행사업회, 1991(이하 『원산교구 연대기』로 약기함), 해제 15~16쪽: 『선지훈 논문』, 13쪽 참조.
47) 「상트 오틸리엔 포교지」, 가톨릭 신자들을 위한 그림이 들어 있는 정기 간행물로서 상트 오틸리엔에서 1897년부터 발행하였다. 한국 베네딕토회에 관한 기록은 1910년부터이다[『선지훈 논문』, 14쪽 각주 37: 『교회와 역사』 제57호(1980, 5), 1쪽].

지 관할하던 시기의 내용들을 담고 있다.

또한 함경도 천주교회사 자료집 제1집『원산교구 연대기』도 위 시기에 해당되는 내용들을 언급하고 있다.

또한 대구 포교 성 베네딕토 수녀회에서 발행한『하느님의 충실성에 의지하여』[48]와 포교 성 베네딕토 수녀회『원산 수녀원사』[49]가 있는데 앞의 책은 툿징 포교 성 베네딕토 수녀회의 역사에 대해 언급하면서 상트 오틸리엔 베네딕토회의 창설과 초기 발전사를 다루었고, 특별히 많은 부분을 창설자 암라인에 대해 기술하고 있어서 베네딕토 회원들의 한국에서의 특별한 선교활동이 창설자의 창립이념에서부터 비롯되었음을 살펴보게 해준다. 뒤의 책은 원산 수녀원사를 기술하는 중에 창설자 암라인의 생애와 선교 이념에 대해서와 베네딕토 수도회의 초기 한국 선교활동에 대해 약술하였나.

48) 베르니타 발터 지음, 배은주 옮김,『하느님의 충실성에 의지하여』툿징 포교 성 베네딕토 수녀회의 역사, 제1권 회의 창설과 초기 발전사, 포교 성 베네딕토 수녀회 대구수녀원, 1996.
49) 이정순 엮음, 포교 성 베네딕토 수녀회『원산 수녀원사』, 포교 성 베네딕토 수녀회, 1988.

제1장 조선 대목구 설정(1831년) 이전
中國과의 접촉

1. 조선 천주교도들의 北京 밀사 역할

유럽인들이 신대륙으로 진출하던 15세기 중엽부터, 스페인과 포르투갈은 경쟁적으로 식민지를 확장해 나갔다. 이때 가톨릭교회도 '보교권'[Padroado(葡) : Patronato Real(西)] 제도[50]에 힘입어 선교의 확장시대로 들어섰다. 포르투갈은 1534년에 인도의 고아(Goa)에 교구를 설립하고, 동아시아 지역의 교무를 통할하게 하였다.[51]

예수회원이었던 프란치스코 하비에르(Franciscus Xavier, 1506~1552)는 인도, 말레이 반도의 Malacca 등, 동남아시아 군도에서 선교하다가 일본으로 건너가 교회를 창설(1549)하였다. 그 후 일본 문화의 원

---

50) '보교권'은 '국가 후원의 선교' 또는 '보호권'이라고도 한다. 1493년 5월 3일, 당시 교황 알렉산델 6세(1492~1503 在位)가 스페인과 포르투갈 국왕에게 부여한 특전으로 선교사 선발권과 配置權뿐만 아니라 식민지에서의 교회 설립권과 주교후보자 제청권 및 十一租 징수권 등을 의미한다(정진석, 「보호권」, 『한국가톨릭대사전』 5권, 한국교회사연구소, 1997, 3489~3490쪽 참조).

51) 1534년에 고아(Goa)는 Funchal(모로코 앞 바다에 있는 섬 Madeira의 수도) 교구의 속교구로 제정되었다. 그 관할지는 희망봉으로부터 몰루카스까지였다. 1558년, 고아는 코친과 말라카를 속교구로 하는 대주교구가 되었다. 후에 다른 속교구들이 더 복속되었으니, 1576년에 마카오 교구가, 1588년에 일시적으로 일본의 후나이(府內) 교구 등이 복속되었다. 1690년에는 中國에 새로 설정된 北京과 南京 주교구들이 고아의 속교구로 배속되었다. 이로써 中國의 속교구들이 포르투갈 보교권 하에 놓이게 된 것이다. 1886년부터 고아는 東印度 제국의 대주교구이면서 아울러 Cranganore 대주교구이기도 했다(J. Wicki, Goa, *New Catholic Encyclopedia* Ⅵ, McGRAW- HILL, 1967, p.533).

류인 中國을 더 먼저 복음화해야 하겠다는 생각과 그렇게 된다면 한자 문화권 국가들의 선교가 훨씬 수월하게 될 것이라는 생각에 일본을 떠나 중국으로 향하게 되었다. 원대한 그의 꿈은 중국 대륙의 문전인 上川島에서 득병하여 1552년 세상을 떠나게 됨으로써 그의 의지는 일단은 좌절[52])되었으나, 그 후 50여 년 뒤인 1601년에 마태오 리치 신부가 北京에 도착함으로써 그 꿈을 이루었다. 리치 신부는 특히 과학 선교, 학술 선교, 저작 선교 등을 통해 보유론적 입장을 취함으로써 중국 내륙 진출의 꿈을 이룰 수 있었다. 이후 중국교회는 滿洲, 조선, 일본, 월남 등지의 신앙 전래에도 큰 영향을 미쳤다.[53])

이처럼 리치 신부와 예수회 선교사들이 中國에서 펼친 선교 행업의 일환으로 도입된 과학기기와 한역 서학서들은 호기심 많은 조선 부연 사행원들의 눈길을 끌기에 충분했고, 이들을 통해 조선에 천주교회 관계 서적들이 반입되게 되었다. 이들이 전래한 종교 서적들을 일부 학자들이 탐독하는 과정에서 천주교 신앙이 싹트게 되었고, 이를 더 심화하기 위하여 北京에 밀사들을 파견하게 된 것이었다.

1) 주문모(周文謨) 신부 입국(1795년) 이전의 밀사

(1) 1784년 익명의 밀사

1784년 초 北京의 北堂에서 영세한 이승훈은, 귀국하기에 앞서 그의 영세 신부인 그라몽(Jean-Joseph de Grammont, 梁棟材: 1736~1812)에

---

52) 후안 카트레트 지음, 신원식 옮김, 『예수회 역사』, 이냐시오 영성연구소, 1994, 18쪽.
53) 서양자, 『16세기 동양 선교와 마테오리치 신부』, 성요셉출판사, 1980, 14쪽 참조.

게 해마다 소식을 전할 것을 약속하였다. 그는 1784년 말, 그라몽 신부에게 그간의 소식을 전하기 위해 그 자신의 편지와 함께 밀사를 北京에 파견함으로써, 그의 약속을 지켰다. 그런데 그 밀사는 그라몽 신부로부터 받은 회답과 서적을 가지고 귀국하던 길에 국경에서 붙잡혔다 (1785년 4월). 이름이 알려지지 않은 이 밀사는 사형은 면했으나 갖고 오던 회답과 책은 모두 압수당하고 말았다. 그 이후 약 4년 동안 北京 교회와의 연락은 두절되었다.[54]

(2) 윤유일(尹有一, 바오로, 1760~1795년)

① 1차 北京行 - 1789년 말 入京하여 1790년 초 귀국

교회 지도층에서 北京 왕래 비용을 마련하고 밀사를 선발한 것은 1789년이었다. 이때 조선 천주교회의 밀사로 선발된 인물은 양근의 권철신(암브로시오, 1736~1801년) 문하에 출입하며, 권일신(프란치스코 하비에르, ?~1792년)과 정약종(아우구스티노, 1760~1801년)에게서 교리를 배우고 입교한 윤유일(바오로)이었다.[55] 그는 밀사로 선발되기 전에 이승훈으로부터 세례를 받기는 하였지만,[56] 아직 신입 교우에 지나

---

54) 최석우, 「이승훈 관계 서한 자료」, 『교회사 연구』 제8집(1992), 한국교회사 연구소, 160쪽 참조; 차기진, 「한국 천주교회의 창설」(5), 『교회와 역사』 제273호(1998. 2), 2쪽 참조.

55) 『윤유일 바오로와 동료 순교자들의 시복 자료집 제2집』, 천주교 수원교구 시복 시성 추진 위원회, 1997(이하 『윤유일·동료 시복 자료집』 제1, 2, 3, 4집으로 약기함), 18쪽 참조.

56) 1790년 11월 11일자 北京에서 보낸 판지(Panzi) 수사의 서한에는 윤유일이 이승훈으로부터 영세했음을 기술하고 있다(한국 가톨릭교회사 신서 제6집, 『만남과 믿음의 길목에서』, 한국교회사연구소, 1989, 21쪽 참조); 차기진, 위의 글, 2쪽; 최석우, 「한국 교회의 창설과 초창기 이승훈의 교회 활동」, 『교회사 연구』 제8집, 한국교회사연구소, 1992, 20쪽; 『윤유일·동료 시복

지 않았다. 그는 지도층에서 마련해 준 돈(50냥)으로 자신의 말을 가지고(私持馬)[57] 사신 일행에 들어가는 수행 상인 자리 하나를 비밀리에 매입하였다. 그런 다음 그는 北堂 선교사들에게 보내는 이승훈과 권일신이 쓴 서한 한 통과, 성사 집전이 독성죄가 된다는 사실을 지적했던 유항검(1756~1801년)의-이승훈에게 보낸-서한을 가지고 동지사 이성원 일행 편으로 1789년 10월 16일(음) 한양을 출발하였다.[58]

윤유일은 北京에 도착한 지 얼마 안 된 12월 26일(양력 1790년 2월 9일), 당시 北堂 佛人 선교단장이었던 遣使會 회원 로(Nicolaus Joseph Raux, 羅廣祥: 1754~1801년) 신부로부터 바오로라는 세례명으로 다시 조건 세례를 받았다.[59] 그는 또 데 구베아(Alexander de Gouvea, 湯士選: 1571~1808년) 주교를 찾아가 대화[60]를 나누고, 조선에 선교사 파견을 請하여 主教로부터 그 약속을 받아냈고, 그로부터 견진성사와 그 밖의 성사도 받았다.[61] 이때 이탈리아 출신의 예수회 회원인 판지

자료집』 제2집, 18쪽에는 윤유일이 예비 신자였다고 기술하였다.

57) 『윤유일·동료 시복 자료집』 제2집, 1997, 55쪽(류관검 공초 내용 참조); 로(Raux) 신부의 편지에서 윤유일이 마부의 자격으로 사절단을 따라 北京에 왔다고 하였다(「로 신부의 1790년 11월 12일자 편지」, M. E. P., vol.448, p.236; 윤민구, 앞의 논문, 7쪽에서 재인용).

58) 김진소, 『천주교 전구교구사』 I, 천주교 전주교구, 1998, 119쪽 참조.

59) 하성래, 『순교자 윤유일(바오로)·순교자 정은(바오로) 평전』, 성 황석두 루가서원, 1988, 114쪽 참조.

60) 윤유일이 데 구베아 주교와 나눈 대화 내용이 『邪學懲義』의 「柳觀儉供述」 232쪽에 기록되어 있다: "有一天主堂 見主教 則以爲聖書之出去爾國 已至多年 而尙無相通之事 何其無信乎 有一日 我國防限至嚴 不得相於異國故耳. 主教曰邀去神父然後 可以廣行聖教 而不然則 未五年反歸於異端矣."(韓國教會史研究資料第7輯 『邪學懲義』, 韓國教會史研究所 發行, 弗咸文化社 刊, 1977(이하 『邪學懲義』로 略記함); 河聲來, 위의 책, 110쪽.

61) 한국교회사연구소(1989년) 발행 『만남과 믿음의 길목에서』에는 「판지 수사의 서한」(1790. 11. 11), 「로 신부의 서한」(1790. 11. 12), 「데 구베아 주교가 포교성 장관에게 보낸 첫째 서한」(1790. 10. 6), 「데 구베아 주교가 포교성 장관에게 보낸 둘째 서한」(1790. 10. 6), 「데 구베아 주교가 포교성 장관에게 보낸 셋째 서한」(1797) 등이 실려 있다.

(J. Panzi, 潘廷璋: 1733~1812년) 수사가 대부를 섰는데, 그는 궁정화가
였으므로 예수회가 해산된 뒤에도 北京에 남아 있었다. 그는 윤유일의
초상화를 그렸고, 훗날 그것을 프랑스로 보냈다.

윤유일은 조선 천주교회의 탄생을 처음으로 北京에 알리고, 1790년
3월 21일(양력 5월 4일)에 귀국하였다. 그의 北京 방문은 조선교회를
외국에 알리게 되는 한 계기가 되었다.

北京 교구장 데 구베아 주교는 윤유일을 통해 조선 신자들에게 첫
사목서한을 보냈는데, 그 안에는 전능하신 하느님께 감사하면서 교회
의 계명을 준수하는 일, 반드시 실천해야 할 중요한 교리, 성직자가 없
는 상황에서 신앙생활을 하는 방법 등이 적혀 있었다. 뿐만 아니라 北
京 교회에서 파견하게 될 성직자의 입국 방법과 입국로를 알아보고,
가능하다면 조선에서 몇 명의 젊은 신자들을 신학생으로 선발하여 北
京 신학교에서 성직자 수업을 받을 수 있도록 하는 방안을 모색하라고
지시하였다.[62]

② 2차 入燕 – 1790년 5월 27일 출발

北京을 다녀온 윤유일을 통해 北京 교회의 상황이나 데 구베아 주교
의 가르침, 성직자 파견의 가능성 등을 알게 된 조선교회의 지도층 신
자들은 성직자를 영입하여 성사를 받으려는 간절한 생각에서 다시 그
를 北京에 보내기로 하였다. 그러나 시일이 촉박하였으므로 이승훈의
1790년 7월 11일자 서한[63]과 다른 한 통의 서한만을 작성하여 데 구베

---

62) 차기진, 「한국 천주교회의 창설」(5), 『교회와 역사』 제273호(1998년 2월),
   한국교회사연구소, 3쪽 참조.
63) 1790년에 있었던 淸國 건륭황제(高宗)의 80회 탄일은 8월 13일로서, 聖節
   進賀兼謝恩使行員들의 서울 출발은 5월 27일이었다. 그런데 윤유일이 이
   사행에 동행할 때 이승훈이 7월 11일에 쓴 편지를 지참했다고 하는 것은
   시간적 착오로 여겨진다. 그러므로 '성신강림 후 7주일'(7월 11일)字 편지

아 주교에게 전하도록 하였고, 성직자 영입에 필요한 사항이거나 신자들이 요구하는 사항은 윤유일이 직접 구두로 설명하기로 하였다. 이때 北京에 가기로 예정되어 있던 燕行 사절은 乾隆帝의 80회 생일을 축하하기 위한 聖節進賀兼謝恩使 황인점 일행이었다. 이러한 결정에 따라 윤유일은 北京에서 돌아온 지 두 달 만인 1790년 5월 27일(음)에 다시 北京으로 출발하였다. 이때 윤유일은 예비신자 오씨[64]라는 왕실관리인과 동행하였는데 왕실에서 사용할 물건을 구입하기 위해 파견되었다. 그들은 7월초에 北京에 도착하여 南堂으로 가서 데 구베아 주교를 만나 다시 한 번 성직자 파견을 간절히 요청하였다. 데 구베아 주교는 北京 주재 선교사들과 회의를 하고 예수 성상과 성화 앞에서 기도를 드리고 난 후, 선교사 1명을 파견하기로 약속하였다. 그리고 파견 시기는 1791년 3월로 정하고, 선교사를 맞이할 장소와 방법까지 윤유일과 미리 약속하였다. 파견될 선교사는 이듬해 동지사행이 귀국할 때 조선 교우들이 국경에 와서 모셔가도록 하였다. 국경에는 장이 서고 中國人과 조선인 상인들이 많이 모여들어 북새통을 이루어서 접선하기가 쉬웠다. 조선 교우들이 이곳에 와서 선교사와 중국인 안내자들에게 약속된 신호를 정하는 등 시기, 장소, 접선 방법 등을 윤유일과 미리 짰다.[65]

당시 성직자 파견 요청과 함께 조선교회의 지도층에서 윤유일을 통해 데 구베아 주교에게 문의한 내용은 조상들의 신주를 모실 수 있는

는 적어도 5월 27일 이전에 쓰여졌어야 한다. 성신강림 후 7일이라면 시간 적으로 부합될 수 있을 것 같다.

64) 『윤유일·동료 시복 자료집』 제2집, 18쪽에는 오(吳) 氏라 번역하였다: 달레, 『韓國天主教會史』 上, 329쪽에는 오(吳) 대신 우(禹) 씨로 번역하였다: 한국 가톨릭교회사 신서 제6집, 『만남과 믿음의 길목에서』, 한국교회사연구소, 1989(이하 『만남과 믿음의 길목에서』로 약기함), 146쪽의 「1797년 데 구베아 주교가 포교성 장관에게 보낸 편지」에서도 '禹' 氏로 번역하였다.

65) 김진소, 『천주교 전주교구사』 Ⅰ, 122쪽: 달레, 『韓國天主教會史』 上, 329쪽(데 구베아 주교가 포교성 장관에게 보낸 셋째 서한-1797년 8월 15일자): '柳恒儉供草', 「移還送秩」, 『邪學懲義』, 233쪽.

가 하는 문제였다. 이에 대해 데 구베아 주교는 클레멘스 11세의 1715
년 3월 19일자 칙서 「그날 이후」(Ex illa die)와 교황 베네딕토 14세의
1742년 7월 11일자 칙서 「단일한 것으로부터」(Ex quo singulari)에 근
거하여 신주를 모실 수 없으며, 조상 제사 및 그 밖의 미신 행위를 금
지하라는 명을 조선 신자들에게 전하도록 하였다. 이것이 바로 '조상
제사 금지령'으로, 교황청에서 위의 두 칙서를 통해 中國 의례를 금지
한 것과 같은 맥락에서 취해진 것이었다.

윤유일과 동행했던 오 씨는 요한 세자란 세례명으로 南堂에서 데 구
베아 주교로부터 세례를 받았다. 그런 다음 앞으로 파견될 성직자가
가지고 들어갈 수 없는 여러 가지 물건들을 받아 귀국 시에 발각되지
않도록 자신이 담당한 물건 상자들 속에 끼워 넣었다. 이때 윤유일과
吳요한이 받은 물건들은 - 조선에서는 구할 수 없는 - 성작과 미사경본,
聖石, 제의 등이었는데, 이와 함께 데 구베아 주교는 그들에게 포도나
무를 기르고 포도주를 담그는 방법까지 일러주었다.

윤유일과 오 요한은 10월 11일(양력 11월 17일)에 귀국하였다. 교회
물건들은 吳요한이 관리였던 탓에 아무런 검색도 받지 않고 조선에 들
여올 수 있었다.

北京 교구장 데 구베아 주교는 윤유일이 다녀간 후인 1790년 10월 6
일 로마 교황청 포교성 장관 안토넬리(Antonelli) 추기경에게 이승훈의
영세와 조선교회의 창설, 윤유일의 北京 파견 소식을 보고[66]하면서 조
선 포교지를 담당할 책임자가 임명되어야 한다는 의견을 제안하였다.
이를 전해들은 교황 비오 6세는 데 구베아 주교의 의견을 존중하여
1792년 4월 1일자의 서한을 통해 조선 포교지를 데 구베아 주교의 개
인적인 보호와 지도에 맡긴다는 결정을 내렸다. 이로써 조선 포교지는
1690년 이래 포르투갈의 보호권 교구인 南京 교구에 속해 있다가 비로

---

66) 하성래, 위의 책, 111쪽 참조.

소 北京 주교의 지시를 받게 되었다.

조선 신자들과 약속한 대로 데 구베아 주교는 1791년 2월에 마카오 교구 소속 레메디오스(Juan dos Remedios, 吳)[67] 신부를 선발하여 中國人 안내자들과 함께 약속 장소인 봉황성 책문[68]으로 보냈다. 그러나 레메디오스 신부가 그곳에 도착했을 때는 시일이 지체되어 조선의 밀사들을 만날 수 없었다.

③ 세 차례(1791년 봄; 1794년 3월; 1795년 12월)의 柵門行

윤유일은, 데 구베아 주교가 1790년 10월에 조선에 파견한 도스 레메디오스 신부를 영접하기 위하여 1791년 봄 책문으로 갔었으나 서로 만나지 못해 그 신부의 조선 입국은 미완에 그치고 말았다. 유관검은 윤유일이 뒤늦게 책문에 도착해 약속한 장소에 가보니, 도스 레메디오스 신부는 오래 기다리다가 불안하여 더 기다리지 못하고 돌아간 뒤여서 만나지 못했다고 하였다.[69]

---

67) 그는 본래 마카오교구 소속인데, 1786년 北京으로 와 사제로 수품되었다. 본래 그의 中國姓은 오 씨인데, 조선에 입국하기 위하여 이 씨로 變성명하였다. 그는 책문에서 영접하러 나온 윤유일을 만나지 못해 北京으로 되돌아갔고(하성래, 위의 책, 130쪽 참조), 그 후 1793년에 사망하였다(金眞召, 「周文謨 신부 선교활동 전후의 순교자들」, 『敎會史硏究』 제10집, 116쪽).

68) 柵門은 조선에서 중국으로 갈 때 통과해야 하는 중국 측 관문이다. 조선과 중국 사이의 국경을 이루는 관문으로는 조선 측의 의주 성문 즉 '邊門'이 있었고, 이곳에서 120리 떨어진 곳에 중국 측의 책문이 있었다. 중국인들은 이 책문을 '변문' 또는 '架子門'이라 하였고, 조선 사람들은 이를 '책문' 또는 '고려문'이라 불렀다. 이 책문은 鳳凰城 남단의 작은 언덕 아시에 나무 울타리로 설치되었는데, 의주 변문과 책문 사이는 무인 지대였다(『윤유일·동료 시복 자료집』 제1집, 33쪽, 각주 10).

69) 「柳觀儉供草」, 『邪學懲義』, 233쪽: "(尹)有一約以明春相邀於柵門爲言而還矣, 至于辛亥春 以邀來神父次 入于柵門 則神父果爲來待己久 而以其不卽相邀 還去不待矣.": 河聲來, 위의 책, 133쪽.

윤유일은 1793년 겨울 의주에 3개월가량 머무르며 周文謨 신부 나오기를 기다리다가 1794년 3월 책문에서 주문모 신부를 만났다. 그러나 시기가 늦어 입국하기가 위험하니, 12월로 연기하자고 제안하고 돌아온 후, 그해 겨울에 다시 周 신부를 영접하기 위해 의주로 갔었다.[70]

④ 네 번째 책문행

윤유일은 1795년 초 주문모 신부의 심부름 명을 받아 책문으로 가데 구베아 주교에게 신부의 서울 무사도착을 알리는 한편 전교 비용을 받아 오도록 하였다.[71]

그해(1795년) 윤유일은 6월 28일(음 5월 12일) 포도청에 체포되어 심한 고문을 받고 장살되어 순교하였다.[72] 그의 시신은 최인길, 지황의 시신과 함께 강물에 버려졌다.[73]

(3) 지 황(사바, 1765~1795년)과 Po(中國式 발음)요한

윤유일, 최인길(1764~1795년)[74], 池 璜[75] 등에 의해 시작된 성직자

---

70) 河聲來, 위의 책, 130쪽 참조.

71) 車基眞, 「박해 시대의 한국 천주교회」(1), 『교회와 역사』 제278호(1998. 7), 14~15쪽; 『윤유일·동료 시복 자료집』 제1집, 149쪽.

72) 車基眞, 「한국 천주교회와 시복·시성운동의 방향」, 『교회와 역사』 제255호(1996. 8), 한국교회사연구소, 6쪽 참조; 그의 순교에 대한 기록은 『정조실록』, 『벽위 편』(이만채), 「데 구베아 書翰」, 「東國敎友上敎皇書」, 『한국천주교회사』 등에 실려 있다.

73) 『윤유일·동료 시복 자료집』 제2집, 19쪽.

74) 崔仁吉은 中人 신분으로 역관 집안 출신이었다. 같은 中人이며 역관인 김범우의 전교로 입교하여 이승훈에게 세례를 받았다. 동생 최인철에게 교리를 가르쳤다. 주문모 신부가 기거할 집을 마련하고 생활을 돕는 일을 담당하였으며, 주 신부는 그에게 한국말을 배웠다(金眞鉁, 앞의 논문, 118~119

영입운동은 강완숙(골롬바, 1760~1801년)의 도움으로 비용을 마련한 뒤 1793년 말 동지사 편으로 지황(사바)과 Po(白)요한[76]을 선발하여 北京으로 파견하였다. 지황은 그해 12월 22일(양력 1794년 1월 23일)에 데 구베아 주교를 만나 윤유일의 서한을 전한 다음 성직자 영입 방도를 논의하였다. 데 구베아 주교는 첫 번째 北京敎區 신학교 출신인 중국인 주문모(야고보) 신부[77]를 선발하여 조선에 파견하였다.[78] 당시 데 구베아 주교는 교황 비오 6세로부터 1792년 4월 1일자로 조선 포교지의 개인적인 보호와 지도를 위임받은 상태였다.

지황 일행은 1794년 2월에 北京을 떠났다. 벨로소(Jacobo Veloso; 주

쪽 참조).

75) 池璜은 中人 신분으로 궁중약사(달레, 『韓國天主敎會史』上, 314쪽과 河聲 來, 위의 책, 152쪽에는 樂師로 기술함) 집안 출신으로 자원하여 이벽에게 서 교리를 배우고 이승훈으로부터 세례를 받았다. 그의 처 김염이(안나)와 처남 金星瑞 등에게 전교했는데, 부인은 1801년 3월 체포되어 5월 진해로 유배되었다. 교회 초창기부터 최창현, 최인길과 함께 교회 발전에 헌신한 사람이었다(金眞召, 「주문모 신부 선교활동 전후의 순교자들」, 『교회사 연구』 제10집, 1995, 116~117쪽 참조).

76) 한문으로 된 원문 편지는 없어졌고 번역된 편지에는 姓이 Po로 되어 있다. 차기진은 白요한이라 번역하였다.(車基眞, 「北京대교구」, 『교회와 역사』 제 276호(1998. 5), 25쪽)

77) 강소성 蘇州의 崑山縣 출신으로, 20세 때 혼인 2년 뒤에 상처하였고, 여러 차례 과거에 응시하였다. 1785년 이후 데 구베아 주교가 설립한 北京교구 신학교에서 신학공부를 한 뒤 첫 졸업생으로 사제직에 올랐다. 그의 나이 42세 때 데 구베아 주교로부터 성무 집행을 위한 통상적이고 특별한 권한 을 위임받고 염익작의 안내로 책문에 도착 조선 밀사들을 만나 입국을 시 도하였으나 압록강이 어는 겨울을 기다리며 8개월가량 요동 지역에서 사목 을 하였다. 1794년 12월 3일(양력 12월 24일) 지황의 안내로 조선에 입국, 의주에서 기다리던 윤유일 등을 만나 한양으로 12월 14일 들어와 최인길이 마련한 집에 머물며 조선에서의 사목을 준비하였다. 周 신부는 조선 입국 이래 1801년 4월 19일(양력 12월 24일) 자현하여 순교할 때까지 조선교회를 돌보는 한편 계속 北京敎區와 연락을 취하였다(趙珖, 「周文謨의 조선 입국 과 그 활동」, 『교회사연구』 제8집, 한국교회사연구소, 1995, 57쪽 참조).

78) 車基眞, 위의 글, 25쪽 참조.

문모 신부의 포르투갈식 이름) 신부는 20일을 걸어 국경에 도착, 그들
과 조선 입국 방법을 의논하였다. 그러나 조선 국내의 박해 사정으로
인해 12월로 입국 시기를 연기하게 됐고, 마침내 그해 12월 23일 입국
에 성공하였다.

지황은 윤유일, 최인길과 함께 1795년 6월 28일 포도청에서 순교했
다. 그들의 순교에 대한 기록은 정조실록, 벽위편(이만채), 데 구베아
서한, 東國敎友上敎皇書, 한국천주교회사 등에 실려 있다.[79]

2) 주문모 신부 입국(1795년) 이후의 밀사

(4) 배 마티아[80]

달레의 『韓國天主敎會史』 上권에는 裵 마티아에 대한 다음과 같은
글이 실려 있다:

> 裵 마티아는 1799년에 순교한 裵 프란치스코의 동생이었다. 입교
> 하는 날부터 배 마티아의 가장 큰 소원은 어떻게 해서든지 신부들
> 을 조선에 潛入시키는 것이었다. 따라서 그 위험천만한 北京 往來
> 를 하겠다고 자원하여 실제로 여러 번 그곳을 다녀왔으며, 그곳에
> 서 聖事를 받았고, 또 십중팔구 周 神父를 입국시킨 교우들 중에
> 끼었을 것이다. (裵) 마티아는 그 강직과 희생정신과 열심으로 인
> 하여 누구에게나 존경을 받게 되었고, 교우들은 그의 말을 기꺼이
> 따랐다.

---

79) 車基眞, 「한국 천주교회와 시복·시성운동의 방향」, 『교회와 역사』 제255
　　호(1996. 8), 한국교회사연구소, 6쪽 참조.
80) 이름 및 生沒 년도 미확인.

(裵) 마티아는 체포되어 형벌 중에 큰 용기를 보여주었다. 4, 5
개월 동안 계속된 형벌도 그의 마음을 움직이지 못하니, 官長은 보
통 방법으로 그를 꺾겠다는 희망을 버리고 더 간사한 방법을 써
보았다. …… 이런 官長의 유혹에 넘어가 일시적으로 背敎를 했었
으나 곧 회개하여, 사형선고를 받고 옥에서 絞首刑을 받았다. 그때
그의 나이는 33세였다.[81]

(5) 황 심(黃 沁, 토마스, 1756~1801년)

충청도 덕산 출신으로, 內浦의 사도 이존창(일명, 端源)에게서 교리
를 배워 입교한 뒤로 지황, 윤유일과 더불어, 조선교회와 北京 주교와
의 연락을 담당하였다. 1794년 12월 주문모 신부 영입 시 큰 역할을
했으며, 周 신부의 입국 사실이 밝혀져, 1795년에 윤유일과 지황이 순
교하게 되자 이후 황심이 주로 北京과의 연락을 맡게 되었다.[82]

1796년 겨울 윤지헌과 함께 北京으로 파견되어, 이듬해 1월 28일 北
京에 도착하여 주문모 신부의 1796년 9월 14일자 편지와 신자들의 연
명서한[83]을 데 구베아(de Gouvea) 주교에게 전달하였다. 周 신부가 연
명서한을 보낸 이유는 그 내용이 자신의 개인 의견이 아니라 조선 교
회 전체의 뜻임을 밝히려는 데 있었다.[84]

데 구베아 주교는 이 편지를 통해 조선교회의 사정을 정확히 파악하
게 되었다. 周 신부는 그의 서한에서 교회 발전을 위한 최상의 방법으
로, 포르투갈 여왕이 조선 국왕에게 수학과 의학 지식을 갖춘 선교사

---

81) 달레, 『韓國天主敎會史』 上, 613~614쪽 참조.
82) 『한국가톨릭대사전』, 한국교회사연구소, 1985, 1311~1312쪽 참조.
83) 이 서한에 서명한 신자들은 유항검·관검 형제, 윤지헌, 유중태, 그리고 서
    울의 최창현 등이었다(차기진, 「박해 시대의 한국 천주교회」(1), 『교회와
    역사』 제278호(1998. 7), 16쪽).
84) 차기진, 위의 글, 16쪽 참조.

를 동반한 사절을 파견할 것을 건의하였다.

그 뒤에도 여러 번 옥천희, 김유산 등과 함께 北京을 왕래하면서 조선
교회의 사정을 北京에 알리는 동시, 조선교회에서 성사집행에 필요한 성
유, 성물 등을 가져와 周 신부를 도왔다. 1801년 박해 시 황사영을 찾아
가, 周 신부의 순교 사실을 알리는 동시에, 조선교회의 이 같은 사정을
北京 주교에게 알리는 방안을 의논하였다. 이렇게 해서 황사영은 北京主
敎와 면식이 있는 황심의 이름으로 帛書를 쓰고, 황심은 이를 옥천희를
시켜 北京에 전달하기로 했으나, 9월 20일 옥천희가 먼저 잡히고, 26일
에 황심, 10월 3일에 황사영이 체포돼 모든 것이 허사로 돌아갔다. 1801
년 10월 24일 옥천희와 함께 서소문 밖에서 참수되어 순교하였다.[85]

(6) 윤지헌(尹持憲, 프란치스코, 1764~1801년)

전라도 진산(현 충남 금산군 진산면) 출신이며, 정약종의 외사촌인
윤지헌은 1789년 그의 형 윤지충으로부터 교리를 배우기 시작했고,
1791년 12월 8일 그의 형이 순교하자, 곧 고향을 떠나 전라도 高山으
로 피신하여 살았는데, 1795년 이존창의 집에서 주문모 신부를 만나
세례를 받았다.

1801년 신유교난이 일어나자 4월 26일 체포되어 전주 감영에서 문초
를 받다가 서울 의금부로 이송되어 사형선고를 받았다. 전주로 다시
이송된 그는 9월 17일 참수치명하였는데 그의 나이 38세였다. 그 후
부인은 흑산도로, 아들은 해남으로, 딸은 평안도 벽동(碧潼)으로 유배
되어 온 가족이 이산되었다.[86]

그는 세 차례, 즉 1796년 말~1797년 초, 1797년 말~1798년 초, 1799

---

85) 『한국가톨릭대사전』, 1311~1312쪽 참조.
86) 『한국가톨릭대사전』, 한국교회사연구소, 918쪽.

년 말~1800년 초 北京에 밀사로 다녀왔다.[87]

(7) 김유산(金有山, 토마스, 1760~1801년)

충남 보령의 역촌에서 천민으로 출생한 김유산[88]은 한때 승려 생활을 하였으나 환속한 뒤 이존창의 권면으로 입교. 그 후로는 驛卒의 명색으로 유력 교우들 사이에 소식을 전해주었고 중국 교회와의 연락을 위해 1798년과 1799년 두 차례 北京을 왕래하였다.[89] 1801년 신유박해가 일어나자 전주에서 유항검(1756~1801년), 윤지헌, 이우집(1761~1801년) 등과 함께 체포되어 전주감영, 포청, 형조에서 차례로 신문을 받은 후 10월 18일 의금부에서 사형을 선고 받고 10월 24일 전주에서 유항검, 유관검, 윤지헌, 이우집 등과 함께 참수치명하였다.[90]

(8) 옥천희(玉千禧, 요한, ?~1801년)

평안도 선천 출신으로 황심에 의해 인도되어 北京에서 세례를 받은 옥천희는 1799년에서 1801년까지 세 차례에 걸쳐 北京을 다녀왔다.[91]

황사영의 백서를 옥천희와 황심이 함께 가지고 가기로 약속이 되어 있었으나 불행히도 8월에 체포되고, 이어 황심과 황사영이 체포되므로

---

87) 「尹持憲 供招」, 『邪學懲義』, 240쪽: 『윤유일·동료 시복 자료집』 제2집, 77쪽.
88) 金井驛卒이었던 그는 이존창을 따라 고산현 운동면(현 완주군 운주면 저구리)으로 이사했다(김진소, 『천주교 전주교구사』 I, 천주교 전주교구, 1998, 153쪽 참조)
89) 차기진, 위의 글, 16쪽: 『윤유일·동료 시복 자료집』 제2집, 67쪽 각주 60 참조.
90) 『한국가톨릭대사전』, 한국교회사연구소, 225쪽.
91) 차기진, 위의 글, 16쪽: 차기진, 「北京大敎區」, 『교회와 역사』 제276호(1998. 5), 25쪽.

모든 것이 수포로 돌아가고 말았다. 그는 이 일로 1801년 12월 10일(음 11월 5일) 서소문 밖에서 참수치명하였다.[92]

(9) 김 시몬과 유전시

김 시몬과 유전시는 1800년경, 주문모 신부가 北京의 천주당(南堂)에 보낸 이들인데, 이후 약 10년 동안 조선교회에서는 北京 천주당에 아무런 연락도 할 수 없었다.[93]

辛未年(1801)에 조선 신자들이 北京 주교에게 보낸 편지를 보면 김 시몬은 옥천희와 함께 체포되었다.[94]

3) 주문모 신부 순교(1801년) 이후의 밀사

(10) 이여진(요한, ?~1830)

주문모 신부가 순교한 후 조선 교회와 北京敎區와의 연락은 1811년에 가서야 재개되었다. 당시 성직자 영입을 위해 노력했던 인물들은

---

92) 『한국가톨릭대사전』, 한국교회사연구소, 862쪽 참조.
93) 원재연, 「17~19세기 연행 사절의 천주당 방문과 서양 인식」(1), 『교회와 역사』 제277호(1998. 6) 6쪽 각주 13참조: 『만남과 믿음의 길목에서』 중 「北京 주교에게 보낸 조선 교우의 서한(1811)」 105쪽 각주 15: 달레, 『韓國天主教會史』 中, 28쪽의 原註에는 '이들은 주문모 신부가 중국에 보낸 최후의 두 밀사였다. 이들은 北京에서 돌아오는 중에 붙잡혔고, 그들의 몸에서는 주교의 회답이 발견되었다.'라고 적혀 있다. 같은 쪽 각주 55에는 김시몬과 유전시를 달레는 Simon King과 Yu-tsin-si로 표기했고 포르투갈 역문에는 Kim Simaô와 Yu-kin-si로 되어 있어 중국식 발음의 표기가 약간씩 다름을 지적했다.
94) 『윤유일·동료 시복 자료집』 제4집, 161쪽, 각주 100 참조.

신태보(베드로)를 비롯하여 그의 이종사촌인 이여진(요한), 권철신(173
6~1801)의 조카 권기인(요한), 홍락민(1740~1801)의 아들 홍우송 등
양반 출신들이었다.

1811년 11월, 성명 미상의 신자 한 명과 北京 왕래를 자임하고 나선
이여진(요한)이 조선교회의 밀사로 선발돼 두 통의 편지를 전달했다.
하나는 1811년 10월 24일(양력 12월 9일)자 교황 비오 7세에게 보내는
것이었고, 다른 하나는 11월 3일(양력 12월 19일)자 北京 주교[95]에게
보내는 것으로 모두 '프란치스코'라는 이름으로 되어 있었다. 이 편지
는 데 사라이바 주교 대신 총대리의 자격으로 北京을 관리하던 南堂의
눈(Ribeiro Nunes) 신부가 받았고, 다행히 1813년 겨울 마카오에 머무
르고 있던 北京 교구장 데 사라이바 주교에게 전달되었다.[96]

이 서한들 중에서 특히 北京 주교에게 보낸 서한에서 조선의 신자들
은 크게 세 가지 내용, 즉 신유교난의 발단과 경과, 순교자들의 행적,
교회 재건을 위한 다섯 가지 방안 등을 보고하였다. 그리고 교회 재건
을 위해서는, 첫째 성직자를 파견해줄 것, 둘째 외교인과 어울려 사는
신자들이 지킬 수 없는 계명은 완화해줄 것, 셋째 교회 서적과 성물을
보내줄 것, 넷째 약속한 大船을 보내줄 것, 다섯째 北京 교회와의 연락
을 위해 국경부근에 점포를 개설해줄 것을 건의하였다. 이 중에서 첫
번째와 네 번째, 다섯 번째의 내용은 황사영의 「백서」에서도 이미 요
청했던 것이며, 두 번째와 세 번째의 내용은 박해 후의 상황을 잘 설
명해주는 것으로 볼 수 있다.

---

95) 당시 北京 주교는 마카오에 머무르고 있던 포르투갈 출신의 라자리스트
(Lazarist) 수자 사라이바(Souza-Saraiva)였다. 1804년 12월에 계승권을 가
진 北京敎區의 부주교로 임명된 그는 1808년에 데 구베아 주교가 사망함에
따라 교구장직을 계승하게 되었으나, 1805년에 재개된 박해 때문에 北京에
부임하지 못하고 1818년 1월 6일 마카오에서 사망하였다(차기진, 「박해 시
대의 한국 천주교회」(3), 『교회와 역사』 제283호(1998. 12) 2쪽 참조).
96) 차기진, 「北京大敎區」, 『교회와 역사』 제276호(1998. 5) 25쪽: 차기진, 「박
해 시대의 한국 천주교회」(3), 『교회와 역사』 제283호(1998. 12) 3쪽 참조.

데 사라이바 주교는 조선 신자들에게 위로의 답신[97]을 보내는 한편 눈 총대리 신부에게 선교사 파견 방법을 계속 모색해 보도록 지시하고, 스스로 선교사 입국로를 찾아보기도 했지만 모두 무산되고 말았다.

1813년 말에 조선 신자들은 다시 이여진(요한)을 北京으로 보내 서한을 전달하였다. 이 서한에서 그들은 어려운 처지에 놓여 있는 北京 교회를 위로하고 성직자 파견을 요청하였다.[98] 그러나 이번에도 그들의 소원은 이루어지지 않았다.

이여진은 1830년 경기도 양지에서 사망하였다.[99]

(11) 정하상(丁夏祥, 바오로, 1795~1839년)

1801년에 순교한 정약종의 둘째 아들, 부친의 순교 후 경기도 양주군 마재(馬峴)의 큰댁에서 寄食, 20세 때에 上京하여 여교우 조증이 집에 의지하며 한국교회를 위해 헌신하기로 결심하고, 교리와 학문을 철저히 익히기 위해 함경도에 유배가 있던 조동섬을 찾아갔다. 정하상은 무산에 있는 동안 조동섬과 다시 성직자 영입 운동을 협의했다. 그는 한양으로 돌아오자마자 교우들과 접촉하여 北京까지 왕래할 비용을 마련하기 위해 노력을 기울였고, 마침내 조선교회의 밀사로 인정을 받게

---

97) Souza-Saraiva 주교의 이 답신은 1813년 겨울에 작성되었는데, 그것이 조선에 전달되었는지는 확인할 길이 없다. 이 답신의 한문 전사본은 徐家匯本 안에 포함되어 있다(차기진, 위의 글, 3쪽, 각주 2 참조).

98) 이 서한은 徐家匯 전사본 안에 포함되어 있는데, 발신자의 이름은 '유사정'(兪斯定, 즉 유스티노)으로 되어 있다. 이 유스티노는 1801년에 무산(혹은 종성)으로 유배된 조동섬(유스티노)이 아니었나 생각된다. 그는 유배 후 회두하여 교회 일을 도왔으며, 1811년의 밀사 파견에도 이바지하였고, 1830년에 유배지에서 사망하였다. 『교회와 역사』 283호(1998. 12) 4쪽 원주 4 참조; 전수홍, 「유방제 신부의 조선선교와 그 문제점」, 『역사와 사회』, 70쪽 참조.

99) 『한국가톨릭대사전』, 한국교회사연구소, 953쪽.

되었다.[100]

그는 1816년 겨울(22세 때) 처음으로 北京에 들어가 이듬해 초 南堂
의 눈 신부를 만났다. 신부는 정하상에게 성사를 준 뒤, 그 소식을 즉
시 마카오에 있는 데 사라이바 주교에게 전하였다. 데 사라이바 주교
는 이러한 조선 신자들의 소식을 받고, 1817년 초, 조선 교회의 총대리
로 임명된 南京 출신 방요한(Giovanni Van) 신부와 플로리아노 신 벨
로조(Floriano Xin Vellozo)[101] 신부를 파견하였다. 그러나 그들 모두
조선에 입국하지는 못하였다.[102]

정하상은 그 후 1824년과 1826년에 훌륭한 동행자를 만나게 되었다.
조정의 역관 출신으로 사신 행차에 들어가기 쉬웠던 유진길(아우구스
티노)과 馬夫 조신철(가롤로)이 그들이었다.

나폴리 성가정신학교(Collegio della S. Famiglia di Gesù Christo)[103]

---

100) 『한국가톨릭대사전』, 한국교회사연구소, 1038쪽 참조.
101) 전수홍, 위의 논문. 『역사와 사회』, 69쪽에는 1817년 北京 총대리 신부인
    요셉 리베이로 눈(José Ribeiro Nunes) 신부가 이들 두 사람을 조선에 파
    견할 수 있을 것이라고 마카오의 성청 대변인인 마르키니 신부를 통해 포
    교성에 전달토록 하였다고 했다.
102) 차기진, 위의 글, 7쪽 참조.
103) 이탈리아 국적 선교사 리파(Mattèo Ripa, 馬國賢)는 1710년에 마카오에
    도착했고, 후에 北京에 이르러 신학교를 개설하여 방인사제 양성을 시작했
    는데, 비난과 비방이 있었다. 때문에 그는 포교성에 청해 1715년 2월 15일
    포교성 차관 Silv. de Cavalieri의 답신을 통해 신학교 창립에 대한 정식
    허가를 얻었다. 康熙帝의 逝世(1723) 후 교난이 일어나자 리파는 신학생 4
    명과 교사 1명을 이끌고 이탈리아로 돌아가 1724년 11월 25일 나폴리에
    도착하였다. 그곳에서 리파는 교황 클레멘스 12세의 허락을 얻어 1732년 7
    월 25일 중국 성가정신학교를 정식으로 개교하였다. 이 신학교는 1888년
    12월 27일 이탈리아 國 법률에 따라 문을 닫았다(陳介夫·謝 凡, 「中華聖
    職培育簡史」, 羅光 主編, 『天主敎在華傳敎史集』, 光啓出版社·徵祥出版社·
    香港 眞理學會 聯合出版, 1967, 338~339쪽 참조). 이 신학교는 당시 중국
    의 山西, 陝西 대목구의 주교가 성직 지원자들을 선발해 나폴리로 보내면
    이 신학교에서 양성하도록 했는데 이 신학교는 교황청 포교성의 직속관할
    신학교였다(전수홍, 위의 논문. 『歷史와 社會』, 79쪽 참조).

에서 10년간의 학업을 마치고 사제가 된 유방제 신부는 조선 선교를
자원해 포교성 파견 선교사로, 1831년 1월 27일 나폴리를 출발해, 7월
31일 마카오에 도착했고, 다음 해 12월 25일에는 北京에 이르렀다. 北京
에 머물면서 1833년 초 정하상을 만나 다음해 초에 국경 근처에서 만나
기로 약속하고 조선 입국을 위한 계획을 세웠다. 유 신부는 1833년 4
월 10일 北京을 출발 만주로 향했다. 그해 말에 그는 압록강 근교 국
경 변방에서 조선인 신자 정하상과 남이관(1780~1839년)을 만나서 그
들의 안내를 받아 1834년 1월 3일에 조선입국에 성공하고 1월 16일에
한양에 도착했다.[104]

(12) 유진길(劉進吉, 아우구스티노, 1791~1839년)

유진길은 서울의 유명한 譯官 집안에서 태어났다. 어려서부터 학문
에 뜻을 두고 열심히 공부하였고, 세상 만물의 기원과 종말에 대해 명
확히 알고자 10여 년 동안 불교와 도교를 깊이 연구했으나 방황은 끝
나지 않았다. 1823년 우연히 『天主實義』의 일부분을 읽게 되어 진리에
눈을 뜨게 되었다.[105]

유진길은 성직자 영입운동을 전개하던 정하상을 만나자마자 의기투
합하여 1825년 말,[106] 동지사의 수석 역관으로 北京에 둘이 함께 들어
가 그 길에 교황 레오 12세에게 보내는 조선 신자들의 서한[107]을 전하

---

104) 전수홍, 위의 논문, 『歷史와 社會』, 80~81쪽 참조.
105) 『한국가톨릭대사전』, 905쪽 참조.
106) 차기진, 「北京大教區」, 『교회와 역사』 제276호(1998. 5), 25쪽에는 유진길
     의 北京 入京이 1824년도로 기술되어 있다.
107) 편지의 작성자는 유진길에게 교리를 가르친 홍 암브로시오였다. 달레, 『韓
     國天主教會史』 中, 104~105쪽에서는 유진길이 작성한 것으로 나타나지만
     한문 원본과 라틴어 번역본에서는 암브로시오라고 적고 있다[전수홍, 「조
     선인들의 서신과 여항덕 신부」, 『신앙과 삶』 제3호(1999. 겨울), 127쪽].

고 성사를 받았다.

조선 교우들이 1825년에 교황에게 올린 편지는 마카오를 거쳐 1827
년에 로마 포교성에 전달되었다. 한문으로 쓴 원본 편지는 현재 '포교
성 극동선교 대표부 고문서실'의 39번째의 고문서 보관상자 속에 라틴
어 번역본과 함께 소장되어 있다. 1826년 11월 29일 마카오 주재 포교
성 경리부장이었던 엉피에르 신부는 이 편지를 라틴어로 번역하여 한
문 원본 편지와 함께 포교성으로 전달하였던 것이다.[108]

이 편지는 조선 대목구 설정과 대목구장 임명의 한 계기를 만들었
고, 이로써 北京 주교에게 맡겨졌던 조선 포교지는 北京으로부터 독립
하게 되었다. 오랫동안 지속되어 온 北京과의 교린관계도 새로운 국면
을 맞게 되었다.[109]

(13) 조신철(趙信喆, 가롤로, 1795~1839년)

조신철은 1795년 강원도 회양의 외교인 가정에서 태어나, 5세 때 모
친을 여읜 후 부친이 가산을 탕진하자 잠시 중이 되었다가 환속, 상경
하여 23세 때부터 동지사의 馬夫로 일하였다. 30세경 성직자 영입운동
을 전개하던 정하상, 유진길 등과 알게 되어 입교했고, 北京에서 세
례·견진·성체·고해성사를 받고 계속 동지사의 마부로 일하면서 北
京 교회와의 연락, 성직자 영입운동 등에 깊게 관여하였다.[110]

하인 출신이었던 조신철(가롤로)은 1826년에 北京에서 종교 서적과
기타 성물들을 가져올 임무를 띤 유진길(아우구스티노)과 함께 入京[111]

---

108) 전수홍, 위의 논문, 129쪽.
109) 차기진, 「北京大敎區」,『교회와 역사』제276호(1998. 5) 25쪽.
110)『한국가톨릭대사전』, 1056쪽.
111) 최양업 신부의 전기 자료집 제2집『스승과 동료 성직자들의 서한』, 배티
     사적지 편(1997. 3), 천주교 청주교구, 105쪽: 차기진, 「박해 시대의 한국

하였다. 그들은 최양업·김대건 두 신학생에게 보내는 편지도 지참하고 있었다.

1833년에는 중국인 유방제 신부, 1836년에는 모방(Maubant, 羅) 신부, 1837년에는 샤스탕(Chastan, 鄭) 신부와 앵베르(Imbert, 范世亨) 주교 등을 입국시켰다. 1839년 기해교난 때에 가족들이 피체되어 가는 것을 보고 따라가 자수하였고, 감옥에서 매우 혹독한 형벌을 감내한 후 9월 26일 서소문 밖 형장에서 8명의 교우와 함께 참수형을 받아 순교하였다.[112]

4) 조선교구 설정(1831년) 이후의 밀사

(14) 현석문(玄錫文, 가롤로, 1797~1846년)

1801년 신유교난 때의 순교자 현계흠의 아들이며 1839년 기해교난 때 순교한 성녀 현경련의 동생으로 서울의 한 독실한 교우 가정에서 태어났다. 1837년 샤스탕 신부가 입국하자 그의 복사가 되어 신부와 함께 각지를 순회하며 전교하였다. 1839년 기해교난으로 주교와 신부들이 체포될 때 회장으로 임명되었고 교난 후 성직자 없는 조선 교회의 지도자가 되어 순교자들의 기록을 수집, 정리하여 『己亥日記』를 편찬하고, 또 포졸들에게 쫓기면서도 變姓名을 하고 각지에 흩어져 있는 교우들을 찾아다니며 위로하고 격려하는 한편 중국교회와 긴밀히 연락하였다. 1846년 7월 11일 체포된 뒤 9월 19일 새남터에서 군문효수형을 받아 순교하였다.[113]

천주교회」(3), 『교회와 역사』 제283호(1998. 12), 7쪽 참조.
112) 『한국가톨릭대사전』, 1056쪽.

소 브뤼기에르 주교의 심부름을 온 王 요셉은 1835년 1월에 北京에
온 조선의 밀사 현석문을 만나 브뤼기에르 주교의 서한과 전교 비용을
전하고, 남이관(南履灌, 세바스티아노) 등이 작성한 편지를 가지고 西
灣子로 돌아갔다.

(15) 김 프란치스코

1842년 12월, 김 프란치스코[114] 교우가 오래만에 北京에 入京하였다.
페레올 주교가 蒙古에서 르그레즈와 신부에게 보낸 1843년 2월 20일
자 서한에 보면

 ······ 마침내 1842년 12월 하느님의 攝理는 北京으로 가는 道中,
 (김) 안드레아로 하여금 邊門[115]에서 얼마 떨어지지 않은 곳에서

---

113) 『한국가톨릭대사전』, 1288쪽 참조.
114) 김 프란치스코: 조선 교회의 밀사로 기해교난 이전부터 정하상·유진길·
   조신철 등과 함께 성직자 영입 운동에 앞장섰다. 1831년 조선 대목구 설정
   후에는 초대 대목구장인 브뤼기에르 蘇 주교를 영입하려고 노력하였으나
   성공하지 못했으며, 기해교난 후에는 거의 매년 중국을 왕래하던 중 3차
   入燕 때인 1842년 12월에 변문에서 김대건 신학생을 만나게 되었다. 그 후
   에도 프란치스코는 1844년에 滿洲로 와서 奉天에 있던 페레올 高 주교를
   만났고, 그해 말에는 김대건 부제를 조선에 영입하게 된다[최양업 신부의
   전기 자료집 제2집, 『스승과 동료 성직자들의 서한』, 배티 사적지 편, 천주
   교 청주교구, 1997(이하『스승과 동료 서한』으로 약기함), 185~186쪽, 각
   주 26: 성 김대건 신부 순교 150주년기념 전기 자료집 제1집 『성 김대건
   안드레아 신부의 서한』, 한국교회사연구소, 1996(이하『성 김대건의 서한』
   으로 약기함), 87쪽, 각주 46 참조].
115) 邊門: 조선에서 中國으로 갈 때 통과해야 하는 中國 측 관문인 '柵門'을 中
   國人들은 '변문'이라 불렀다. 조선과 중국 사이의 국경을 이루는 관문으로는
   조선 측의 의주 城門 즉 '변문'이 있었고, 이곳에서 120리 떨어진 곳에 中國
   측의 책문이 있었다. 중국인들은 이 柵門을 '변문' 또는 '架子門'이라 하였고,
   조선 사람들은 이를 '책문' 또는 '高麗門'이라 불렀다. 이 책문은 鳳凰城 남

우리 사랑하는 순교자들의 편지를 지니고 가는 金 프란치스코를
기적적으로 알아보게 하셨습니다.[116)]

라고 되어 있다.

(16) 최지혁(崔智爀, 요한, 1808~1878년)

1808년 충청도 공주에서 태어나, 8~9세경 부친에게 교리를 배워 입교
했고, 1846년 다블뤼(Daveluy, 安敦伊) 신부로부터 세례를 받았다. 1866
년 병인교난으로 아내와 6남매가 함께 체포되어 순교하자 滿洲로 건너
가 체푸(芝罘)에 머무르면서[117)] 리델(Ridel, 李福明) 주교를 보좌하며『
韓佛字典』과『韓語文典』의 편찬에 참여하였고 1872년부터는 조선을 왕
래하며 선교사들의 조선 입국을 준비하였다. 1874년 귀국하여 선교사 영
입을 위해 서울 새문(新門) 밖에 집을 마련한 뒤, 다시 滿洲에 다녀와
1876년 황해도 장연을 통해 블랑(Blanc, 白圭三, 1844~1890년) 신부, 드
게트(Deguette, 崔東鎭, 1848~1889년) 신부를 맞아들였고 이듬해 리델
(1830~1884년) 주교, 로베르(Robert, 金保祿, 1853~1922년) 신부, 두세
(Doucet, 丁加彌, 1853~1917년) 신부 등을 맞아들였다. 그러나 1878년 1
월, 리델 주교와 함께 체포되어 7월 14일 옥사, 순교하였다.[118)]

───────────────

단의 작은 언덕 사이에 나무 울타리로 설치되었는데, 義州 변문과 책문 사
이는 무인 지대였다(『스승과 동료 서한』, 177쪽 각주 23 참조).
116)『스승과 동료 서한』, 185쪽.
117) 1871년 12월 23일자 리델이 친구들에게 보낸 편지에는 최 요한이 그와
함께 머물고 있음을 기술하였다. 최 요한은 노인이며, 조선에서 리델 주교
를 5년간이나 도왔던 진밭에 살던 안드레아(부인은 아나다시아)라는 교우
의 장인으로 소개하였다(펠릭스 클레르 리델 원저,『리델문서 Ⅰ』, 277~
278쪽 참조: 286쪽에도 최 요한에 관한 기록이 나온다.).
118)『한국가톨릭대사전』, 1148쪽 참조.

(17) 권치문(權致文, 타대오)

뮈텔(Mutel, 閔德孝, 1854~1933년) 신부는 1880년 5월 리우빌(Lioubille, 柳) 신부와 함께 조선 입국을 시도하였으나 실패하였고, 가을에 다시 입국을 시도하였다. 이번에는 권치문의 안내로 입국에 성공한 그들은, 황해 연안에서 조선 교우의 배로 갈아타고 11월 11일 황해도 장연에 상륙하여 인근의 한 교우 옹기촌에서 몸을 숨길 수 있었다.[119]

(**) 소현세자(昭顯世子, 1612~1645년)

소현세자는 밀사는 아니었지만 北京에서 독일 쾰른 출신 예수회 선교사인 아담 샬을 만나 친교를 맺고, 신앙에 대한 대화를 나눈 후 천주교에 관한 서적들과 성물들을 받아 귀국한 일이 있으므로 이곳에 기술하였다. 이 만남은 조선왕실과 그리스도교의 첫 접촉이라는 점에서 실로 큰 의의가 있었다.[120] 소현세자는 아담 샬 신부에게 다음과 같은 편지를 써서 신부가 선물을 보내준 것에 대해 감사의 표시를 했다.[121]

---

119) 崔奭祐, 「뮈텔, 귀스타브 샤를 마리」, 『한국가톨릭대사전』 권5, 한국교회 사연구소, 1997, 2891쪽 참조.
120) 崔鍾庫, 「教會를 통한 韓獨關係史」, 『교회와 역사』 제53호(1980. 1), 한국 교회사연구소, 1982, 3쪽.
121) 야마구치 마사유키(山口正之, 1901~1964), 「昭顯世子와 아담 샬」, 『朝鮮基督教史 研究』 4(原 論文은 「昭顯世子と湯若望」, 『青丘學叢』, 第5號, pp.101~117에 실려 있는 것이다), 『항아리』 제23호(1997. 3), 한국가톨릭 문화선양회, 58~63쪽에서 재인용.

　어제 뜻밖의 선물인 구세주의 聖畵와 地球儀, 天文學에 관한 책들과 또 西學(la science des Européens)에 관한 온갖 것들을 소개하는 책들. 당신이 내게 선물한 모든 물건들을 관찰하면서 내가 얼마나 기뻐했는지 그러면서도 한편으로는 당신에게 얼마나 신세졌다고 느꼈는지 아마 모르실 것입니다.

　…… 내가 지금 보물을 소유하고 있는데, 어찌 기쁨에 들뜨지 않겠습니까? 내가 우리나라에 돌아가면, 이것들을 궁정에 도입할 뿐만 아니라, 선비들에게 널리 알리도록 인쇄 출판할 예정입니다. 선비들도 자신들을 사막에서 지식의 궁전으로 들어가게 한 이 행운에 장래에는 놀라워 할 것입니다. 그리고 조선인들은 이러한 전환의 모든 것이 전적으로 西學(la science des Européens)에 힘입어 이룩되었음을 알게 될 것입니다.

　…… 나는 당신의 同僚 중 누구라도 한 사람이 나와 함께 머물면서 나와 내 백성에게 이 교리를 가르쳐 주기를 바랍니다. 그렇지만 適格者가 없다면, 당신이나 또 다른 同僚들의 役割을 代身하게 될 이 物件(그리스도의 聖畵)을 갖도록 하겠습니다.

　1644년 北京에서 전교하고 있던 마르티니(Martinus Martini) 신부는 소현세자와 천주교의 관계를 1655년에 만든 「新中國地圖」에서 다음과 같이 말하고 있다.

　昭顯世子의 간절한 부탁으로 神父를 朝鮮에 데리고 가고자 하였으나 神父가 부족하고 청나라에서 엄하게 감시함으로 모처럼 좋은 기회를 놓쳐버렸다.

소현세자가 신부를 보내줄 것을 요구하였으나 이에 응하지 못한 중국 천주교회는 이러한 실정을 프랑스에 알려 신부를 많이 보내주도록 운동을 일으켰다. 이에 따라 프랑스 '파리'에서는 '성체회'가 중심이 되어 신부 보내기 운동이 일어났다. 이에 따라 1663년에는 파리에 새로운 신학교가 세워져 외국에 보낼 신부를 양성하게 되었는데, 그것이 바로 1831년부터 조선 전교를 맡게 된 '파리외방전교회'인 것이다. 세자의 사망은 모처럼의 천주교 전래의 기회를 놓치게 되는 결과를 낳고 말았다.[122]

2. 北京에서 세례 받은 조선인

전술하였듯이 세례를 베푸는 이는 수세자의 신앙생활에 대한 권리와 의무를 교회법적으로 책임지게 된다. 세례 청원자는 세례를 받음으로써 그가 속한 사목구에 교적을 두게 되고, 본당신부의 허락을 얻어 견진, 성체, 고해, 병자, 혼인성사 등 여러 성사를 받을 수 있게 된다. 수세자는 교회 운영에 대한 경제적 책임을 떠맡게 되며, 아울러 세상을 떠날 경우 장례 미사나 교회묘지에 대한 배려를 받을 수 있게 된다. 그러므로 조선 교우들이 北京에 들어가 그곳 선교사들에게 세례를 받았다는 것은 그 선교사들과 한 신앙 공동체에 속하게 되었다는 것을 의미하기도 하고 위의 의무와 권리들을 향유할 수 있게 되었다는 것을 의미하기도 한다. 따라서 中國천주교회와 조선천주교회를 하나로 묶어 주게 되는 계기가 된 밀사들의 수세에 대해 고찰해 보게 되었고, 이들 수세자들이 어떻게 양국 신앙 공동체에 가교 역할을 하게 되었는지 살펴보게 되었다.

이후 조선교회는 北京 주교와 선교사들에게 신앙공동체 형성에 필요

---

122) 윤양로, 「昭顯世子와 天主敎」, 『항아리』 제23호(1997. 3), 한국가톨릭문화선양회, 37~38쪽 참조.

한 여러 가지를 청하게 되었고, 北京 교구 성직자들은 이 청들을 들어
주기 위해 여러 가지 사목적 배려들을 하게 된다.

(1) 이승훈(李承薰, 베드로, 1756~1801년)

1784년 초 北堂을 방문하고 드 그라몽(de Grammont, 梁棟材) 신부
에게 베드로란 세례명으로 영세를 하였다. 이승훈은 北京으로 떠나기
전에 이벽으로부터 北京에서 영세하도록 권고를 받았다고 하였다.[123]

마카오 주재 교황청 포교성 대표부 대표 마르키니 신부는 1790년 12
월 24일에 포교성 장관에게 보낸 편지에서 이승훈의 영세에 대해 기술
하였는데 그 당시 이승훈은 수학을 배우기 위해 北京에 있는 유럽 선
교사들과 친분을 쌓으려 하였다고 했다.[124]

그라몽 신부는 파리외방전교회 마카오 주재 대표부 대표였던 레통달
(Létondal, ?~1813년) 신부에게 보낸 1790년 6월 23일자 편지에서 일
본 선교를 내다보며 이승훈에게 세례를 베풀었다며 이렇게 쓰고 있
다.[125]

이 (宣敎) 事業을 통하여 朝鮮의 德望 있는 선비들이 갖고 있는
열정을 자꾸만 활활 타오르게 하는 일은 정말로 중요합니다. 왜
냐하면 일본은 朝鮮에서 두 치도 안 되는 거리에 있기 때문에 조
선 사람들이 열정적으로 되면 될수록 희미한 불씨만 남은 일본인
들의 신앙에 다시금 불을 댕기는 일도 그렇게 不可能하지는 않게

---

123) 「黃嗣永 帛書」, 43행 참조.
124) 『윤유일·동료 시복 자료집』 제4집, 윤민구 역주, 천주교 수원교구 시복
    시성 추진 위원회, 1999, 23쪽: SOCP(Scritture Originali della Congregatione
    Particolare delle Indie e Cina) 67, 339r.
125) 『윤유일·동료 시복 자료집』 제4집, 25쪽, 각주 15 참조.

될 것이기 때문입니다.

세례 후 이승훈이 귀국하여 한 일들은 다음과 같았다. 여러 학자들을 회개시켰고, 세례 받은 사람들 중에서 남자 12명과 여자 12명을 회장(교리교사)으로 선발하였고,[126] 이벽 등과 같이 복음을 전하기 시작하여 많은 사람들에게 영세를 주고, 그들과 함께 주일과 첨례를 지키고 영세와 기타 종교 의식을 거행하며 또 교회 일을 의논하기 위해 신앙 공동체를 형성하였다.[127] 1786년에 이르러서는 이승훈을 비롯한 교회의 지도자들은 좀 더 복음을 쉽게 전파하고 좀더 신자들의 신앙을 견고하게 하려는 선의에서, 이른바 평신도 모방성직제도(假聖職制度)를 세우고 고해성사에서 시작하여 잇달아 미사를 드리고 견진성사 등을 집전하였다.[128] 그러나 성사 집전의 불법성이 거론되자 이승훈은 北京에 밀사를 파견하는 일을 추진시킴과 동시에, 北堂 선교사들에게 보내는 편지도 직접 작성하였다(柳恒儉의 편지 사본도 동봉해 보냈다). 또한 乾隆帝의 80회 생일(1790년)을 맞아 재차 밀사가 파견되는 기회에 이승훈은 서둘러 데 구베아 주교에 대한 답신 겸 조선 천주교회에 필요한 성직자 파견 요청을 하기 위해 두 번째 서한을 작성하였다. 이 편지에 대한 응답으로 北京 주교는 요한 도스 레메디오스 신부를 조선선교사로 파견하게 된다.[129]

126) 『윤유일·동료 시복 자료집』 제4집, 29쪽.
127) 최석우, 「한국 교회의 창설과 초창기 李承薰의 교회 활동」, 『교회사 연구』 제8집, 1992, 12쪽.
128) 최석우, 위의 논문, 16쪽 참조.
129) 崔奭祐, 「李承薰 관계 書翰 자료」, 『敎會史 硏究』 제8집, 1992, 160~166쪽 참조.

(2) 윤유일(바오로, 1760~1795년)

1789년 말 馬夫로 北京에 간 유일은 北堂에서 1790년 초, Panzi 수사를 대부로 하여 라자리스트회의 Raux(羅廣祥) 신부에게서 바오로란 세례명으로 영세하였다.[130]

예수회 드 프아로(Louis de Poirot, 中國名; 賀淸泰, 1735~1814)[131] 신부가 포교성 장관에게 보낸 1790년 10월 18일자 편지에는,

> 朝鮮의 작은 교회가 갖가지 疑問點들에 대한 답을 얻기 위하여 교회의 이름으로 계획을 세우고 모든 經費를 마련하여 보낸 사람이었습니다. …… (中略) …… 그 사람은 나이가 많은 이곳의 會長들만큼이나 聖敎會에 대해 많이 배워 알고 있었습니다. 그 사람이 받았던 洗禮는 세례를 베풀 때 꼭 밟아야 할 형식에 따라 이루어진 것이라고 할 수는 없었기 때문에, 저희는 그에게 條件附로 다시 세례를 베푸는 것이 좋겠다는 판단을 내렸습니다. 그는 또한 堅振聖事와 告解聖事 그리고 聖體聖事까지 받았습니다. 마침내 그는 司牧 書翰과 여러 장의 指針을 갖고 자기 나라로 돌아갔습니다.[132]

마카오 주재 라자로회 대표부 대표 빌라(Giovanni Agostino Villa, 1752~1803년) 신부가 쓴 편지 발췌문에는,

---

130) 元載淵, 「17~19세기 연행 사절의 천주당 방문과 서양 인식」(1), 『교회와 역사』 제277호(1998. 6), 6쪽 각주 10 참조.

131) 프랑스 태생이나 이탈리아에서 성장한 예수회원. 1771년 北京에 도착하여 宮廷畵家로 활동, 궁정 通譯官으로도 일했고, 라틴어와 타르타르어를 서로 번역하는 일을 많이 하였다(『윤유일·동료 시복 자료집』 제4집, 33쪽 각주 24에서 재인용).

132) 『윤유일·동료 시복 자료집』 제4집, 33~35쪽; SOCP 363^r.

로 신부가 그 新入敎友에게 조건부로 다시 세례를 줄 수 있도록 허락하였습니다. 세례는 대단히 화려하게 진행되었으며 참석했던 모든 사람들은 눈물을 흘리며 감사드렸답니다. 저는 같은 날 그에게 堅振聖事까지 주었습니다. 그 사람은 깊이 통회하는 마음으로 告解聖事를 받았으며 천사와 같은 열정으로 聖體聖事를 모셨습니다. 윤 바오로의 이와 같은 열정을 보고 주변에 있던 사람들은 모두 눈물을 흘리고 말았습니다. …… 이러한 사실은 北京의 天主敎界 全體에 큰 反響을 불러일으켰습니다.[133)]

(3) 吳(또는 禹, 요한 세자)

吳요한 세자는 1790년 8월 윤유일과 함께 北京에 입경한 왕실의 물품 구입 담당 관리로서 1790년 가을 데 구베아 주교의 소망에 따라 주교로부터 직접, 南堂에서 요한 세자란 세례명으로 영세를 했다.[134)]

판지 수사가 장상에게 보낸 1790년 11월 11일자 편지에 의하면 윤유일은 吳요한이라는 정부의 관리 한 사람을 대동하고 北京에 왔는데, 그는 천주교 교리를 잘 알고 있었다고 했다. 이 관리는 선교사가 조선으로 들어올 수 있도록 하기 위하여 조선 옷 몇 벌을 北京 주교에게 남겨 놓기도 했고, 또 조선에서 파견할 밀사가 선교사들에게 어떤 암호들을 말할 것인지에 대해서 주교에게 자세히 설명하였다고 했다.[135)]

---

133)『윤유일·동료 시복 자료집』제4집, 47쪽; SOCP 435 뒷면과 436 앞면.
134) 元載淵, 위의 글, 5쪽 각주 11 참조.
135) ARSI, JAP-SIN 185, Epistolae Josephi Panzi, 1773~1795년; 윤민구, 「조선 신자들의 大舶請來運動에 對한 海外의 認識(2)」,『교회와 역사』제280호 (1998. 9), 2-3쪽 참조.

(4) 옥천희(玉千禧, 요한, ?~1801년)

평안도 선천 출신으로 황심에 의해 인도되어 北京에서 세례를 받은 옥천희는 1799년에서 1801년까지 세 차례에 걸쳐 北京을 다녀왔다.[136]

(5) 이광열(李光烈, 세자 요한, 1795~1839년)

명문양반인 廣州 이씨 가문의 후예로 태어난 이광열(一名 경삼) 성인은 성인 이광헌의 동생으로서 22세 때 형 李光獻 일가와 함께 입교했고 그 후 교회 일에 헌신적으로 참여하여 성직자 영입운동을 전개하던 정하상, 유진길, 조신철 등을 도와 두 차례나 北京을 왕래하며 조선교회의 상황을 北京 교회에 알리고 성직자 파견을 요청하는 한편 北京에서 성세성사를 받고 귀국해서는 육식을 금하고 인내와 극기의 동정생활을 결심, 평생을 혼자 살며 수계하였다. 그러던 중 1839년 기해교난이 일어나자 4월 7일 형의 일가, 金長金과 함께 체포되었다. 포청과 형조에서 형과 함께 매우 가혹한 형벌과 고문을 당했으나 이겨내고 7월 20일 서소문 밖 형장에서 7명의 교우와 함께 참수형을 받고 순교하였다.[137]

(6) 유진길(劉進吉, 아우구스티노, 1791~1839년)

성 유진길(일명 용심)은 유대철 성인의 아버지로서 서울의 유명한 역관 집안에서 태어났다. 어려서부터 학문에 뜻을 두고 열심히 공부했

---

136) 차기진, 「박해 시대의 한국 천주교회」(1), 『교회와 역사』 제278호(1998. 7), 16쪽: 차기진, 「北京大教區」, 『교회와 역사』 제276호(1998. 5), 25쪽.
137) 『한국가톨릭대사전』, 한국교회사연구소(1985), 933쪽.

고 특히 종교적·철학적 문제인 세상만물의 기원과 종말에 대해 명확히 알고자 10여 년 동안 불교와 도교를 깊이 연구하였다. 그러나 '萬권의 책과 동서고금의 학문이 가슴에 가득한 사람'이라는 세인의 칭찬과는 달리 오히려 진리를 찾지 못해 방황하였다. 그러던 중 1823년 우연히 『天主實義』의 일부분을 읽고는 사방에 수소문한 끝에 한 교우를 만나게 되어 교리를 터득한 후 곧 입교했고, 이때 성직자 영입운동을 전개하던 정하상을 만나 역관의 신분을 이용하여 北京敎會와의 연락 및 성직자 영입운동에 참여하게 되었다. 1824년 동지사의 수석 역관으로 北京에 가서 아우구스티노란 세례명으로 세례를 받았다.[138] 1826년 교황에게 성직자 파견을 간청하는 편지를 北京主敎에게 전달하는 등 전후 8차에 걸쳐 北京을 왕래하며 조선교회의 상황을 北京敎會에 알렸고, 그 결과 1831년 조선교구가 설정되고 1833년에 중국인 유방제 신부, 1836년에 모방(Maubant, 羅) 신부, 1837년에 샤스탕(Chastan, 鄭) 신부와 앵베르(Imbert, 范世亨) 주교가 각각 입국하게 되었다. 그 뒤 1839년 기해교난이 일어나자 박해 초에는 정3품 당상역관이라는 높은 지위와 대왕대비의 오빠인 황산과의 친분으로 인해 체포되지 않았으나 곧 황산이 죽자 7월 17일 체포되었다. 포청에서 서양신부를 체포하려고 혈안이 된 관헌들에게 매우 가혹한 형벌과 고문을 당했으나 끝까지 함구하여 신앙을 지켰고, 서양신부들이 체포되자 함께 의금부로 이송되어 그곳에서 사형선고를 받아 9월22일 서소문 밖 형장에서 참수형을 받고 순교하였다.[139]

---

138) 최양업 전기 자료집, 『스승과 동료 서한』, 99쪽 각주 7 참조.
139) 『한국가톨릭대사전』, 한국교회사연구소(1985), 905쪽.

(7) 조신철(趙信喆, 가롤로, 1795~1839년)

조선인들은 가끔 北京에 나타나 선교사들과 만나곤 했다. …… 그 조선인들 가운데 유진길(1791~1839년)과 조신철(1795~1839년)은 1824년 겨울 동지사 수석역관으로 또 馬夫로 北京에 가서 세례를 받고 아구스티노와 가롤로란 세례명을 받았다.[140)

(*) 김기량(金耆良, 펠릭스 베드로, 1816~1867년)

김기량 펠릭스 베드로는 北京에서 세례 받은 이는 아니지만 香港에서 세례 후 上海, 北京을 거쳐 국내에 들어와 신앙 생활한 것이 최양업 신부의 서신에 언급되고 있기에 여기에 포함시켰다.

그는 1856년 中國 廣東 부근에서 난파된 후 香港의 파리외방전교회 경리부에서 요양 중이던 조선 신학생 이만돌 바울리노에게 교리를 배워 펠릭스 베드로라는 세례명으로 영세하였다(1857년 5월 31일). 그 후 上海와 北京을 거쳐 조선으로 송환된 다음 페롱 權 신부와 최양업 신부가 함께 있던 교우촌을 방문하고 제주도로 돌아갔다.[141)

최양업 신부의 편지에 의하면 제주도 사람 김기량 펠릭스 베드로가 상경하여 판공성사를 받고 돌아갔다고 하였다.[142) 김기량은 그 후 장

---

140) 全壽洪, 「劉方濟 신부의 조선선교와 그 문제점」, 『歷史와 社會』, 70쪽.
141) 최양업 신부의 전기 자료집 제1집 『최양업 신부의 서한』, 배티사적지 편, 천주교 청주교구, 1997(이하 『최양업의 서한』으로 약기함), 275-276쪽(열여섯 번째 서한) 참조: 정양모, 「최양업 신부의 사목과 사상」, 『항아리』 제22호(1995. 12), 46쪽 참조: 『하느님의 종 윤지충 바오로와 동료 순교자 123위』, 한국 천주교 주교회의 시복 시성 주교 특별위원회(2003), 310-312쪽 참조(이 자료에는 김기량이 1857년 2월에 출항한 것으로 기술하였다.).
142) 『최양업 신부의 서한』, 열여덟 번째 서한, 301쪽 참조: 『항아리』, 제22호(1995. 12), 47쪽.

사를 하며 다니다가 1867년 1월 경상도 통영에서 천주교 신자임이 드러나 통영 관장의 명에 의해 교수형을 당하였는데, 관장은 처형 때에 그의 죽음을 확인하기 위해 가슴에 대못을 박도록 명하기도 했다고 전해진다.[143]

3. 조선 천주교회를 위해 활동한 在中 선교사

(*) 서광계(徐光啓, 바오로, 1562~1633년)[144]

그는 비록 선교사는 아니었지만 1620년, 예수회 선교사 삼비아시(Francisco Sambiasi, 畢方濟, 1582~1649년)와 함께 조선선교에 대한 계획을 세웠던 인물이기에 간략히 서술해 본다. 그는 1596년 예수회 선교사 카타네오(Lazarius Cattaneo, 郭居靜, 1560~1640년)를 만나 신앙에 입문하였고, 1599년 南京에서 활동하던 마테오리치를 방문, 천주교와 서구 과학 문명에 대한 가르침을 받고 이후 계속 리치와 친분을 맺었다. 1603년, 데 로카(Joannes de Rocha, 羅如望, 1566~1623년) 신부에게 세례를 받고 上海로 돌아가 유명한 徐家滙 교회를 창설하였고, 이후 서양 선교사들을 도와 한역서학서의 저술과 간행에 헌신한 것은 물론, 스스로도 많은 서학서를 번역하였다.

그는 1620년, 金軍에 패한 조선에 弔慰使를 파견한다는 명분 아래 위 선교사와 함께 조선 선교 계획을 세웠었으나 滿洲族의 위협으로 실

---

143) 『하느님의 종 윤지충 바오로와 동료 순교자 123위』, 한국 천주교 주교회의 시복 시성 주교 특별위원회(2003), 310-312쪽.
144) 『한국가톨릭대사전』, 한국교회사연구소(1985), 590-591쪽; 方 豪, 『中國天主敎史人物傳』第一册, 香港公敎眞理學會, 香港, 19702, 99-111쪽 참조.

패하였다. 이때 徐光啓는 조위사와 함께 예수회 선교사를 조선에 입국
시킬 계획이었다.[145]

徐光啓는 李之藻(1565~1630년), 楊廷筠(1577~1627년) 등과 함께 中
國 천주교의 3대 지주로 추앙 받는다.

(1) 아담 샬(Johannes Adam Schall, S. J., 湯若望, 1591~1666년) 신부

淸의 황제 世祖(順治帝)는 1644년 9월 19일에 北京에 들어갔다. 審陽
에 볼모로 끌려가 생활하고 있던 소현세자도 같은 날이거나 그렇지 않
으면 며칠 뒤 北京에 들어갔을 것으로 추정된다. 그리고 世子는 그해
12월 26일 귀국을 허락 받았다. 그러므로 세자는 北京에 체재하던 석
달가량의 기간 중에 예수회원 아담 샬 신부를 만났던 것이다.[146]

예수회 소속 아담 샬 신부는 소현세자와 친분을 나눴는데, 왕세자가
귀국하는 길에 조선선교를 위해 예수회원 1명을 동반하기를 청해오므로
그는 마카오의 예수회 책임자에게 이 뜻을 전했으나 거절되었다.[147]

145) Andreas Choi, L'Erection du premier Vicariat Apostolique et les
    Origines du Catholicisme en Corée, Suisse 1961, pp.8-9: 최석우, 「韓國天
    主教와 로마教皇廳」, 韓國天主教會創設二百周年紀念 『韓國教會史論文集』
    I, 韓國教會史研究所, 1984, 718쪽(이하 『二百周年 教會史 論文集』 I로
    略記함).
146) 야마구치 마사유키, 「소현세자와 아담 샬」, 『항아리』, 제23호(1997. 3),
    68- 69쪽 참조: 費賴之 著, 馮承鈞 譯, 『在華耶蘇會士列傳及書目』, 中華書
    局, 1995, 174쪽 참조.
147) 崔奭祐, 위의 논문, 718쪽 참조.

(2) 쯔즈(Joannes Rodriquez Tçuzzu, S. J., 陸若漢, 1561~1634년) 신부

예수회 소속 쯔즈는 1614(萬曆 42년)에 中國에 들어와, 1634년 3월 20일 전에 마카오에서 세상을 떠났다. 그는 중국에 들어오기 전에, 일본에서 선교하였고, 일본어 문법책도 편찬하였다.

천주교 신자인 孫元化와 함께 山東에 머물고 있던 예수회 선교사 쯔즈는 1630년(崇禎 3년)에 進奏使臣 정두원이 北京으로 가기 위해 山東省 登州에 머물고 있었을 때, 그를 방문한 일이 있었다. 정두원은 서양의 천문·역법과 기술에 정통한 쯔즈 신부에게 이영준[148]과 정효길을 보내 서양의 천문과 대포 사용법을 배워 오도록 했었다. 그런 다음 정두원은 자신도 그를 방문하고 군사, 천문·역법, 지리·풍속, 그리고 천주교에 관련된 문물과 서적들을 얻어 이듬해 조선에 소개하였다. 당시 정두원이 조선에 전래한 서양 문물들은 화포·천리경·자명종·해시계 등의 기계, 「天文圖 南北極」, 「萬里全圖」, 롱고바르디(N. Longobardi, 龍華民)의 「治曆緣起」, 샬(A. Schall, 湯若望)의 「千里鏡說」, 「渾蓋通憲圖說」(1607년),[149] 「職方外紀」, 「天文略」 등의 서학서들이었다.[150]

---

148) 山口正之의 『朝鮮西敎史』(東京: 雄山閣, 1967) 46쪽에는 쯔즈와 서신을 주고받은 이의 이름이 李榮後로 되어 있는데, 김세윤은 「조선인의 눈에 비친 예수회의 과학」이란 도날드 베이커의 글[釜山敎會史報, 제4호(1994. 10)]을 번역하면서 각주로 이를 바로 잡아 李榮俊으로 고치고 있다. 이영준은 仁祖 8년(1630) 진주사로 정두원과 함께 중국에 간 譯官으로 쯔즈와 교류했다(같은 잡지, 13쪽 참조).

149) 梁啓超는 李之藻의 撰이라 하였는데, 또 테렌즈의 著로 나와 있는 기록도 있다(崔韶子, 『東西文化交流史研究』, 東西文化社, 1990, 262쪽).

150) 車基眞, 「한국 천주교회의 창설」(3), 『교회와 역사』 제267호(1997. 8) 9-10쪽 참조; 方豪, 『中國天主敎史人物傳』, 第2册, 香港公敎眞理學會出版 (1970), 39~42쪽 참조.

(3) 마르티니(Martinus Martini, S. J., 衛匡國, 1614~1661년) 신부

예수회 소속 마르티니 신부[151]는 이탈리아에서 1614년에 태어나, 1631년에 수도회에 입회하였고, 로마에서 공부할 때 특별히 키르허(Kircher)로부터 수학을 배웠다. 1643년에 中國에 파견되어 활동하다가, 1661년 杭州에서 세상을 떠났다.[152]

北京에서 전교하고 있던 마르티니는 소현세자와 천주교의 관계를 1655년에 만든 '新中國地圖'에서 상세히 기술하였다.[153]

(4) 카발레라(Antoine de Sainte-Marie Caballera, O. F. M.) 신부

프란치스코 수도회 소속으로서, 소현세자가 조선 전교를 위해 예수회원 1명을 동반하기를 아담 샬 신부에게 청했으나 마카오의 예수회 책임자가 이 청을 거절했다는 소식을 듣고, 이 거절은 도리어 中國의 프란치스코 회원에게 조선 포교의 계기가 된다고 생각하여, 카발레라는 예수회원들을 대신해 직접 자신이 조선에 입국할 결심을 했다. 이리하여 그는 1650년과 1657년 두 번에 걸쳐 해로로 조선에 잠입하려

---

151) 교황 인노첸시오 10세(1644-1655)가 1645년 9월 12일 포교성을 통해 중국 전례에 대한 금지 훈령을 내렸을 때, 예수회에서는 마르티니를 로마로 보내 중국 전례에 대해 설명하도록 함으로써 1656년 3월 23일 마침내 교황 알렉산델 7세(1655-1667)로부터 적응주의 방침에 대한 허락을 얻어냈다 [車基眞, 「한국 천주교회의 창설」 (2), 『교회와 역사』 제265호(1997. 6) 13쪽 참조].

152) 費賴之, 위의 책, 260-261쪽 참조.

153) 본 연구 제1장 제1절 '아담 샬' 항 참조.

했으나 모두 실패하였다.154) 그의 시도는 비록 성취되지 못하였으나, 조선 포교에 대한 관심은 그 후 프란치스코 회원인 北京主敎에게 이어지게 되었다.

(5) 델라 키에사(Bernardinus della Chiesa, O. F. M., 伊大仁, ?~1721년) 주교

北京 주교 델라 키에사는 北京 교구가 거리상으로 南京 교구보다 조선에 더 가깝다는 이유를 들어 조선 지역에 대한 재치권을 로마에 요청하였고, 클레멘스 11세 교황은 1702년 조선에 대한 재치권을 허락하였다. 이로써 1660년 南京 주교에게 속했던 조선에 대한 관할권이 北京 주교에게로 넘어갔다. 그러나 델라 키에사 주교가 세상을 떠나자 그의 죽음과 더불어 조선은 일정 기간 완전히 잊혀지고 말았다.

그러나 조선과 인접된 관계로 인해 北京 교구는 90년 후 조선과 다시 관계를 맺게 되었다. 그간 조선에는 평신도로만 구성된 신앙공동체가 형성되어 있었다. 그들은 순전히 한역서학서를 통해 신앙생활을 유지하고 있었다. 이 서학서들은 北京의 선교사들이 저술한 것으로서 사행원들을 통해 조선에 도입되었다.155)

---

154) 최석우, 위의 論文, 718-719쪽 참조.
155) 趙珖, 「박해시대 조선교회와 중국교회와의 관계」, 『항아리』, 제21호(1995. 6), 한국가톨릭문화선양위원회, 51-52쪽 참조.

(6) 카발리(Crescenziano Cavalli, O. F. M., 1754~1791년) 신부

카발리는 최초의 조선 선교사로 뽑힌 신부였다. 그는 이탈리아 출신이었고, 프란치스코 회원으로서 1783년에 마카오에 도착하여 1784년 廣東을 거쳐 山東에 이르렀고, 1785년에 체포되어 감옥생활을 하다가, 출옥 후 北京의 南堂에서 활약했다. 마리아노(Mariano) 주교의 후임으로 陝西 대목구 주교로 선출되었으나 주교품을 받기 전인 1791년 12월 24일 세상을 떠났다.[156]

1790년 9월경 北京에 있던, 출신이 서로 다른 선교사들이 모임을 갖고 사제 한 명을 조선에 파견하기로 하고 의견을 모았는데 그가 바로 카발리 신부였다. 마르키니(Marchini) 신부는 이에 대해 다음과 같이 말하고 있다:

> 北京 主教는 조선에 선교사 한 분을 파견하기로 결정하였습니다. 조선에는 새로운 그리스도인 공동체가 있는데 그 어떤 선교사도 아직 정해진 바가 없었습니다. 그래서 참된 使徒 精神을 지닌 사람이 요구됩니다. 北京 주교는 이러한 목적을 달성하기 위해 크레쉔지아노 신부에게 마음을 두고 있는 것으로 믿고 있습니다.[157]

---

156) 『윤유일・동료 시복 자료집』 제4집, 17쪽, 각주 5 참조.

157) 윤민구, 「신미년(1811) 조선 천주교 신자들이 北京 주교에 보낸 편지에 대한 연구」, 『수원 가톨릭대학 논문집』 제2집, 1990, 4쪽 참조; Acta CP, vol.17, 117r; Fortunato Margiotti, "*Apostolato laico e Martirio in Corea*", in: *Sacrae Congregationis de Propaganda Fide Memoria Rerum*, vol.2, Roma, 1973, p.1032.

(7) 마르키니(Giovanni Battista Marchini, 세례자 요한 수도회, 1785~1823년 마카오 성청대변인 재임) 신부

이탈리아 출신으로서 세례자 요한 수도회(Baptistines) 소속이었다. 1785년 廣東에 도착, 그곳 교황청 포교성 대표부 대표인 델라 토레 (Francesco Giuseppe della Torre, 多羅; ?~1785년) 주교의 보좌로 활동하다가 주교가 세상을 떠나자 그 후임자가 되어 대표부 대표로 활동하였다. 1786년 대표부를 마카오로 옮겨 그곳에서 수십 년 대표로 일하였다.158)

마르키니 신부는 조선 교회의 관할권 문제가 미묘하던 때에 포교성 소속 선교단에서 그 관할권을 가져야 할 것이라는 의견을 갖고 있었다.159)

(8) 눈(José Ribeiro Nunes) 신부

데 사라이바 北京 주교의 총대리였던 그는 1826년 8월 2일에 성직자 없는 조선인들의 고통을 위로하기 위해 자기 주교에게 알리고 나서 北京과 南京에 젊은 조선 청년들을 보내서 사제로 양성할 것을 제안했다.160) 그러나 바로 이 해에 눈 신부는 사망하였다.

---

158) 『윤유일·동료 시복 자료집』 제4집, 15쪽, 각주 1 참조; Sacrae Congregationis de Propaganda Fide Memoria Rerum, vol. II, 1976, pp. 1002-1004에서는 마카오로 대표부를 옮긴 것이 1786년으로 기술되어 있다.
159) SOCP 67, 328v; 윤민구, 위의 논문, 5쪽 참조.
160) 全壽洪, 위의 論文, 70~71쪽.

(9) 르그레즈와(Pierre Louis Legrégeois, M. E. P., 1801~1866년) 신부

파리외방전교회 회원으로서, 金大建 신학생의 스승이었다. 일찍이 중국 선교사로 임명되어 마카오에서 활동하다가 1830년에 그곳에 있던 극동 대표부의 대표가 되었으며, 1837년에는 극동 대표부 안에 임시로 조선 신학교를 설립하고 조선의 세 신학생을 받아들여 그들에게 라틴어와 프랑스어 등을 가르쳤다. 1841년 말 외방전교회 신학교의 지도자로 임명되어 프랑스로 귀국하였다.[161]

(10) 고틀랑(Claude Gotteland, S. J., 1803 - 1856년) 신부

예수회 소속 선교사인 고틀랑은 1773년 해산되었던 예수회가 1814년 부흥(비오 7세 교황에 의해)되면서 중국에 파견된 예수회원들의 장상으로, 江南敎區長 베시(Bési) 주교에 의해 江南 교구의 총대리로 임명되었다.[162] 고틀랑 신부는 마카오와 강남에서부터 金大建과 面識이 있었고, 김대건이 1842년 조선을 향해 北上하던 중 江南에 들렸을 때 그를 만나 도움을 주었고, 1845년 6월 조선에서 上海로 온 김대건 부제 일행을 찾아가 고해성사를 주고 미사를 집전해주기도 했다.[163] 당시 그의 동료에게 보낸 편지를 인용해 보면 다음과 같다.

---

161) 『성 김대건의 활동과 업적』, 35쪽, 각주 7 참조.
162) 달레, 『韓國天主敎會史』 下, 72쪽, 각주 23 참조.
163) 崔良業 전기 자료집 『스승과 동료 서한』, 167쪽 각주 18: 달레, 『韓國天主敎會史』 下, 71~75쪽 참조: 고틀랑 신부의 1845년 7월 8일자 서한, 달레, 『韓國天主敎會史』 下, 72쪽, 각주 23 재인용.

그렇게도 위험한 처지를 당한 처음 얼마동안 그를 몹시 필요로
하던 그 선원들에게 (金大建) 안드레아를 다시 보내고 나서 자신이
착한 사람들을 만나보려고 그들의 배로 서둘러 갔습니다. 신부님,
거의 모두가 순교자들의 아버지요, 아들이요, 친척인 이 12명의 교
우들과 만났을 때 내가 얼마나 위로를 받았는지 판단하실 수 있을
것입니다. 그중의 한 사람은 주님을 위하여 거의 온 가족이 희생당
한 사람이었는데, 그의 11세 된 어린아이까지도 순교를 통하여 하
늘나라로 가기로 원하였던 것입니다. 처음 만나자마자 고해성사 문
제가 나왔습니다. 그러나 안드레아는 내가 미사를 드릴 수 있도록
우선 배를 좀 정돈하기를 원하였습니다. …… (중략) …… 우리 부
제가 맨 첫 번으로 왔습니다. 부제는 고백을 끝낸 다음 그 자리에
무릎을 꿇고 앉아서 차례로 그의 옆에 와서 무릎을 꿇는 선원들의
통역 노릇을 하였습니다. 그는 이와 같이 고해신부와 고백하는 교
우 사이에 있었던 것입니다. …… (중략) …… 이렇게 하여, 나는
우상숭배자가 가득 차 있는 대도시 근처의 아주 조그마한 배 위에
서, 그렇게도 오랫동안 참여를 못하다가 미사에 참여할 수 있는 것
을 기뻐하는 몇몇 교우에 둘러싸여 거룩한 제사를 드렸습니다.[164]

(11) 리브와(Napoléon Libois, M. E. P., 1805~1872년)신부

파리외방전교회 회원으로서 김대건 신학생의 스승이었다. 1837년에
동양 선교사로 임명되어 마카오의 극동 대표부에 도착하였으며, 1838
년 이래 부대표로 일하다가 1841년 말 르그레즈와 대표 신부가 파리로
돌아가자 이듬해 대표로 임명되었다. 그는 김대건과 최양업 신학생에
게 라틴어·프랑스어·교리 등을 가르쳤으며, 그 후 1866년에 파리로
돌아갔고, 로마 대표부의 대표로 재직하던 중에 사망하였다.[165]

---

164) 달레, 『韓國天主敎會史』下, 72~73쪽 참조.

(12) 칼르리(Joseph M. Callery, M. E. P., 1810~1862년) 신부

1835년 조선 포교지로 임명되어 프랑스를 출발하였으나, 조선 입국이 불가능해지자 마카오에 머물렀으며, 1837년 마카오의 파리외방전교회 극동 대표부 안에 설립된 '조선 신학교'의 초대 교장을 맡았다.[166] 그는 1837년 10월 4일 마카오에서 교육 기자재 청구와 조선 신학교 이전 문제로 파리 신학교의 트송(Jean Tesson, 1798~1876년) 신부에게 다음과 같은 편지를 보냈다.

친애하는 신부님,

…… 주문품은 이러합니다(중략): 잡지, 水準器, 기압계, 염색성의 잔, 산성의 유리병, 최고품의 연필 3타스, 한자가 새겨진 기적의 메달, 속기계, 자명종.

마지막 물건, 즉 자명종은 위의 여러 물건들과 함께 우리 조선 학생들과 지금의 나의 처지에서 볼 때 제게 거의 필수품들입니다. 이 학교의 교장이 된 나는 동시에 이 가엾은 소년들의 교사요 지도자요 아버지요 의사입니다. 그러므로 많은 것이 필요한데 하나도 없습니다. 내년에 그들과 같이 만주로 소신학교를 세우러 갈지 모르겠습니다.[167]

이 편지를 쓴 이틀 후에 칼르리 신부는 다시 트송 신부에게 편지를 썼는데 그 편지에서 자신이 조선말을 좀 할 줄 안다고 표현하였고, 아

---

165) 『성 김대건의 활동과 업적』, 65쪽, 각주 27 참조.
166) 『성 김대건의 활동과 업적』, 57쪽, 각주 24.
167) 『성 김대건의 활동과 업적』, 59쪽.

울러 먼저 쓴 편지에서 이미 언급한 것처럼 이듬해에 北滿洲로 신학교를 옮길 계획이 있음을 피력하였다.[168]

(13) 드 베시(Louis-Théodore de Bési(또는 Bézi),
O. F. M., 羅類思, ?~1871년) 주교

교황 그레고리오 16세에 의해 1834년 중국에 파견되었고, 1839년 山東 대목구가 北京敎區로부터 분리 설정되면서 山東 초대 대목구장에 임명되었다. 1840년(또는 1839년) 12월 19일부터 江南 대목구(즉 南京敎區)장 서리직을 겸임하였고, 그곳의 전교활동을 위해 1842년에 예수회를 上海로 초청하였다. 그 후 1847년 유럽으로 돌아간 뒤, 1849년에 山東 대목구장직을 사임하였다.[169]

매스트르 신부와 함께 상하이에 간 김대건은 1842년 9월 17일에 江南 대목구장 드 베시의 주교관에서 최양업 신부와 상봉했는데, 이때 드 베시 주교는 김대건과 브뤼니에르 신부, 매스트르 신부, 최양업, 范요한[170] 등이 중국배에 승선하여 遼東의 남단 太莊河로 항해할 수 있도록 주선해주었다.[171]

---

168) 『성 김대건의 활동과 업적』, 63쪽 참조.
169) Louis Wei Tsing-sing, La politique missionnaire de la France en Chine 1842~1856, Paris, 1957, pp.87~112; 羅光, 『天主敎在華傳敎史集』, 光啓出版社, 1967, pp.36, 83~84; 『성 김대건의 서한』, 51쪽에서 재인용; 『성 김대건의 활동과 업적』, 185쪽 각주 9.
170) 范요한은 中國人인데, 1836년에 조선과 류큐(琉球)의 대목구장으로 임명된 앵베르(Imbert, 范世亨) 주교가 그를 류큐에 파견하려 했었다(『김대건 신부의 서한』, 51쪽, 각주 20).
171) 「김대건 신부가 1842년 상하이에서 마카오에 있는 리브와 신부에게 보낸 서한」, 『성 김대건의 서한』, 49-53쪽, 33쪽 참조.

(14) 브뤼니에르(Maxime de la Brunière, M. E. P., 竇, 1816~1846년) 신부

파리외방전교회 소속 선교사로서 1842년 최양업 신학생이 프랑스 군함을 타고 마카오를 떠날 때 동승하였으며, 그 후 임지인 遼東 대목구에서 활동하다가 1846년 7월 7일에 지방민에게 살해되었다.[172]

(15) 데플레슈(Eugène J. C. Desflèches, 1814~1887년)신부

1838년 四川의 선교사로 파견되었으며, 그곳으로 가기 전에 마카오에 체재하면서 조선의 신학생들을 가르쳤다. 그리고 1840년에 四川에 도착하여 활동하다가 1856년 四川 대목구장에 임명되었다.[173]

(16) 루세이(Rousseille) 신부

조선에서 사목 활동을 하던 푸르티에 신부가 루세이 신부에게 서한을 보낸 1857년 무렵,[174] 홍콩의 극동 대표부에 있던 프랑스 선교사로서, 페낭 신학교에서 휴양 차 홍콩으로 보내진 조선 신학생 '바울리노'를 돌보았고, 또 바울리노로 하여금 1856년 廣東 부근에서 난파된 선박에서 구조된 제주도 출신 '김 펠릭스 베드로'에게 교리를 가르치도록 했었다.[175]

---

172) 『성 김대건의 서한』, 51쪽, 각주 18.
173) 『성 김대건의 활동과 업적』, 95쪽, 각주 3 참조.
174) 1857년 10월 15일에 보낸 푸르티에 신부의 서한, 『스승과 동료 서한』, 233쪽 각주 17 참조.
175) 위의 책, 233쪽 참조.

(17) 데 사라이바(Joachim Souza de Saraiva, 1744~1818년) 주교

1812년 초, 데 사라이바 주교는 성명 미상의 조선 신자와 이여진(요한)이 北京으로 가져온 두 통의 편지(교황 비오 7세에게 보내는 것과 주교 자신에게 보낸 편지)를 1813년 겨울에 마카오에서 받게 되었다. 그는 이 두 통의 편지를 모두 포르투갈어로 번역하고, 교황에게 보낸 한문 원본 편지와 함께 교황청으로 보냈다.176) 이 편지들은 현재 교황청 인류복음화성 고문서고에 소장되어 있다.177)

데 사라이바 北京 주교는, 포교성에 조선 교우들의 서한을 발송하면서 함께 보낸 1815년 12월 29일자 서한에 이어 또 다시 조선 천주교회 사정에 관해 1817년 두 통의 서한을 발송했다. 이 서한에서 그는 특히 조선에 2명의 선교사를 파견하기로 한 기쁜 소식을 알렸다. 한편 포교성에서도 회의를 거듭하면서 조선교회에 대한 시급한 구원책을 모색하였다. 동시에 조선 천주교회의 사정을 아직 잘 모르는 추기경들에게 조선 천주교회를 간략히 소개하는 소책자까지 배포하였다.178)

당시 조선에 파견된 두 사제는 신(Xin Vellozo, 플로리아노, 43세) 신부와 Vam(요한, 29세) 신부였다. 이들은 주교의 명대로 1817년 1월 4일 南京을 떠나 조선으로 출발했으나 조선 입국에는 성공하지 못했다.179)

176) 車基眞, 「제2편 박해 시대의 한국 천주교회」, 『교회와 역사』 283호(1998. 12) 3쪽.
177) 한편 이 書翰들의 漢文 轉寫本은 다른 2통의 書翰들과 함께 묶어져 上海 徐家匯 圖書館에 소장되어 있다가 그 후 타이베이 輔仁大學 神學院 圖書館으로 옮겨졌는데, 이 轉寫本의 表題는 "東國敎友上敎皇書"로 되어 있다. 윤민구, 「신미년(1811) 조선 천주교 신자들이 北京 주교에 보낸 편지에 대한 연구」, 『수원 가톨릭대학 논문집』 제2집, 1990; 조광, 「東國敎友上敎皇書」, 『교회와 역사』 179호(1990).
178) 趙珖, 「박해시대 조선교회와 중국교회와의 관계」, 『항아리』 21호(1995. 6), 55-56쪽 참조.
179) 車基眞, 「北京大敎區」, 『교회와 역사』 제276호(1998. 5), 25쪽 참조; 달레,

(18) 드 그라몽(Jean-Joseph de Grammont, S. J., 梁棟材) 신부

드 그라몽 신부180)는 궁정에서 통역관과 수학자로 활동하고 있었으므로 서양의 수학을 배우고 수학 서적을 얻을 수 있기를 바라던 이승훈에게 더없이 훌륭한 스승이 되었다. 실제로 李承薰은 이후 드 그라몽 신부를 찾아다니며 수학을 배우기 시작하였고, 동시에 천주교 교리에 대해서도 공부하였다.

드 그라몽 신부는 파리외방전교회 마카오 주재 대표부 대표였던 레똥달(Létondal, ?~1813년) 신부에게 보낸 1790년 6월 23일자 편지에서 일본선교를 내다보며 이승훈에게 세례를 베풀었다며 이렇게 쓰고 있다:

이 (선교) 사업을 통하여 조선의 덕망 있는 선비들이 갖고 있는 열정을 자꾸만 활활 타오르게 하는 일은 정말로 중요하답니다. 왜냐하면 일본은 조선에서 두 치도 안 되는 거리에 있기 때문에 조선 사람들이 열정적으로 되면 될수록 희미한 불씨만 남은 일본인들의 신앙에 다시금 불을 댕기는 일도 그렇게 불가능하지는 않게 될 것이기 때문입니다.181)

『韓國天主敎會史』中, 88~89쪽, 각주 12 참조.
180) 北堂의 프랑스 예수회 宣敎團에서 宮庭 數學者로 활약하던 그라몽 신부는 예수회가 解散 당한 후에도 1785년까지 北堂에 남아 있다가, 그해에 廣東으로 떠났다.(『교회사연구』제8집, 교회사연구소, 1992, 173쪽, 각주 10 참조.)
181) 『윤유일·동료 시복 자료집』제4집, 25쪽 각주 15.

(19) 드 방타봉(Jean-Mathiu de Ventavon, S. J., 汪達洪, 1733~1787년) 신부

드 방타봉은 프랑스 출신 예수회원으로서 1766년에 北京에 도착하였다. 화가였고, 이승훈의 세례에 대한 기록을 남겼다. 또 그는 중국에서 박해가 있었을 때 옥에 갇힌 성직자나 신자들을 돌보는 일에 열중하였다.[182]

(20) 데 구베아(Alexander de Gouvea, 1751~1808년, 湯士選) 주교

포르투갈 에보라(Evora) 출신 데 구베아 北京 교구장은 1785년 1월 이래 南堂에 머물고 있었고, 北京 선교사들로부터 조선에 복음이 기묘하게 전래되어 발전하고 있다는 소식을 듣게 되었고, 또 그 후 北京을 왕래하는 조선 천주교회의 밀사들을 통해서도 그러한 사실을 직접 확인할 수 있었다. 그래서 그는 조선 천주교회의 장래를 위해 교황청의 어떠한 배려가 시급함을 느끼고 1790년 10월 6일 포교성 안토넬리 (Antonelli) 장관에게 서한을 보내게 되었다.[183]

이때 데 구베아 주교는 두 통의 서한을 보냈는데 첫째 서한에서는 조선에 선교사의 도움 없이 교회가 기적적으로 탄생한 사실과 그 후 조선 교우들의 요청으로 선교사 1명을 파견하기로 결심한 경위를 말한 다음 이런 사실을 교황에게 전하도록 부탁하였다.

---

182) 위의 책, 39쪽, 각주 32와 33 참조.
183) 李榮春, 「중국에서의 포르투갈 '선교 보호권' 문제 및 조선 대목구 설정에 관한 연구」, 최석우 신부 수품 50주년기념 논총 제1집 『민족사와 교회사』, 한국교회사연구소, 2000, 178쪽과 각주 53 참조.

　이상이 새로 탄생하는 조선 천주교회와 예수 그리스도의 새 양
떼에 관하여 제가 殿下께 말씀드리고자 한 것입니다. 전하의 보호
와 후원을 얻어 장차 다스려야 할 양떼입니다. 전하께서 이 반가운
소식을 교황 성하께 稟하여 주시기를 간청합니다. 성하께서 포교지
들에 대해 기울이시는 극진하신 열과 성으로 미루어 일찍이 그리
스도교가 들어간 일이 없었고, 인간적으로 도저히 들어갈 수 없었
던 이 나라에 복음이 전파된 사실을 크게 반가와 하시리라 믿습니
다. 앞으로 매년 이곳의 그리스도교에 관해서 더 자세한 소식을 전
하께 전하겠습니다. 그렇게 함으로써 성좌가 자세한 내막을 알고서
확고하고 유효적절한 배려를 할 수 있을 것입니다.[184)]

　둘째 번 서한에서 데 구베아 주교는 앞날의 조선교회 관할문제에 대
한 자신의 의견을 피력하였다. 앞으로 조선 포교지가 뿌리를 내리고
풍성한 결실을 맺으려면 포교지 자체와 그곳에 파견될 선교사들을 다
스리고 통솔해야 할 조선교회의 책임자가 필요함을 역설한 다음 이를
위해 현재 北京敎區에서 활동하고 있는 여러 선교단을 생각할 수 있으
나 北京敎區의 평화를 유지하려면 北京敎區의 포르투갈 선교사들에게
조선교회의 관할권을 위촉하는 것이 바람직하다고 결론지었다.
　안토넬리(Antonelli) 포교성 장관은 데 구베아 주교의 서한을 받고
이어 조선교회에 관한 소식을 교황 비오 6세(1775～1799년)에게 전했
고, 이를 전해들은 교황은 데 구베아 주교의 의견을 존중하여 1792년
4월 1일자 서한을 통해 조선 포교지를 데 구베아 주교의 개인적인 보
호와 지도에 맡긴다는 결정을 내렸다.[185)] 이후 그는 1808년까지 북경

---

184) 최석우, 위의 책, 720쪽에서 재인용.
185) 로마 布敎省 古文書庫 Scritture Originali delle Congregazioni Particolari
　　 dell'Indie Orientali dell'Anno 1791 al 1792, vol.67, f.5. Gouvea, Epistola,
　　 178쪽 참조; A. Choi, L'Erection du premier Vicariat Apostolique et les
　　 origines du Catholicisme en Corée, p.48; Lettre de Mgr. Govéa Mgr.
　　 de Saint Martin, Évêque de Caradre(1797. 8. 15), Nouvelles Lettres

교구장인 동시에 조선 포교지의 책임자로 활동하였다. 포교성에서는 조선교회를 위해 은화 500냥의 원조를 보내기로 하였다. 이로써 조선 포교지는 1690년 이래 포르투갈의 보호권 교구인 南京 교구에 속해 있다가 비로소 北京 교구 관할 하에 들게 되었다.

포교성의 이러한 결정과 1793년에 조선교회의 밀사로 입연한 지황(사바)과 백(요한)의 선교사 파견 요청을 접수한, 데 구베아 주교는 첫 번째 北京敎區 신학교 출신인 중국인 周文謨(야고보) 신부를 선발하여 조선에 파견하였다.[186] 데 구베아 주교는 1808년 7월 6일에 사망하기까지 乾隆帝의 신임을 얻어 欽天監 監正과 國子監의 算學館長을 역임하였다.[187]

중국인 성직자를 양성하기 위해 北京 신학교를 설립하기로 한 데 구베아 주교는 四川代牧 생 마르탱 주교에게 보낸 서한을 통해 윤유일, 최인길, 지황 등 3명의 순교(이를 일컬어 을묘교난이라 한다) 사실을 알림으로써 기록으로 남게 하기도 했다.[188]

(21) 吳[189] (Joan dos Remedios) 신부

레메디오스는 조선 신자들과 성직자 파견 약속을 한 데 구베아 주교

Edifiantes des Missions de la Chine. tom. 5, p.294: 최석우, 「韓國天主教와 로마教皇廳」, 『二百周年 敎會史 論文集』 I, 721쪽: 車基眞, 「한국 천주교회의 창설」(5), 『교회와 역사』 제273호(1998. 2) 4-5쪽 참조.

186) 趙 珖, 「박해시대 조선교회와 중국교회와의 관계」, 『항아리』 제21호(1995. 6), 한국가톨릭문화선양위원회, 52~54쪽 참조.

187) 차기진, 위의 글, 5쪽.

188) 차기진, 「박해시대의 한국 천주교회」(1), 『교회와 역사』 제278호(1998. 7), 15쪽 참조.

189) 周文謨 신부의 2차 문초에 대한 供辭에 의하면 레메디오스 신부의 中國 姓은 吳 씨였는데 조선에 오기 위해 李 씨로 바꾸었다고 대답했다(純祖 辛酉 金鑢 等 推案 4월 2일): 『윤유일·동료 시복 자료집』 제1집, 115쪽: 『윤유일·동료 시복 자료집』, 제2집, 139쪽, 각주 136 참조.

에 의해 1791년[190] 2월에 조선에 파견된 마카오 교구 소속 중국인 신부로서, 조선에 파견되기 4년 전에 北京에서 사제로 수품되었다. 레메디오스는 포르투갈식 이름이다. 그는 中國人 안내자들과 함께 약속 장소인 봉황성 책문에 도착했었으나 그가 그곳에 도착했을 때는 이미 시일이 지체되어 조선의 밀사들을 만날 수 없었다. 그 결과 그는 처음으로 조선 땅을 밟을 수 있는 기회를 놓치고 말았다.[191]

(22) 생 마르탱(Jean Lidier de St. Martin, M. E. P., ?~1801년) 주교

파리외방전교회원인 마르탱 주교는 소르본 대학에서 박사하위를 취득하였고 생 루이(St. Louis) 신학교 교장을 지낸 후, 카라드렝(Caradren)의 명의주교로 中國 四川敎區의 대목으로 임명되었다. 그는 아직 보좌주교로 있을 당시 체포되어 北京으로 이동되었다가 6개월간의 감옥 생활을 한 후, 풀려나 1792년에 임지로 돌아갈 수 있었다. 그는 四川敎區에서 27년간 봉사한 후 1801년 11월 15일 거기에서 사망하였다.

1797년 초 조선에 파견된 周文謨 신부의 편지를 받게 됨으로써 데 구베아 주교가 조선교회의 상황을 거의 완전히 파악하게 될 무렵, 마르탱 주교는 데 구베아 주교에게 편지를 보내 조선교회의 기원과 발전에 관한 상세한 보고를 요청하였다.

생 마르탱 주교는 데 구베아 주교의 서한의 사본을 만들어 당시 프랑스 혁명으로 일시 런던에 망명 중이던 파리외방전교회 회원인 쇼몽(Lenis Chaumont) 신부에게 보냈는데, 그것이 런던에 도착한 것은

---

190) 『윤유일·동료 시복 자료집』, 제1집, 115쪽 각주 83에서는 레메디오스 신부의 北京 출발 年度는 1791년이 아니라 1790년이었다고 바로 잡았다.
191) 『윤유일·동료 시복 자료집』 제1집, 115쪽 참조.

1798년 7월 12일이었다. 이것은 1800년 프랑스어로 번역되었고, 1801년
에는 이탈리아어로도 번역되었다.[192]

(23) 엉피에르(Raphael Umpierres, 1823~1835년 재임)신부

1801년 주문모 신부가 조선에서 활동하다가 순교한 후 조선에는 단
한 명의 성직자도 없었다. 이에 조선 교우들은 다시 또 교황에게 서한
을 보냈다. 이 서한에서 그들은 종래처럼 단순한 선교사의 파견만이
아니라 선교사가 자유롭게 포교할 수 있도록 조선에서의 선교사 체류
의 보장책까지 요구하였다.[193]

당시 포교성 극동 경리부장 엉피에르 신부는 교황에게 보낸 조선 교
우들의 서한을 라틴어 譯文과 함께 로마로 보내면서 조선교회를 北京
교구에서 분리시키고 또 조선교회를 돌볼 수 있는 고유한 수도회가 필
요하다는 요지의 의견서를 첨부하였다. 1827년 2월 9일에 포교성 장관
에게 보낸 그의 편지는 다음과 같다.

조선 교우들이 교황 성하께 올리는 편지를 동봉합니다. 그리고
라미오(Lamiot)의 의견도 첨부합니다. 그는 "포르투갈인들은 조선선
교를 책임질 수 없다."고 썩 잘 표현했습니다. 포르투갈 사람들은
北京에 머물면서 참으로 중국의 세 교구나 책임 맡고 있으면서도
오랜 시간 동안 유럽인 선교사는 하나도 파견하지 못하고 겨우 중

---

192) 『교회사연구』 제8집, 한국교회사연구소, 1992, 166-167쪽 참조: 이탈리아
번역본은 『壬辰亂史 國外資料』란 제목으로, 원문과 함께 한글로 번역되어
서울大 東亞文化研究所에 의해 1971년에 간행되었다.

193) 이 편지는 1824년 내지 1825년에 쓰여져, 冬至使 편을 이용해 北京教會에
전달된 것으로 추정되고 있다. 1826년 11월 29일이라는 번역 일자가 알려
져 있다. 라틴어 번역문은 포교성(현재의 인류복음화성) 고문서고에 보관
되어 있다(최석우, 위의 책, 723쪽 참조).

국인 사제 한 명을 파견하였는데 그 분마저 순교하고 말았습니다.
…… (조선) 선교에는 존경하는 요셉 신부가 말했듯이 사도가 필요
하지 기회주의자(apostati)가 필요한 것이 아닙니다. …… 라미오가
말하는 대로 조선에 배를 보내고 그렇게 해서 선교사들을 들여보내
는 일은 불가능하지는 않을 것입니다. 세계를 돌아다니는 전함을 갖
고 있는 프랑스 왕에게 조선 가까이 있는 배 하나에 명령을 내려 조
선에 착륙하여 선교사들을 하선시켜 달라고 청한다면 말입니다. 그
러나 거기에는 두 가지 부적절한 면이 있습니다. 하나는 중국에서
그랬던 것처럼 선교를 정치적인 방법에 기반을 둔다는 점인데 그렇
게 되면 선교사들은 사도들이 아니고 王의 졸개들이 됩니다. 다른
하나는 유럽의 배가 조선에 닻을 내렸을 때 해안 가까이 있는 불쌍
한 여인들이 문제입니다. 마카오인들이 월남에 갔을 때 개처럼 여인
들 꽁무니를 쫓아다녔습니다. 이렇게 되면 유럽인들을 서로 구별할
줄 모르는 단순한 백성들에게는 너무나 엄청난 악표양이 될 것입니
다. …… 따라서 조선선교를 北京敎區에서 분리하여 로마 예수회나
프랑스 예수회가 책임지도록 하는 것이 좋을 것 같습니다.[194]

1827년, 엉피에르의 이 같은 서한을 받게 된 교황청 포교성 장관 카
펠라리(Cappellari, 후에 그레고리오 16세 교황이 됨) 추기경은 조선 포
교지의 독립 문제를 깊이 논의하였다. 이때 포교성 회의에서는 엉피에
르 신부의 권고를 감안하여 이 포교지의 사목을 '로마 예수회'나 '파리
외방전교회'(Société des Missions Étrangères de Paris)에 위임하기로
결정하였다. 그런 다음 1827년 9월 1일자로 예수회 신학교 총장과 파
리외방전교회 신학교 교장인 랑글로와(Langlois) 신부에게 서한을 보내
의중을 타진하였으나, 예수회에서는 선교사의 부족을 이유로 거절하였

---

194) 엉피에르는 이 편지에서 山西의 신학교나 나폴리의 성가정 신학교 선교
　　사들을 조선에 파견하는 방법이 좋을 것이라고 제안하기도 했다(Scritture
　　riferite nei Congressi(SC) Cina, vol.6, 403v~404r. 윤민구, 앞의 論文, 7쪽).

고, 파리외방전교회의 신학교 지도자들은 자신들의 여건이 허락되지 않는다는 이유로 주저하였다. 이처럼 파리외방전교회와의 교섭은 모원의 사정으로 3년을 끌었으나 마침 그 회원인 시암(Siam) 대목구[195]의 브뤼기에르(Bruguière) 보좌주교가 조선선교를 자원하게 되자 그 해결의 실마리를 찾게 되었다.[196]

(24) 로(Nicolaus-Joseph Raux, C. M., 羅廣祥, 1754~1801년) 신부

北京의 北堂에 머물고 있던 프랑스 라자리스트회의 선교사인 로 신부는 윤유일이 北京에 갔을 때 선교단장 직책을 맡고 있었다. 그는 北京에 온 윤유일에게 조건세례를 베풀고 견진성사와 그 밖의 성사도 베풀었다. 로 신부는 후에 欽天監 副監을 맡기도 하였는데, 그가 1801년 11월에 사망하자 길랭(Ghislain) 신부가 北堂의 선교 단장 직책을 이어받았다.

로 신부는 드 그라몽 신부에게 편지를 보내며 正祖 임금이 유럽 사람들을 높이 평가하고 있음을 상기시키기도 했다. 드 그라몽 신부는 1790년 6월 23일에 레통달(Létondal) 신부에게 편지를 보내며 로(Raux) 신부의 이 편지 내용을 인용하였다:

---

195) 시암(1949년까지 Thailand는 Siam이라 불리움)에 가톨릭 신앙이 전래된 것은 1554년 두 명의 도미니코 회원들에 의해서였다. 그 후 1584년 프란치스코 회원들이, 1606년에는 예수회원들이 진출하였고, 파리외방전교회원들은 1662년에 파견되었다. 1669년에 처음으로 대목구가 설정되어 파리외방전교회에 위임되었고, 1673년에 초대 대목구장으로 Louis Laneau가 임명되었다. 이후 시암의 수도 Ayudhya(Ayuthia)는 통킹, 코친차이나, 중국 등의 선교를 위한 전진기지 역할을 하였다(J. GUENNOU, THAILAND: NEW CATHOLIC ENCYCLOPEDIA vol. XIV, McGRAW-HILL, 1967, pp.1-2).
196) 최석우, 앞의 論文, 723쪽; 조광, 앞의 논문, 『항아리』 제21호, 56쪽 참조.

로 신부님께서 저에게 말씀하시기를 이 새로운 선교 사업에 하
느님의 손길이 함께 하고 계시다는 것을 알 수 있다고 하였습니다.
아울러 로 신부님께서는 이런 말도 덧붙이셨습니다. 조선의 임금님
은 유럽 사람들을 높이 평가하고 있기 때문에 만일 조선에 수학자
선교사나 화가 선교사를 파견한다면 조선의 임금님은 그 선교사를
기꺼이 받아들이실 거라고 말입니다.[197]

(25) 길랭(Jean-Joseph Ghislain, C. M., 吉德明, 1751~1812년) 신부

라자리스트 회원, 조선 입국을 지망했으나 그의 뜻은 성취되지 못했
다.[198] 1785년 4월에 北京에 도착, 5월부터 北堂에 거주하였고, 1801년
로 신부 사망 이후 선교단장 직책을 맡아 1812년까지 중국인 성직자
양성에 노력을 기울였다.

다음은 1790년 가을 길랭 신부가 부모에게 보낸 편지 내용이다:

그들은 저희가 그들에게 세례도 베풀어주고 자신들의 죄를 사해
주기를 바라고 있었습니다. 조선 신자들이 써서 보낸 편지들을 읽으
면서 저희들은 하염없이 눈물을 흘렸습니다. 왜냐하면 그 내용이 마
치 사도들이 살던 때를 떠올리게 하였기 때문입니다. 어머님 아버님

---

197) Archives de la Société des Missions Étrangères de Paris, vol.448, p.187:
윤민구, 「조선 신자들의 大舶請來運動에 대한 海外의 인식」, 『敎會史 硏
究』 제13집, 1998, 183쪽에서 재인용.

198) 1790년 가을에 부모에게 보낸 편지에서 그는 조선선교를 갈망했었음을
표현하였다(Lazaristes, La Congregation de la Mission en Chine, vol.2,
Paris, 1912, p.196 참조): 아카키 진베이(赤木仁兵衛), 「周文謨 神父의 朝
鮮 入國」, 『항아리』 제20호(1994. 12), 40쪽에는 길랭 신부의 외양 때문에
그가 조선입국을 지망했으나 불가능했다고 하였다.

께서는 저들이 얼마나 신부님 한 분이라도 모실 수 있기를 바라고 있는지, 그리고 신부님이 자신들에게 세례를 베풀어주고 교리를 가르쳐 주기를 얼마나 갈망하고 있는지 상상하실 수 없을 겁니다.[199]

(26) 드 프아로(Louis de Poirot, 賀淸泰, 1735~1814년)신부

드 프아로 신부는 프랑스 태생이나 아주 어려서 이탈리아로 건너가 그곳에서 성장한 예수회원이었다. 1771년 北京에 도착하여 궁정 화가로 활동하였는데, 언어에 탁월한 재능이 있어 궁정 통역관으로도 일하였다.[200] 중국 황실과 친했기 때문에 황제로부터 중국에서 설교하고 개종을 희망하는 어른들과 부모의 허락을 얻은 아이들에게 세례를 베풀 수 있는 권한을 받았다.[201]

드 프아로 신부는 포교성 장관에게 보낸 1790년 10월 18일자 편지에서 이승훈의 세례와 귀국 후의 활동, 윤유일의 두 차례 北京 왕래 등에 대해 기술하였다. 조선 선교를 지원했었다.[202]

(27) 마레스카(François Maresca, S. J., 1806~1855년)주교

예수회 소속 선교사로 1840년에 중국에 도착하였으며, 1847년 드 베시 주교가 유럽으로 돌아간 뒤 그의 뒤를 이어 江南 대목구장에 임명되었다. 1849년 4월 15일에 최양업 부제에게 사제품을 주었다.[203]

---

199) 윤민구, 앞의 논문, 6쪽.
200) 『윤유일·동료 시복 자료집』제4집, 33쪽 각주 24 참조.
201) 『윤유일·동료 시복 자료집』제4집, 39쪽 참조.
202) SOCP 67, 363rv 참조; 윤민구, 앞의 논문, 6쪽, 각주 43 참조.
203) 『성 김대건의 활동과 업적』, 303쪽, 각주 28 참조.

(28) 브뤼기에르(Barthélémy Bruguière, M. E. P., 蘇, 1792~1835년) 주교

시암(Siam)에서 활동하고 있던 파리외방전교회 회원 브뤼기에르 주교는 선교 여건이 열악한 조선의 신자들이 선교사를 간절히 요청하고 있다는 소식을 전해 듣게 되었다. 그러던 중 파리 본부로부터 조선 포교지에 대해 묻는 서한[204]을 받게 되자 1829년 5월 19일자 답서를 통해 전교회 본부에서 내세운 다섯 가지 이유들[205]을 반박하고, 가능한한 빨리 지원자를 선발하여 조선으로 파견하되 지원자가 없으면 자신이 조선으로 가겠다는 의사를 표명하였다. 시암의 교구장 플로랑(Florent) 주교도 1829년 6월 20일 브뤼기에르의 의견에 동의하는 서한을 포교성으로 보냈고, 브뤼기에르 신부 자신도 그동안 거절해 오던 1828년 2월 5일자 교황 소칙서에 따른 캅사(Capsa) 명의주교요, 계승권을 지닌 보좌 주교 임명을 수락하여, 1829년 6월 29일 방콕에서 주교 성성식을 갖고 1829년과 1830년에 거듭 포교성 장관에게 서한을 보내 교황의 허락을 얻어 주도록 간청하였다.

포교성에서는 여러 가지 상황을 고려하여 브뤼기에르 주교의 의견을 수락하고, 1831년 7월의 추기경 회의에서 조선 포교지를 대목구로 설정하는 동시에 그를 초대 교구장으로 임명할 것을 의결하였다. 이어

---

204) 1827년 11월 17일자 포교성이 파리외방전교회 지도자들에게 보낸 편지에서 조선 포교지 설치를 돕기 위하여 선교에 필요한 비용을 부담하기로 하면서 파리외방전교회가 조선선교를 맡아주기를 문의하자 신학교 지도자들은 각 지역에 있는 회원들에게 편지를 보냈다(달레, 『韓國天主敎會史』中, 219쪽).
205) 첫째, 전교회에는 현재 기금이 없다. 둘째, 해외에 파견할 선교사가 부족하다. 셋째, 다른 포교지에도 급한 일이 많다. 넷째, 조선 포교지로 선교사가 들어가기 어렵다. 다섯째, 너무 많은 일을 하면 하나도 제대로 되는 일이 없다[車基眞, 「박해 시대의 한국 천주교회」(4), 『교회와 역사』제 286호(1999. 3), 3쪽].

교황 그레고리오 16세(포교성 장관이었던 카펠라리 추기경이 1831년 2
월에 교황으로 선출되어 그레고리오 16세로 등극하였다)는 1831년 9월
9일자로 된 두 개의 교서를 통해 조선교구의 설정과 브뤼기에르 주교
의 초대 교구장 임명을 공표하였다.[206]

이때 포교성 추기경 회의에서는 이 결정에 두 가지 단서를 붙였다.[207]

첫째, 브뤼기에르 주교가 조선에 입국한 이후에야 조선교회가 비
로소 독립된 대목구로 설정된다.
둘째, 브뤼기에르 주교의 조선 체류가 완전히 보장될 때 파리외
방전교회에 위임된다.

이로 인해 포르투갈 선교사들은 이후에도 계속 보호권을 주장하였
고, 北京의 南堂에 거처하면서 北京 교구장직을 림시로 맡고 있던 南
京 교구장 피레스 페레이라도 브뤼기에르 주교가 조선에 입국하기 전
까지는 조선에 대한 재치권이 자신에게 있음을 주장하게 되었다.

한편 페낭(Penang, 彼南)을 거쳐 시암 교구의 싱가포르에서 활동하
고 있던 브뤼기에르 주교는 1832년 7월 25일에서야 자신이 초대 조선
대목구장으로 임명된 사실을 알게 되었으며,[208] 페레이라 주교로부터
조선교회의 소식을 들을 수 있었다. 이에 브뤼기에르 주교는 페낭 신
학교 출신인 왕 요셉과 함께 1832년 9월 12일에 배를 타고 마닐라를
거쳐 中國으로 건너갔다. 당시 시암 교구의 샤스탕(Jacques Honoré
Chastan, 鄭, 1803~1839년) 신부도 조선 선교사를 자원하였고, 이탈리
아 나폴리의 성가정신학교 출신으로 조선선교를 희망하고 있던 중국인

---

206) 달레, 『韓國天主教會史』中, 233~234쪽.
207) Archivium S. Congregationis de Propaganda Fide: *Acta Congregationis
Particularis super rebus Sinarum et Indiarum Orientalium* X X I, ff.641,
652, 654; 달레, 『韓國天主教會史』中, 234쪽.
208) 달레, 『韓國天主教會史』中, 241쪽 참조.

유방제(파치피코, 1795~1854년) 신부도 마카오에 도착한 뒤 포교성의
명령에 따라 브뤼기에르 주교를 보조하게 되었다.[209]

1832년 10월 18일, 마카오에 도착한 소 주교는 경리부의 엉피에르
신부를 만난 뒤 21일에 교황 친서를 받았다. 그런 다음 12월 말에 四
川 선교사 모방(Pierre Philibert Maubant, 羅, 1803~1839년) 신부 등 5
명과 함께 그곳을 출발하여 1833년 3월 1일에 福建에 도착하였으며, 3
월 9일에는 조선선교를 희망하는 모방 신부의 요청을 받아들여 四川
교구장에게 그의 임지 변경을 요청하는 서한을 보냈다. 마카오 출발에
앞서 브뤼기에르 주교는 먼저 왕 요셉을 北京으로 보내 조선 교우들에
게 서한을 전하도록 하였다. 1832년 윤 9월 26일(양력 11월 23일)자로
작성된 이 짧은 서한이 그의 첫 사목서한이었다. 한문으로 작성된 이
서한에는, 첫째 교황께서 중국인 사제 1명과 시앙 주교인 자신을 조선
으로 보낸 사실, 둘째 北京主教와 의논하여 빠른 시일 안에 자신을 입
국시킬 방도를 찾으라는 당부, 셋째 자신은 조선 신자들과 함께 살다
가 순교할 각오가 되어 있다는 내용 등이 들어 있었다.

그 무렵 蘇 주교는 1832년 11월 9일자로 포교성에 서한을 보내 다시
한 번 조선교구를 파리외방전교회에 위임하도록 요청하였고, 포교성에
서는 이에 따라 조선교구의 사목을 수락하도록 파리외방전교회에 요청
하였다. 그 결과 파리외방전교회에서도 1833년 8월 26일에는 마침내
이를 수락하고 그 사실을 브뤼기에르 주교에게 통보하였다. 이처럼 파
리외방전교회에서 조선 포교지의 사목 수락을 오랫동안 미루어 온 이유
는 포르투갈의 보호권을 꺼려한 때문이었다.

마카오에서 시작된 브뤼기에르 주교의 조선 입국 행로는 쉽지 않았
다. 1805년 이래 계속되어 온 지방의 박해, 보호권을 유지하려는 포르
투갈 선교사들의 방해, 열악한 여행 조건 등이 모두 장애물이었다. 그

---

209) 『한국가톨릭대사전』 4권, 1997, 2678-2679쪽.

럼에도 불구하고 그는 중국 대륙을 남에서 북으로 횡단하는 고난을 감수하였고, 1833년 10월 10일에는 이탈리아 프란치스코회 선교사들이 활동하던 북서쪽의 山西省으로 가서 그곳 주교를 만날 수 있었다.

1834년 8월 29일 소 주교는 처음으로 유진길(아우구스티노)이 보낸 1833년 10월 25일자(음력) 서한과 다른 서한 한 통을 받아 볼 수 있었다. 이에 그는 왕 요셉과 길을 떠나 밀사의 통로인 봉황성 책문을 탐색한 뒤, 10월에는 서부 韃靼 즉 遙寧省의 西灣子(Sivang)에 있던 라자리스트회 신학교로 거처를 옮겨 모방 신부를 만나게 되었다. 또 왕 요셉은 1835년 1월에 北京으로 가서 조선의 밀사 현석문(가롤로) 등을 만나 브뤼기에르 주교의 서한과 전교 비용을 전하고, 남이관(세바스티아노) 등이 작성한 편지를 가지고 西灣子로 돌아왔다.210)

얼마 후 그는 유진길·조신철·김방제 등이 1834년 12월 23일자와 이듬해 1월 18일자(음력)로 보낸 서한을 받게 되는데, 여기에는 1835년 연말에 주교를 조선으로 맞이해 들이겠다는 약속이 적혀 있었다. 바로 그해에 주교는 西灣子에 거하는 동안 몇 차례나 박해의 위험을 겪어야만 하였다.

소 주교가 중국인 라자로회원 고 신부와 몇몇 보행꾼들을 데리고 책문으로 가기 위해 西灣子 신학교를 떠난 것은 1835년 10월 7일이었다. 이에 앞서 그는 중국인 신자를 책문으로 보내 미리 거처를 마련해 놓도록 하였다. 주교 일행은 19일에 오늘의 熱河省 馬架子 또는 펠리쿠(咧咧溝)라고 불리는 서부 韃靼의 한 교우촌에 도착하여 머물면서 南京 주교의 편지를 받고 요동으로 떠날 준비를 하였다. 그러나 브뤼기에르 주교가 그동안의 과로로 인해 10월 20일(음력 8월 29일)에 갑자기 병을 얻어 43세의 약관의 나이에 사망하였다. 이 소식을 들은 모방 신부는 달려가 11월 21일에 주교의 장례식을 치렀고, 1836

---

210) 달레, 『韓國天主敎會史』 中, 294-295쪽 참조.

년 1월 13일(음력 1835년 11월 25일) 조선의 밀사들을 만나 조선에
입국하였다. 이로써 모방 신부는 조선에 입국한 첫 번째 프랑스 선교
사가 되었다.[211]

(29) 유방제(劉方濟, 파치피코: 中國名, 余(餘)[212]恒德, 1795~1854년) 신부[213]

유방제 신부는 1795년 中國의 陝西省에서 태어났으며, 24세 때인
1821년 9월 1일, 山西 출신 세 성소자들, 첸 레오(Leone Cien), 찬 바
오로(Paolo Cian), 방 베드로(Pietro Vam)와 함께 나폴리로 유학하여,
1732년 4월 7일에 마테오 리빠(Matteo Ripa)에 의해 설립된 예수 그리
스도의 성가정 신학교(Collegio della S. Famiglia di Gesù Cristo)에 들
어갔다. 이 신학교는 당시 중국의 山西·陝西 대목구의 주교가 지원자
들을 선발해 나폴리로 보내면 이 신학교에서 양성하도록 했는데 이 신
학교는 교황청 포교성의 직속관할 신학교였다.[214]

유방제는 이 신학교에서 7년간 수학한 후 사제로 수품되었는데, 신
학교 입학 첫해부터 조선선교사가 되는 것이 그의 소망이었다. 그는
1831년 1월 27일 나폴리를 출발하여 7월 31일에 마카오에 도착하였고,
그곳에서 포교성 경리담당 엉피에르 신부로부터 포교성의 지침에 따라

---

211) 車基眞, 「브뤼기에르, 바르텔레미」, 『한국가톨릭대사전』, 6권, 3735~3738
쪽: 『한국가톨릭대사전』, 516쪽.
212) 전수홍 신부는 자신의 다음 논문에서 여항덕 신부의 姓을 餘 氏로 표기하였
다. 종래에는 余 氏로 표기해 왔었다[전수홍, 「조선인들의 서신과 여항덕 신
부」, 『신앙과 삶』 제3호(1999 / 겨울), 부산가톨릭대학출판부, 121. 129쪽].
213) 중국 이름은 余恒德이고 조선에서는 劉方濟라 불렸다. 그의 이름에 대해
서는 李榮春, 「余恒德(파치피코) 신부에 대하여」, 『교회와 역사』 제277호
(1998. 6)에서 자세히 설명되었다.
214) 全壽洪, 앞의 論文, 『역사와 사회』, 78~79쪽.

조선선교를 위한 적절한 교육을 받았으며, 또 北京主敎로부터 조선선
교에 필요한 모든 직무와 자금 및 기타 필요한 도구들을 제공받도록
배려된 상태로 北京을 향해 떠났고, 1832년 12월 25일 北京에 도착했
다.[215] 北京에 머물면서 그는 1833년 초, 조선에서 온 정하상을 만나
다음해 초에 국경 근처에서 만나기로 약속하고 조선 입국을 위한 계획
을 세웠다. 1833년 末 압록강 근교 국경 변방에서 조선인 신자 정하상
과 남이관을 만나 1834년 1월 3일 조선 입국에 성공 1월 16일에 서울
에 도착했다.[216] 그는 도착한 직후부터 필담을 통해 고해성사를 집전
할 만큼 부지런히 활동했고, 또 조선인 신학생을 선발하여 중국에로
유학할 준비까지 했었다. 그러던 그가 1835년 말에 입국한 모방 신부
에 의해 1836년 12월 2일 중국으로 돌아가야만 했다. 두 신부의 충돌
은 조선대목구에 관한 보교권(Padroado) 문제가 직접적인 원인이 되었
던 것으로 보고 있다. 아마도 그는 조선과 같이 금교령이 엄격히 시행
되고 있고 한자문화권에 속한 국가의 그리스도교 포교는 그 국가의 백
성과 외모와 문화적 배경이 유사한 中國人 선교사가 선교함이 월등히
나을 것으로 판단한 듯하다. 그러므로 그가 파리외방전교회 소속 프랑
스 선교사의 입국에 제동을 걸려고 했다는 사실에 대한 판단을 외방전
교회 측의 사료에 의해서만 내릴 수는 없다.[217]

유 신부는 이탈리아 라자로회 선교사들에 의해 관장되던 陝西省[218]
출신이었지만, 그는 조선 교구를 라자로회에 위임하려 한 흔적은 없으
며, 조선 교구와 北京 교구의 관계를 굳게 하고자 한 듯하다. 그리고

---

215) SOCP. vol.76. f.315. Estretto de una lettera di Pacipico ad Umpierres
    de 18. Marzo 1833: 全壽洪, 앞의 論文, 80쪽에서 재인용.
216) 全壽洪, 앞의 論文, 80~81쪽 참조.
217) 趙珖, 「박해시대 조선교회와 중국교회와의 관계」, 『항아리』 제21호(1995.
    6), 58쪽 참조.
218) 趙珖의 論文에는 유 신부가 山西省 출신이라 하였으나 로마 자료를 인용
    한 全壽洪의 論文에서 陝西 출신임을 명기하고 있어 필자도 陝西 쪽을
    택했다.

이러한 그의 판단은 당시 동아시아의 국제 정세를 감안할 때 상당히 타당한 견해로 받아들여질 수도 있을 것이다. 그리고 그는 조선에서 활동하던 2년간의 기간 동안 적지 않은 선교 사업을 전개했는데, 그중 하나가 신학생 선발이었다. 그러나 그의 선교 사업은 프랑스 선교사들에 의해 과소평가된 듯하며 그가 선발한 신학생 후보자들은 모방 신부에 의해 완전히 무시되었다. 모방신부는 余恒德(유방제) 신부의 이러한 활동에 경쟁이라도 하듯이 조선인 신학생 3인을 서둘러 선발했고(당시 김대건은 미처 영세도 하지 않았던 상황이었다) 이들을 재빨리 마카오로 파견하였다. 이후 余恒德 신부는 본국으로 귀환을 강요당하였고 조선 대목구는 파리외방전교회의 확실한 선교지역이 되었다.[219]

유 신부는 1836년 末 조선을 떠나 당시 요아킴 살베티(Gioacchino Salvetti) 주교가 대목구상으로 활동하던 山西 陝西 대목구로 돌아가 사제직 수행을 계속하고 1854년에 그곳에서 사망하였다.[220]

(30) 베롤(Emmanuel Jean François Verrolles, M. E. P., 方濟各, 1805~1878년) 주교

노르망디 칸느 교구 출신으로 1828년 사제로 수품되어, 1830년 중국 四川 지방으로 떠나서 1838년 초대 遼東(滿洲) 대목구장으로 임명되었다. 그는 1848년 중국에서의 천주교에 대한 박해 때 본국으로 잠시 피난했던 것을 제외하고는 내내 이 지역에서 일하다가 1878년 遼東지역 營口에서 선종했다. 그는 조선교구를 적극 지원하여, 3대 조선교구장 페레올 주교, 4대 조선교구장 베르뇌 주교의 성성식을 주례하였으며 매스트르, 프티니콜라, 푸르티에, 김대건, 최양업 신부의 입국을 도왔다.[221]

---

219) 趙珖, 앞의 논문, 57-58쪽.
220) 全壽洪, 앞의 논문, 81쪽.

(31) 마르티노(Alexandre Jérémie Martineau, M. E. P., 南 알렉산델, 1841~1875년) 신부

中國姓은 남 씨이며 뤼송(Luçon) 교구 출신이다. 1866년 사제로 수품되어, 1867년 조선을 향해 떠났으나 입국하지 못하고 滿洲에서 보좌신부로 일하면서 8년간을 조선교구에 들어가기를 모색하다 1875년 8월 10일 중국 遼東 營口에서 선종하였다.[222]

(32) 리샤르(Pierre Eugéne Richard, M. E. P., 蔡 에우제니오, 1842~1880년) 신부

中國姓은 채 씨이며 1865년 차부제로서 파리외방전교회 신학교에 들어가 1866년 사제품을 받고 1867년 조선을 향해 떠났으나, 조선에 입국하지 못하고 滿洲 지방 차쿠에 머물면서 그곳 신자를 돌보고 포교지의 대표부 일을 맡아보았다. 1880년 9월 28일 그곳에서 선종하였다.[223]

---

221) 『리델 문서』 I, 241쪽, 각주 63 참조.
222) 『리델 문서』 I, 221쪽, 각주 53 참조.
223) 『리델 문서』 I, 221쪽, 각주 54 참조.
224) '보교권'(Padroado), 또는 '보호권'이라고 간략히 표현되는 '국가 후원의 선교' 제도는, 1493년 5월 3일, 교황 알렉산데르 6세(1492~1503)가 스페인과 포르투갈 국왕에게 부여한 특전으로서, 선교사 선발권과 배치권뿐만 아니라 식민지에서의 교회 설립권과 주교후보자 제청권 및 십일조를 징수할 수 있는 권한을 의미한다(정진석, 「보호권」, 『한국가톨릭대사전』 5, 한국교회사연구소, 1997, 3489~3490쪽). 본래 주교 추천이나 임명권은 교황청의 고유권한이었다. 또한 수도회에도 보교권이 부여되었는데 이 특전은 1318년 4월 1일 교황 요한 22세(1316~1334)가 칙서 「우리 구속주」(Redemptor noster)를 발표함으로써 아시아 전 지역을 둘로 나누어 프란치스코회와 도미니코회에 부여한 것이었다(李榮春, 「중국에서의 포르투갈 '선교 보호권' 문제 및 조선 대목구 설정에 관한 연구」, 최석우 신부 수품

4. 조선 대목구 분할에 대한 선교회 간의 갈등

1) 포르투갈 보교권(Padroado)[75)]과 北京 진출 선교회

　현지의 민족과 문화를 무시하고 개종을 강요하는 포르투갈식 선교 방법[225)]이 점차 난관에 부딪힘에 따라 마태오 리치(M. Ricci) 이래 동양 선교 시 예수회에 의해 새로운 선교방법이 등장하게 되는데 이를 '예수회의 선교 방법', 또는 현지의 사상과 문화를 그리스도교와 융합시켜 보려는 것이기에 '예수회의 적응주의'라고 부르기도 한다.[226)]

　예수회의 적응주의는 기성 선교사들의 '백지상태(tabula rasa)에로의 파괴'란 이론, 즉 非그리스도교적인 생활과 제도에는 선교사가 기대할 수 있는 것이 아무 것도 없으며, 그것은 그리스도교적 요소가 성립되기 전에 모두 파괴되어야 한다는 견해[227)]를 전면 수정토록 하였고, 선

　50주년기념 논총 제1집 『민족사와 교회사』, 한국교회사연구소, 2000, 164쪽). 그러나 이 特典 역시 수도회들 간의 선교방법의 차이와 경쟁심으로 인해 알력이 생기면서 또 다른 분쟁의 원인을 제공하였다.

225) 포르투갈식 포교방법은 선교지역 이교인들이 가톨릭 신자가 되면 2등 국민을 만들어 주겠다는 특권을 내세워, 세례를 받을 때 포르투갈식 이름을 지어줌으로써 개종을 장려하였다. 1795년 조선에 입국한 주문모 신부도 서양 자료에는 '야고보 벨로조'(Vellozo)로 되어 있고, 北京 교구장 데구베아 주교가 조선에 파견하려 했던 요한 레메디오스도 본래 中國人(吳氏)이었다. 中國人 첫 주교 羅文藻도 그레고리오 로페즈란 이름으로 불리었는데 그는 19세 때에 Antoine de S. Marie 신부에게 세례를 받았고 그때 받은 세례명이 그레고리오 로페즈였다[P. Georges Mensaert, L'ETABLISSEMENT DE LA HIERARCHIE CATHOLIQUE EN CHINE DE 1684 A 1721, in: Archivum Franciscanum Historicum-An. XLVI(1953. 10), p.373].

226) 조광, 「박해시대 조선교회와 중국교회와의 관계」, 『항아리』 제21호(1995), 한국가톨릭문화선양회, 40쪽.

227) 김성태, 『歷史 안의 敎會』, 분도출판사, 1985, 202쪽.

교지 문화나 종교의 현실을 고려하게 만들었다. 이로써 일종의 유럽 우월주의를 극복하려고 하는 새롭고도 겸허한 태도를 지향했다.

또한 예수회 회원들은 중국에서의 신앙 전파를 위해 종교인으로서의 역할뿐 아니라 천문학자, 수학자, 대포 주조자, 의약사, 예술가, 통역관 등 전문인으로서의 역할을 통해 淸의 조정을 위해 봉사하였고, 그 결과 1692년 황제로부터 천주교 공허의 칙령을 받아낼 수 있었다.[228]

이탈리아인 예수회원 마태오 리치가 마카오를 거쳐 明의 수도에 입경한 것은 중국 도착 8년여 만인 1601년이었다. 리치는 1605년 明나라 황제 神宗으로부터 北京의 외성 남서쪽에 위치한 宣武門 안에 터를 하사받아 처음으로 천주당(南堂)을 지어[229] 판토하(Pantoja, 龐迪我) 신부와 함께 헌당식을 가졌고,[230] 1653년에는 예수회 샬(A. Schall, 湯若望) 신부가 그가 살던 東安門 밖에 東堂을 건립하였다. 1684년에 교황청으로부터 중국 선교권을 인정받은 프랑스는 예수회 선교사 드 퐁타네(Jean de Fontaney, 洪若翰, 1643~1710년)를 비롯하여 5명을 파견하였다. 이들은 보교권을 주장하는 포르투갈 선교사들의 방해로 마카오를 경유하지 못하고 1687년 말 寧波에 도착한 후 이듬해 天津을 거쳐 2월 8일 北京에 도착하였다. 이들 중 부베(Bouvet, 白晉) 신부와 제르비용(Gerbillon, 張誠) 신부는 북경에 남아 궁정에 봉사하였으며, 드 퐁타네 신부와 르 콩트(Le Compte, 李明) 신부, 비들루(Visdelou, 劉應) 신부는 지방 전교에 착수하였다. 1701년 드 퐁타네 신부는 키니네를 사용하여 성조 康熙帝의 학질을 고쳐준 공로로 하사 받은 西安門 밖의 부지에

228) 崔基福, 『儒敎와 西學의 思想的 葛藤과 相和的 理解에 關한 硏究』, 성균관대학교 동양 철학과 박사학위논문, 1989, 27쪽 참조.
229) 元載淵, 「17~19세기 연행 사절의 천주당 방문과 서양 인식」(1), 『교회와 역사』, 제277호(1998. 6), 5쪽. 東堂을 건립한 샬 신부는 1653년경 淸 皇帝 世祖(順治帝)로부터 1만 냥의 기부금을 받아 南堂을 수리하였다.
230) 車基眞, 「北京大敎區」, 『교회와 역사』, 제276호(1998. 5), 21쪽.

(北堂) 건축을 시작하여 1703년에 완공 헌당식을 가졌다.[231] 西堂은 遺使會(전교회, 味增爵會, 라자로회; Congrégation de la Mission)[232] 회원 페드리니(Pedrini, 德理格) 신부에 의해 1725년 西直門 안쪽 대로에 건립되었다. 이 중 南堂과 東堂은 18세기 중반 이후 조선 사신들의 숙소였던 옥하관에 근접해 있었기 때문에 조선의 연행 사절이 자주 이곳을 찾게 되었다.[233] 北堂은 이승훈과 윤유일이 세례 받은 곳이고, 南堂은 1790년 가을 우요한 세자가 데 구베아 주교로부터 직접 세례를 받은 곳이다.[234]

　1690년 4월 10일에 南京과 北京이 포르투갈 보교권 교구로 설립되자 중국에 진출한 선교회 간에 알력이 생기게 되었고, 1640년대부터 계속되어 온 의례논쟁의 결과로 擁正帝 때부터 박해가 시작되면서 각 성당의 선교회마다 많은 어려움을 겪어야 했다. 1773년에 예수회가 해산되면서 北京의 선교 단체들은 더 큰 변화를 맞게 되었다. 포르투갈 예수회원과 프랑스 예수회원 사이의 평화도 깨졌다.[235] 淸 乾隆 48年(1783) 12월 7일 포교성은 견사회로 하여금 해산되는 예수회의 중국 선교업무 일체를 떠

---

231) 車基眞, 「北堂」, 『교회와 역사』, 제276호(1998. 5), 26쪽.
232) 遺使會는 성 빈첸시오(Vincent de Paul, 1581~1660)에 의해 1625년(明天啓 5年) 프랑스 파리에서 향촌전교와 성직자 양성, 교육과 자선 사업 등을 목적으로 창립되었다. 파리에 나환자들을 위한 마을을 건립하고 그 이름을 '라자로 마을'이라고 불렀는데 자연스럽게 그곳에서 일하는 선교 회원들을 라자로 회원(les lazaristes)이라고 부르게 되었다. 회의 공식 명칭은 '전교회' 또는 라틴어 명칭(Congregatio Missionis)의 중국식 표현대로 '견사회' 또는 성 빈첸시오의 한자 발음을 따라 '미증작회'라고 불리기도 한다. 1699(康熙 38)년 畢天祥(Luis Antonius Appiani)과 穆天尺(Joannes Müllener) 두 遺使會員이 처음으로 중국에 진출하였다(吳宗文, 「遺使會在華傳教史」, 『天主教在華傳教史集』, 139~140쪽).
233) 元載淵, 위의 논문, 5쪽.
234) 元載淵, 위의 논문, 4쪽.
235) 「북경의 구베아 주교가 포교성 장관에게 보낸 1790년 10월 6일자 편지」(SOCP 67, 474-475)에서 이를 언급하고 있다(『윤유일·동료 시복 자료집』 제4집, 115쪽).

맡도록 명하였고, 프랑스 국왕도 예수회와 관련된 모든 재산권 일체를 프랑스 견사회원(les lazaristes)들에게 이관토록 하였다.[236] 포교성의 명령을 받고 중국에 진출한 견사회원은 로(Nicolas-Joseph Raux, 羅廣祥, 1754~1801) 신부와 길랭(Jean-Joseph Ghislain, 吉德明, 1751~1812) 신부, 파리(Paris, 巴茂正) 수사로서 1785년 4월 29일 北京에 도착하여 5월 8일부터 北堂에 거처하게 되었다. 당시까지 北堂에는 궁정에서 수학자로 활동하던 그라몽(梁棟材) 신부와 드 방타봉(de Ventavon) 신부 등 6명의 프랑스 예수회원들이 예수회가 해산된 뒤에도 당분간 남아 활동하고 있었고, 南堂과 東堂에는 포르투갈 선교사들이, 西堂에는 포교성에서 파견한 이탈리아 선교사들이 활동하고 있었다.

嘉慶帝(1796~1820) 재임 초기에 南堂과 東堂의 포르투갈 선교사들은 흠천감의 실권을 장악한 데 이어 直隷와 山東省의 포교권을 장악하려고 西堂의 이탈리아 선교사들이나 北堂의 프랑스 선교사들과 갈등을 겪게 되었고, 이러한 갈등은 1805년에 정점에 달하였다. 바로 이 해에 다시 한 번 교회에 대한 박해가 재연되었다.[237]

비오 6세 교황(1775~1799년)은 北京 교구장인 포르투갈 출신 구베아 주교의 요청에 따라 1792년 그 개인에게 조선교회의 관할권을 위임하였고, 구베아 주교는 1794년에 중국인 신부 주문모를 조선에 파견하여 신자들을 돌보게 하였다.[238] 이로써 조선교회는 포르투갈 보교권 하에 들게

---

236) 吳宗文, 「遣使會在華傳教史」, 『天主教在華傳教史集』, 142쪽 참조.
237) 車基眞, 「北京大教區」, 『교회와 역사』, 제276호(1998. 5), 23쪽.
238) 「구베아 주교가 포교성 장관에게 보낸 1790년 10월 6일자 편지」(SOCP 67, 448-450)에 의하면 구베아 주교는 1792년 포교성으로부터 조선교회에 대한 개인적 관할권을 위임받기 전인 1789년 말 1790년 초에 北京에 온 조선밀사들을 통해 조선 교우들을 위한 사목교서(pastoral letters: 교구장이 자신의 교구 신도들을 위해 쓰는 서한)를 써서 보내주었고(1790년 2월 귀국), 그해 8월에 다시 北京에 온 밀사들을 통해 미사 도구와 성물 등을 보냈다(『윤유일·동료 시복 자료집』 제4집, 65~67쪽).

되었고.[239] 이후 구베아 주교 개인에게 위임되었던 이 조선교회 관할권은 그의 사망(1808년)과 더불어 종식되지 않고 그의 후임자들에게로 이어져, 자연스럽게 조선교회가 北京敎區 보호권 하에 들게 된 것으로 여겨지게 되었다. 이러한 생각들은 1831년 조선 대목구 설정 때에 포르투갈 선교사 들과 포교성 파견 선교사들 간의 논쟁의 불씨를 남기게 되었다.[240]

포르투갈 보교권과 포교성 파견 선교회 간의 갈등은 1857년 포르투 갈 정부와 교황청 사이의 정교 협약을 통해 조정되었고, 이후 포르투 갈의 보교권은 중국 본토에서는 廣東 지역으로 제한되었고, 파리외방 전교회의 극동 대표부도 1847년 포르투갈의 영토인 마카오에서 홍콩으 로 이전함으로써 조선교회를 담당한 프랑스 선교사들과 포르투갈 보호 권 사이의 관계가 단절되었다.[241]

2) 포교성 선교제도인 교황대리 감목제

1622년 포교성을 설립한 교황청은 포교지를 위한 새 교구 제도를 획 기적으로 설정하게 된다. 그것은 바로 교황대리監牧制度인데, 여기에서 '牧'은 교황을 뜻하는 것으로 대목은 교황을 대리하는 목자를 의미하는 것이다. 즉 정식 교구장을 임명하지 않고, 대리교구장이란 직책으로 임 시로 해당 지역에 파견하는 제도이다.

본래 교구에는 정식 교구장이 있어야 하는 데도 불구하고 이렇게 대 목구장을 임명하게 된 까닭은 그동안 포르투갈 사람들이 보호권 (Padroado)을 남용함으로써 中國 등 여타의 나라에서 주교를 자의적으

---

239) 李榮春, 위의 논문, 『민족사와 교회사』, 179쪽; 정진석, 「보호권」, 『한국가 톨릭대사전』 5권, 3491쪽; 본 연구 제1장 각주 134 참조.
240) 李榮春, 위의 論文, 『민족사와 교회사』, 180쪽 참조.
241) 鄭鎭奭, 위의 글, 3491쪽.

로 선출하는 데 대해 교황청에서는 아무 간섭도 할 수가 없었기 때문
이었다. 그들은 정치적으로 소유권을 주장할 수 없는 경우에도 종교적
으로는 자신들의 땅이라 주장하기도 하였고, 어느 한 지역에 한 수도
회가 들어가면 다른 수도회가 허락 없이는 절대로 들어갈 수 없도록
하였다. 들어갈 경우 분쟁을 감수해야 했다. 뿐만 아니라 교황청도 이
미 보교권 하의 교구가 설정된 곳에는 선교사를 파견할 수가 없었다.
그러므로 중국의 北京 같은 경우 또 다른 주교를 임명하거나 선교사를
파견할 수가 없었으므로 '北京 대목'이란 제도를 설정하여 보교권의 폐
해를 차단하고, 교황청이 선교 업무의 주도권을 잡기 위해 선택한 임
시방편이었던 것이다.[242]

(1) 포교성(布敎省, Congregatio de Propaganda Fide)

교황청이 국가의 교회후원(padroado) 체제에서 독립하여 선교업무를
직접 중앙에서 관장할 수 있도록 하기 위해 선교에 깊은 관심을 갖고
있던 그레고리오 15세(1621~1623년) 교황은 1622년 '주님 공현 대축일'
에 13명의 추기경들과 2명의 주교 및 1명의 총무로 구성된 '포교성'을
설립하여 선교지침을 수립하였다.[243] 포교성은 선교 사업의 중앙 집권
화를 가로막는 큰 장애였던 국왕들의 보교권과 수도원들의 특권을 견
제하는 일부터 착수하였고, 과거의 식민정책에 의한 선교방법에서 탈피
하기 위해 많은 주교좌를 창설하여 교황청과 밀접한 관계를 갖도록 하
였으며, 수도회의 선교사들과 평형을 유지하기 위해서 재속사제도 선교

---

242) 조광, 「박해시대 조선교회와 중국교회와의 관계」, 『항아리』 제21호(1995),
    한국가톨릭문화선양회, 41~42쪽.
243) 전달수, 『교황사』, 가톨릭출판사, 1996, 288쪽 참조; 李榮春, 앞의 논문,
    165쪽.

활동에 참여하도록 권장하였다. 이런 새로운 선교정책의 결과로 후에 (1658년) 재속사제의 단체인 '파리외방전교회'(Société des Missions Etrangères de Paris)가 창설되었다. 당시 포교성에서 세운 선교 지침은 정치 문제에 간여하지 말고 종교적 활동에만 전념할 것, 상업 활동을 하지 말 것, 선교 지방에서 선교지 국가의 관습과 전통 문화를 존중하며 토착교회를 건설할 것, 현지인 성직자를 양성할 것 등이었다.[244]

비오 10세 교황은 1909년 교황령 「Sapienti Consilio」를 통해 교황청 기구를 개편했는데 11개의 省과 3개의 法院, 5개의 事務處로 만들었다.

베네딕토 15세 교황은 1917년 교회법전을 공포하면서 교황청 개편을 수록하였는데(제242조~제264조: 제1598조~제1602조), 이때 11개의 省에 대한 법조문(제246조~제257조)이 실려 있는 款(articulus)의 제목[245]을 성성(Sacra Congregatio)이라 하여 이후 통상적으로 각 省을 聖省이라 불렀다.

교황 바오로 6세는 1967년 8월 15일 교황령 「Regimini Ecclesiae Universae」를 발표(1968년 3월 1일 시행)하면서 11개의 省을 9개의 省으로 개편하였다. 이때 포교성이 인류복음화성으로 개명되었다. 개편된 9개 省은 신앙교리성, 주교성, 동방교회성, 성사규율성, 예부성, 성직자성, 수도자 및 재속 수도회성, 가톨릭교육성, 인류복음화성 등이다.[246]

---

244) Mgr. S. Delacroix ed., *Histoire Universelle des Missions Catholiques*, tom. 3(Les missions contemporaines 1800~1957), Librairie Grund, 1957, p.19: 李榮春, 위의 논문, 165쪽 각주 10에서 재인용.

245) *CODEX JURIS CANONICI* PII X PONTIFICIS MAXIMI IUSSU DIGESTUS BENEDICTI PAPAE XV AUCTORITATE PROMULGATUS, Typis Polyglottis Vaticanis MCMLXXIV, p.73.

246) AAS 59(1967), 885-928.

(2) 교황대리 감목제(敎皇代理 監牧區)

교황대리 감목구는 대목구(Vicariatus Apostolicus)나 지목구(Praefectura Apostolica) 등을 일컫는데 이는 전교 지방이나 특수한 사정 때문에 아직 교구로 설정되지 아니하고 대목구장이나 지목구장에게 사목이 위탁되어, 그가 그것을 교황의 이름으로 통치하는 하느님 백성의 한 부분 (교회법 제371조 제①항)을 일컫는다.

대목구장과 지목구장은 교구장 주교에 준하는 개별 교회의 책임자로서 대목구장은 통상적으로 명의주교이고(교구장 주교 이외의 모든 주교는 名義主敎이다), 지목구장은 통상적으로 주교품을 받지 아니한 고위 성직자 즉 몬시뇰이다. 대목구장이나 지목구장의 직권은 교황의 이름으로 관할권을 행사하며, 이들은 교회법상의 직권자(ordinarius)이며, 교구 직권자(ordinarius loci)이다(교회법 제134조 제①항).

지목구장의 경우 포교성 관하의 포교지에서는 통상의 재치권을 지니고 있다. 즉 대목구장과 똑같은 正任權, 受任權, 명예권을 지니고 있으나, 로마 교황청 정기 방문(ad limina)의 의무는 없으며, 교회회의를 소집할 권한을 지니지 못한다. 또한 지목구장은 상급 성품을 수여할 권한을 지니지 못한다.[247]

선교지역에서 복음화의 진행 정도에 따라 성좌에 의하여 단계적으로 설정되는 교계제의 일반적인 순서는 자치 선교구[248] → 지목구 → 대목구 → 교구의 順이다. 그러나 항상 이 순서를 밟아 교계제도가 설정되는 것은 아니다.[249] 그 예로 서울(1911), 대구(1911) 등은 대목구로 출발하

---

247) 『한국가톨릭대사전』, 1097쪽.
248) 자치 선교구(Missio sui juris): 자치 선교구장이 선교사들을 통솔하여 자치적으로 선교하는 구역으로서 아무 교구에도 속하지 아니하는 면속 지역을 뜻한다(『한국가톨릭대사전』 3권, 1594쪽).
249) 정진석, 「대목구와 지목구」, 『한국가톨릭대사전』 3권, 1594~1595쪽 참조.

여 1962년에 정식 대교구로 승격되었고, 평양(1927), 延吉(1928), 전주
(1937), 광주(1937), 춘천(1939) 등은 지목구로 시작하여 대목구를 거쳐
1962년에 (대)교구로 설정되었다.

3) 재속 선교 단체인 파리외방전교회의 中國 선교

전술한 포교성의 선교지침에 따라 한 새로운 재속 선교수도단체가
1658년 파리에서 창립되었으니 파리외방전교회가 바로 그것이다. 이들
은 선교 지방에서 선교지 국가의 관습과 전통 문화를 존중하며 토착교
회를 건설하고, 현지인 성직자를 양성하여 자립교회를 건설할 수 있도
록 도와주는 것을 설립 이념으로 삼았다.[250]

파리외방전교회 설립이 획기적인 의미를 갖는 것은, 그 이전까지 선
교사의 역할은 수도회 회원들이 해왔지 일반 교구 사제가 실천한 예는
일찍이 없었다. 프란치스코회, 아우구스티노회, 도미니코회 등의 선교
사들이 모두 수도자였음에 비해, 일반 교구 신부가 선교사로 파견된
예는 파리외방전교회가 처음이었다. 그 후 이들은 기존의 재속 신부뿐
아니라 새로운 선교 사제를 양성하여 선교지에 보내게 되었고, 이로써
새로운 포교 방법이 등장하게 되었다.

파리외방전교회의 창립에는 예수회원 알렉산델 드 로드(Alexander de
Rhodes) 신부의 역할이 전제된다. 그는 월남(Vietnam)에서 다년간 선
교사로 일했고, 62세 때인 1653년 1월에 파리로 돌아와 그의 선교 경
험으로 보아 서양 사람이 아닌 현지 방인 사제들이 절실히 필요하다는
것을 역설하였다. 그래서 그는 교황께는 주교들을 청하고, 신자들에게
는 선교자금을, 그리고 자기 수도회 총장에게는 필요한 선교사들을 청

---

250) 김성태, 위의 책, 202~203쪽.

하였다.[251]

이후 드 로드 신부에 의해 추천을 받아 포교성으로부터 파견될 주교들은 바로 교황대리감목구장이라는 자격으로 가게 되었다. 대목구장에 발탁된 사람들은 프랑소와 팔뤼(François Pallu, 方), 피에르 랑베르(Pierre Lambert), 이냐스 코톨랑디(Ignace Cotolendi)였다. 이 중 코톨랑디는 중국 南京의 대목구장이면서 北京과 조선에 대한 재치권도 부여받았다.[252] 그런데 불행히도 그는 임지에 부임하는 도중 타계하고 말았다. 팔뤼와 랑베르 두 대목구장은 1658년에 주교로 승품되어 아시아 소임지로 떠나 1659년에 착좌하게 되니 사실상의 파리외방전교회의 창립이 이들로부터 시작되었다고 해야 할 것이다.

포교성이 이들을 선교지로 보내면서 내린 훈령은 아래와 같은데 이는 파리외방전교회의 기본 정신이 잘 드러나는 내용이기도 하다.

포교성이 여러분을 주교로서 이 지역에 보내는 주 이유는 , 여러분들이 거기에 가서 젊은이들을 잘 교육하여 사제직을 수행하기에 적합할 만큼 준비시킨 다음 그들에게 거룩한 品을 주는 일에 온갖 수단과 방법을 동원해서 노력하도록 하기 위함이었습니다. 여러분들은 그들을 그 광대한 지역에 배치하여 그들로 하여금 여러분들의 지도하에 전심전력 그리스도교를 위해 봉사하도록 해야 할 것입니다.

그러므로 여러분은 사제직에 적합한 자질을 가진 젊은이들을 가

---

251) 이병호, 「프랑스 선교사들의 영성과 한국교회」, 『교회사 연구』 제5집, 韓·佛修交 100周年紀念 韓佛天主教關係史, 韓國敎會史硏究所, 1987, 384~385쪽.

252) J.-F.-O. LUQUET, *Lettres à Mgr. l'évêque de Langres sur la congré-gation des Missions étrangères de Paris*, 1842, p.19: Jean Guennou, *Les Missions étrangères*, Paris, 1963, pp.44 참조: 이병호, 위의 논문, 『교회사 연구』 제5집, 387쪽 재인용.

능한 한 많이 훈련시키고 양성하여 聖品을 받게 한다고 하는 이 목적을 한 순간도 잊지 마시기 바랍니다.

또 여러분이 사제품에 올린 사람들 가운데 주교직에 적합한 인물이 나타나면, 여러분은 명심하여 그들에게 바로 이 높은 지위를 허락하지 말고 - 이것은 여러분에게 엄격히 금지된 사항입니다 - 기다리시기 바랍니다.

그런 다음 먼저 그들의 성명, 연령, 자질, 기타 필요한 모든 사항, 예를 들면 어디에서 그들에게 주교품을 주게 될지, 어떤 교구에 배치하게 될지 등 여러 가지를 적어서 보고해주시기 바랍니다.253)

여기서 우리는 선교 지역들이 자체적인 성직자를 확보할 수 있도록 하는 일에 포교성이 얼마나 큰 중요성을 두었는지 확인하게 된다. 그 이전까지의 선교가 주로 수도자들에 의해서 이루어지고, 따라서 교구 조직을 중심으로 한 교회의 구조적 기반 구축을 소홀히 했던 점을 감안할 때 이것은 대단히 큰 변화로 평가해야 할 점이다. 그래서 해당 지역의 성직자 양성이라는 과제는 그 뒤 파리외방전교회의 회칙에도 그대로 받아들여져 이 회의 가장 중요한 특징 중 하나가 되었다.254)
포교성이 내린 훈령에서 두 번째로 중요하게 강조되고 있는 점은 현지 전통 문화의 존중 사상으로 그 내용은 다음과 같다.

그 백성들이 지니고 있는 의식, 관습, 도덕관념 등이 종교와 윤리에 명백하게 위배되는 것이 아니라면, 여러분들은 절대로 이를 바꾸려 들지 말고 또 바꾸어야 한다는 쪽으로 주장하지 마시오. 중국 사

---

253) Jean Guennou, 위의 책, 48-50쪽: 이병호, 위의 논문, 387~388쪽에서 재인용.
254) 이병호, 위의 논문, 388쪽.

람들에게 프랑스나 스페인 또는 이태리나 유럽의 다른 어떤 나라들을 그대로 이식한다면 그보다 더한 비합리가 어디 있겠습니까? 그들에게 우리 쪽의 나라들을 가져다주지 말고 신앙을 가져다주십시오. 이 신앙은 어떤 민족의 것이건 간에 그 자체 타기할 만한 것이 아니라면 일체의 관행이나 의식을 배척하거나 해하지 않을 뿐 아니라, 오히려 그것들을 보존하고 보호합니다. 사람들이 자기 나라의 전통과 자기 나라 자체를 존중하고 사랑하며 세상의 어떤 것보다도 더 높이 평가하게 되는 것은 인간으로서 타고난 본성에 속한 성향입니다. 따라서 어떤 나라의 고유한 관습 특히 조상 대대로 전해내려 와서, 거슬러 올라가자면 어디에까지 가서 그 연원을 찾을지 모를 그런 관습을 바꾸는 일보다 더 사람들의 마음을 떨어져나가게 하고 분노를 유발시키는 일도 없습니다. 그러므로 여러분이 그런 관습들을 철폐시키고 그 대신 외부에서 들여 온 여러분 자신의 나라 관습을 그 자리에 대치시킨다면 그것은 무슨 꼴이 되겠습니까? 그러니까 여러분은 그 백성들의 관행과 유럽의 관행을 비교하지 말고, 오히려 여러분 자신을 그들의 관행에 맞추어 그 쪽으로 익숙하게 하기 위해 최대의 노력을 기울이십시오. 그리고 칭찬할 만한 것은 칭찬하고 찬탄하십시오. 그렇다고 칭찬할 수 없는 것에 관해서까지 아첨꾼들이 하듯이 나팔을 불어가며 허풍을 떠는 일이 있어서는 안 되겠습니다. 그런 경우에는 판단을 하지 않는 것이 현명할 것입니다. 좌우간 함부로 가볍게 판단하거나 지나치게 단죄하는 일이 있어서는 안 되겠습니다. 만일 어떤 관행이 명백하게 악한 것일 경우에는, 직접 말로 그것을 평가하기보다는 전체적인 태도나 침묵으로 그 잘못된 점을 일깨워주는 것이 좋습니다. 그래서 사람들의 마음이 진리를 받아들일 준비가 갖추어지면, 그런 잘못된 관행들을 모르는 사이에 근절시킬 수 있는 기회가 생길 것입니다.[255]

---

255) 이병호, 위의 논문, 388~389쪽.

그러나 소위 중국 의례논쟁으로 포교성의 이런 기본 방침이 얼마나 정면으로 자가당착에 빠졌던가를 우리는 너무나 생생하게 기억하기 때문에 여기에 표명된 원칙이 실제에 있어서는 제대로 지켜지지 못한 사례는 상당히 있었음을 인정하지 않을 수 없다. 하지만 이것이 당시까지 포르투갈과 스페인의 보교권을 앞세운 선교 방식이 내포하고 있던 결함을 시정하기 위한 포교성의 기본 의도였고, 그것이 그대로 파리외방전교회의 근본적인 선교방법으로 받아들여진 정신이었던 것만은 틀림없는 사실이다.[256]

교황청으로부터 중국 선교권을 위임받은 파리외방전교회 선교사 方(F. Pallu, 巴羅) 주교와 두 명의 동행 신부들은 대륙의 明·淸間 전쟁으로 인해 중국 대륙에 직접 진입하지 못하고 1683년 8월 12일 대만에 등륙하여 5개월가량 미문 후 이듬해 1월 14일 廈門에 도착, 福洲 등지에서 전교하였다.[257] 팔뤼 주교는 1684년 顔璫(또는 閩當, Charles Maigrot)을 浙江省·江西省·福建省·湖南省 등 4省 대목구장 서리로 임명하였다.[258] 팔뤼 주교는 1684년 10월 29일 福洲 穆永에서 병사하였다. 성청은 1688년 顔璫을 福建 대목구장에 임명하였다.[259]

1696년 10월 15일 교황 인노첸시오 12세는 포르투갈과의 보교권 문제를 해결하기 위해 세 주교구(北京, 南京, 澳門) 경계를 확정하고, 9개 대목구 및 대목구장을 분할·임명하였다. 이때에 파리외방전교회는 南京敎區 관할지인 福建, 四川, 雲南 등 세 대목구의 신설 교구 선교를 위임받았고,[260] 그 후 포교성의 결정에 의해 1831년 조선 대목구의 선교를 위임받게 되는데 이 결정으로 인해 포르투갈 보교권 하의 北京敎

256) 이병호, 위의 논문, 389쪽.
257) 包萬才, 「巴黎外邦傳敎會在華大事錄」, 『天主敎在華傳敎史集』, 133쪽.
258) 趙慶源, 위의 책, 15쪽.
259) 趙慶源, 위의 책, 15쪽에는 1687년에 顔璫이 福建 대목구장에 임명된 것으로 기술되어 있다.
260) 趙慶源, 위의 책, 17쪽.

區 선교사들과의 관할권 논쟁과 갈등이 야기되었다.

한편 중국에 파견된 파리외방전교회는 1701년 동양의 극동 대표부 (Procura della Congregazione nell'Estremo Oriente) 설치 요청을 받게 되고, 1705년 뚜르논(Tournon) 교황사절이 중국 내 선교사들에게 돈을 보내기 위한 목적으로 쟘프(Ignazio Giamp)를 대표로 임명하였고, 그해 8월 16일에 廣東에 건물을 매입하였다. 1710년에서 1732년까지 4명의 후임 자들이 교체되었고, 1732년 8월 20일, 모든 선교사들의 거주가 마카오로 이전되자 극동 대표부도 廣東에서 마카오로 이전되었다. 1732~1776년 마카오에서 극동 대표부 대표들이 도미니코 수도회 숙소에 손님 자격으로 머물렀고, 1776년에는 대표부를 다시 廣東으로 옮기게 되었다. 그곳에서 10여 년 지속되다가 1787~1842년, 마르키니(Jiovanni Battista Marchini, 1785~1823년 在任) 신부 때에 성청의 명을 받아 대표부를 마카오로 옮기게 되었고, 1831년부터 이곳 대표부는 조선 포교를 위한 역할을 하면서 1837년부터 1842년까지 조선 신학생들을 위한 임시 신학교를 개설하여 사제양성 역할도 하게 되었다. 리브와(Libois) 신부가 1847년에는 포르투갈의 간섭을 피하고 중국 및 그 이웃 나라들과의 연락을 좀 더용이하게 하기 위해 대표부를 홍콩으로 이전하였다. 일반적인 대표부의 역할은 교황청의 명령을 선교사들에게 전하고, 선교사들의 선교지를 결정하며, 선교에 필요한 재정을 담당하고, 성청으로부터 파견돼 오는 이들에 대한 도움을 알선하고, 세상을 떠난 선교사들에 대한 장례와 그 처리 등을 담당하는 것이었다.[261]

---

261) *Sacrae Congregationis de Propaganda Fide Memoria Rerum*, vol.Ⅱ, 1976, pp.1002-1004 참조.

제2장 遼東 대목구 설정과 분구

1. 遼東 대목구 설정 경위

만주는 중국 동북부의 속칭으로 현재의 東三省(즉 遼寧省, 吉林省, 黑龍江省) 지역을 일컫는다. 면적은 129만 3341㎢이고, 주민은 19세기 까지 만주족이 대부분이었으나 19세기 말 이후 한족의 유입으로 현재 는 漢族이 90% 이상을 차지하고 있다. 이외에 吉林省 지역에 延邊 자치주를 형성하고 있는 조선족과 주로 遼寧省에 거주하는 만주족 등 많은 소수 민족들이 있다. 이 지역에 복음이 전파된 시기는 분명하지 않으나 1838년에 처음으로 대목구가 설립되었다.[1]

遼東 지역에 새로운 교구를 설정하도록 요청한 것은 1778년 北京의 마지막 예수회원들에 의해 이루어졌었는데 그들은 瀋陽에 프랑스인들이 선교할 교구를 설립해주도록 로마에 요청하였었다.[2]

프랑스 왕 루이 16세는 1773년 7월 21일 예수회가 해산될 당시 중국 진출을 위하여 포르투갈 '보호권 교구'로부터 독립되고, 교황의 직접적인 관할권에 속한 새로운 교구를 遼東의 수도인 瀋陽(만주어, Mukden)에 설정해주도록 1780년 교황 비오 6세에게 요청한 일이 있었다. 새로운 교구 설정에 관한 이 요청은 당시에는 실현되지 않았으나 루이 16세가 재차 1783년에 해산된 프랑스 예수회 회원들이 떠나는 자리에 프랑스 소속 선교 단체인 견사회의 진출을 요청함에 따라 포교성이 1784 년에 이를 승인하였고, 견사회 선교사들이 1783년 12월 7일부터 이전

---

1) 『한국가톨릭대사전』 4권, 한국교회사연구소, 1997, 2513쪽.
2) A. Launay, *MONSEIGNEUR VERROLLES ET LA MISSION DE MANDCHOURIE*, PARIS, 1895, p.146.

에 예수회가 담당해 오던 北京 교회 교무를 인수하게 되었고, 프랑스 국왕이 그 권한을 위임받았다.[3]

北京 교구장 구베아 주교의 1790년 포교성 장관에게 보낸 편지에 의하면 프랑스인들은 견사회의 北京 진출 이후에도 遼東 지역을 北京 교구로부터 독립된 대목구로 분할하고자 하는 숨은 의도를 지니고 있었음을 짐작케 한다. 구베아 주교의 편지는 다음과 같다.

　　…… 프랑스 사람들은 포르투갈 교구장의 관할권에서 벗어나기 위한 이런저런 방법들을 생각해 내고는, 그중에서 다음과 같은 내용을 문서로 써서 프랑스로 보냈습니다. 그 문서에서 그들은 北京 敎區에서 만주(속칭, 遼東)를 떼어낸 다음, 만주를 北京市하고만 한데 묶어 대목구로 만들어서, 그것을 프랑스 사람들이 관할할 수 있도록 해달라고 간곡하게 요청하였습니다. 그것은 이런 방법을 통해서 프랑스 선교사들을 포르투갈 교구장의 관할권으로부터 영원히 벗어나게 하려는 속셈이었습니다. ……[4]

조선 교우들의 노력과 시암(Siam) 교구의 브뤼기에르(B. Bruguiére, 蘇) 주교의 자원으로 조선 대목구의 설정과 관할권 문제는 1831년에 일단락된 듯 보였지만 그 이후에도 선교회 간에 논쟁이 지속되었음은 이미 전 장에서 살펴보았다. 조선 대목구장에 임명된 소 주교는 조선에로의 긴 여정을 떠나기 전에, 보교권에 속한 포르투갈 선교사들의 반대에도 불구하고 만주 지역에 조선인을 위한 신학교를 세울 계획을

3) A. Choi, L'Erection du premier Vicariat Apostolique et les origines du Catholicisme en Corée, Suisse, 1961, pp.36~37: Louis WEI TSING-SING, La Politique Missionnaire de la France en Chine 1842~1856, p.39: 吳宗文, 「遣使會在華傳敎史」, 『天主敎在華傳敎史集』, 142쪽: 李榮春, 앞의 논문, 『민족사와 교회사』, 172쪽 각주 31.
4) 「北京의 구베아 주교가 포교성 장관에게 보낸 1790년 10월 6일자 편지」 (SOCP 67, 44-475), 『윤유일·동료 시복 자료집』 제4집, 115, 117쪽.

갖고 있었다.5) 그는 조선에 파견되는 프랑스 선교사들의 입국을 용이
하게 하기 위한 선교 정책의 일환으로 遼東 지역을 北京 교구로부터
분할하여 독립된 대목구로 만들어 조선 대목구에 예속시키거나 아니면
파리외방전교회에 위임해줄 것을 포교성에 요청6)하는 치밀함도 보였
다. 이 청원이 받아들여져 1838년 遼東 지역은 北京 교구로부터 분할
되어 파리외방전교회에 맡겨졌고, 초대 대목구장은 四川 지역 선교사
인 베롤(Emmanuel Verrolles)7)이 맡게 되었다.

2. 遼東 대목구의 발전과 분구

1838년 7월 29일 교황의 인준을 받은 7월 19일자 포교성 교령에 의거

---

5) 소 주교가 마카오에 있는 파리외방전교회 신부에게 보낸 서한에서 이 점을
언급하였다(파리외방전교회 고문서고 소장 문서정리번호 Vol.579, No.115:
배세영, 「한국에서의 파리외방전교회의 선교방침」, 『二百周年 敎會史 論文
集』 I, 1984, 747쪽에서 재인용.

6) Acta Congregationis Particolaris super rebus Sinarum et Indiarum
Orient-alium, vol.2, f.4. articola: 全壽洪, 「劉方濟 신부의 조선선교와 그 문제
점」, 『역사와 사회』, 75쪽에서 재인용.

7) Columbrien의 명의주교 方濟各(Emmanuel Ioannes Franciscus Verrolles)은 파리
외방전교회 소속으로서 1805년 4월 12일 Baiocen교구의 Saint-Gilles de Caen에
서 태어나, 1828년에 사제품을 받고, 1830년에 파리외방전교회에 입회하여, 中國
四川敎區 선교사로 파견되었다. 1838년 11월 25일 교황의 인준을 받은 포교성 교
령에 의해 같은 해 12월 11일 遼東 대목구장으로 임명되었고, 1840년 11월 8일
Eurée의 명의주교요 陝晉 대목구장인 Ioachim Salvetti 주교로부터 주교로 성성
되었다(SOCP 77 f.377). 1878년 4월 29일에 遼東 營口에서 선종하였다
(HIERARCHIA CATHOLICA MEDII ET RECENTIORIS AEVI SIVE
SUMMORUM PONTIFICUM-S. R. E. CARDINALIUM ECCLESIARUM
ANTISTITUM SERIES, vol.7, A PONTIFICATU PII PP.Ⅶ(1800) USQUE AD
PONTIFICATUM GREGORII PP.ⅩⅥ(1846), PER P. REMIGIUM
RITZLER-OFM Conv. ET P. PIRMINUM SEFRIN-OFMConv., PATAVII
MCMLXVIII(ITALIA) 157쪽(이하 『HIERARCHIA CATHOLICA』로 略記함).

8월 14일 遼東 대목구가 설정되었고, 대목구장은 같은 해 11월 25일 교황의 인준을 받은 포교성 교령에 의거 1838년 12월 11일 베롤 신부가 임명되었다. 遼東 대목구 관할 지역은 遼東 지역 외에 만주 전역과 몽고까지 포함하였다.[8] 1840년에 몽고 지역이 따로 분리되어 라자로회에 위임되었고, 1851년 9월 포교성 교령에 따라 遼東 대목구는 만주 대목구로 그 이름이 바뀌었다.[9] 만주 대목구 초기의 선교사 수는, 1842년 마카오에서 遼東까지 최양업 신학생과 함께 동행하며 그에게 신학을 가르쳤던 브뤼니에르(Brulley de la Bruniére, 1816~1846년)[10] 신부를 비롯하여, 후에 조선 대목구장이 된 베르뇌 신부 등 10여 명에 불과하였다. 그나마도 주민들의 저항으로 선교사들이 살해되고 납치되는 등 많은 위험이 따랐다. 1855년 방 주교 임기 중 만주교구에는 프랑스인 신부 19명, 중국인 신부 3명, 교리학교 38개소, 교우수는 1만여 명이었다.[11]

1898년 5월 10일에는 만주 대목구가 吉林을 중심으로 한 북만주 대목구[12]와 瀋陽을 중심으로 한 남만주 대목구로 양분되었는데, 1900년에 일어난 의화단 사건으로 도처에서 성당이 파괴되거나 불에 타버리고 또 많은 선교사와 수녀, 수천 명에 달하는 신자들이 순교하는 등 발전하던 만주 교회는 큰 타격을 받았다. 그 후 선교사들은 폐허 속에서 다시 교회를 재건하기 시작하였는데, 특히 기용(Laurentius Guillon,

---

8) 『HIERARCHIA CATHOLICA』, 7권, 157쪽 참조.

9) Acta S. Congregationis de Propaganda Fide 242 f.417,
   『HIERARCHIA CATHOLICA』, 7권, 157쪽.

10) 파리외방전교회 소속 브뤼니에르 신부는 1842년 최양업 신학생이 프랑스 군함을 타고 마카오를 떠날 때 동승하였으며, 그 후 임지인 遼東代牧區에서 활동하다가 1846년 7월 7일 黑龍江口에서 當地人들에 의해 살해되었다(『성 김대건의 활동과 업적』, 163쪽, 각주 3; 包萬才, 앞의 논문, 136쪽).

11) 包萬才, 앞의 논문, 136쪽.

12) 北滿洲 대목구의 관할구역은 吉林과 黑龍江省 일대였다(PÉRE JOSEPH DE MOIDREY, S. J., LA HIERARCHIE CATHOLIQUE EN CHINE, EN CORÉE ET AU JAPON (1307~1914), ZI-KA-WEI PRÈS CHANG-HAI, 1914, p.116).

紀隆, 1854~1900년) 주교[13])에 이어 1901년 2월 21일에 남만주 (Mukden) 대목구장으로 임명된 슐레(Maria Felix Choulet, 蘇裝理, 1854~1923년) 주교[14])는 파괴된 교회의 재건에 착수하여 신학교를 瀋陽으로 옮기고 주교좌 성당을 재건하는 등 교회 재건에 많은 노력을 기울였다.

1905년경에는 로(Robin) 신부가 黑龍江省 海北鎭 일대의 황무지를 신청해 교우들과 함께 들어가 개간을 시작하여 그곳을 발전시켰고, 교우들이 날로 늘어나게 되자 해북진은 '요셉마을'(若瑟屯)이라 불리게까지 되었다.[15]) 일제 시대인 1930년대 해북진 인구는 1만 2000명이었는데 그중 천주교 신자가 8천 명(韓人 신자수 700명 포함) 정도였고, 한인 신자들은 해북진 본당[16])의 한 공소격인 선목촌을 따로 일구어 함께 생활하였다. 1935년경 서울교구에서 파견된 김신영 신부[17])가 선목촌 교우들을 돌

---

13) 기용(Laurentius Guillon) 대목구장은 파리외방전교회 소속 성직자로서, 1854년 11월 8일 Chambéry 대교구의 Chindrieux에서 출생, 1889년 12월 28일 Eumenia의 명의주교로서 만주 교구 대목구장으로 선출되었다 (*1900-LA Gerarchia Cattolica* la Famiglia e la Cappella Pontificia con Appendice, ROMA TIPOGRAFIA VATICANA, 411-412쪽). 1900년 7월 2일 의화단 사건으로 타계하였다(趙慶源, 위의 책, 57쪽 참조).

14) 슐레(Maria Felix Choulet) 대목구장은 Zelan의 명의주교로서 1901년 2월 7일에 발표된 포교성 교령에 의해 2월 21일에 남만주 대목구장으로 임명되었다(Secretaria Brevium 6032 f.340-340'; f.342); Chamberien 대교구 Grésy-sur-Ain에서 1854년 12월 4일 출생하였고, 1877년 파리외방전교회 입회하였으며, 1880년 7월 4일 사제로 수품된 후 만주 선교사로 파견되었다. 1901년 11월 24일 Pentacomien 주교로부터 성성되었고, 1921년에 대목직을 떠나 1923년 7월 31일에 서거하였다(『*HIERARCHIA CATHOLICA*』, 8권, 602쪽 참조).

15) 包萬才, 앞의 논문, 137쪽: 해북진은 현 中國의 행정구역으로는 黑龍江省 海倫市에 속한다. 于斌 추기경이 해북진 출신이다.

16) 1930년대 해북진 본당에는 파리외방전교회 소속 우 신부가 봉직하고 있었다 (김영환 몬시뇰이 1999년 9월 5일자 「가톨릭신문」 17면에 기고한 글 「중국 해북진서 활동한 신부와 평신도들」 참조).

17) 1898년 경기 시흥에서 출생, 1923년에 사제품을 받았고, 1935년 만주 吉林 敎區에 파견되어 해북진의 선목촌 초대 주임신부를 역임하였다(김영환, 「가

보았고 몇 년 후에는 임복만 신부[18]가 부임해 이 지역을 돌보았다.

1924년 12월 3일에는 남만주 대목구가 瀋陽 대목구로, 북만주 대목구가 吉林 대목구로 개칭되었으며, 이후 두 대목구는 교세가 늘고 계속 발전하여 새로운 교구를 분리 독립시켜 나갔다. 먼저 瀋陽 대목구에서는 1929년에 四平街 지목구가 독립되어 퀘벡 외방전교회(Quebec Foreign Mission Society)[19]에 위임되었고, 1932년에는 撫順이 지목구로 독립되어 메리놀회(Maryknoll Missioners)[20]에, 1937년 5월 18일에는 林東이 지목구로 독립되어 퀘벡 외방전교회에 위임되었다. 한편 북만주(吉林) 대목구에서는 1920년 8월 25일에 延吉과 依蘭이 지목구로 독립되어 조선

톨릭신문」 1999년 9월 5일자 17면). 『교회와 역사』 제74호에서 徐相彙는 金 신부가 吉林敎區 주교좌 본당에 부임하여 한인 신자들을 돌보며 주변 한인촌 교우들을 방문하였다고 기술하였다. 그는 길림교구의 프랑스인 고 주교의 비서로 교구청의 문서 번역과 통역을 맡아보았다. 1945년 9월 吉林 敎區長의 명으로 하얼빈에 임시로 파견되었다가 1949년 이후 공산당국에 의해 체포된 후 수인생활을 하다 1966년 옥사한 것으로 추정된다[徐相彙, 「金善永 神父」, 『교회와 역사』 제74호(1981. 10), 5쪽].

18) 任仁敎(또는 복만) 신부(당시 대구 교구)는 전북 완주 출신으로 1935년 6월 15일 사제품을 받았고, 吉林敎區에 파견되어 사목활동을 하다가 일제에 의해 투옥되어 해방될 때까지 감옥생활을 하다 석방되었다. 1966년 문화혁명 때까지 해북진 선목촌에서 봉직하다가 재투옥되어 수인생활을 오랫동안 했고, 그 후 석방되어 중국에서 생활하다 고향인 전주교구로 돌아와 1994년 1월 14일에 운명하였다(徐相彙, 위의 글, 5쪽; 김진소, 『천주교 전주교구사』 Ⅱ권, 호남교회사연구소 엮음, 1998, 전주교구 재임 및 출신 사제들의 사진도록).

19) 1921년 퀘벡에서 창설된 수도회로서 중국에는 1923년에 진출하였다. 1949년 당시 회원수는 125명이었다(趙慶源, 『中國敎區劃分』, 314쪽).

20) 메리놀외방전교회는 아시아 지역의 전교를 목적으로 1911년 6월 29일 월쉬(James A. Walsh, 1867~1936) 신부와 프라이스(Thomas F. Price, 1860~1919) 신부의 발기에 의해 New York에서 창설된 미국 최초의 외방전교회로서 창설 당시 명칭은 '미국 외방전교회'(Catholic Foreign Mission Society of America)였으며 '메리놀 형제회'로도 널리 알려져 있고, '메리놀회'로 약칭하기도 한다(『한국가톨릭대사전』 4권, 2593쪽). 中國에는 1918년에 진출하였고, 1949년도 회원수는 490명이었다(趙慶源, 위의 책, 314쪽).

의 원산 대목구의 상트 오틸리엔 베네딕토회에 관할권이 위임되었고, 1928년에는 치치하얼(齊齊哈爾)이 지목구로 독립되어 스위스의 베틀레헴외방전교회(Foreign Mission Society of Bethlehem)[21]에 위임되었으며, 같은 해 依蘭은 延吉에서 분리되어 자치 선교구(自治 宣敎區, Missio sui juris)가 되었다가 1934년에 오스트리아의 티롤(Tirol) 카푸친(Capuchin)회에 위임되었는데 1937년에 佳木斯로 개칭되고 1940년에는 지목구로 승격되었다.[22]

한편 몽고 대목구에서도 1883년에 몽중앙, 몽서남, 몽동 포교구가 분리 독립되었는데 1924년에 동몽고는 熱河 대목구로 개칭되었다. 또한 1932년에는 赤峯이 지목구로 독립되면서 처음으로 만주 방인 사제에게 위임되었다. 이러한 만주 지역 교구들의 신자수는 1938년 통계에 의하면 185,140명이 있다.[23]

1946년 4월 11일 중국에 정식 교계제도가 설정되면서 큰 변화가 예고되었다. 이에 따라 만주에서는 瀋陽이 대교구로 승격되었고, 동시에 撫順, 熱河, 吉林, 四平街, 延吉 대목구가 정식 교구로 승격되면서 만주 관구의 속교구가 됨으로써 그때까지 조선 교회에 속하였던 延吉敎區는 中國 교계제도로 재편되었다. 교계제도의 설정은 발전의 새로운 계기가 될 수 있었으나, 곧 이어 다가올 중국의 공산화로 인해 교회의 발전보다는 그 존재마저 위협받게 되었다.

---

21) 베틀레헴 전교회는 1921년 스위스에서 창설되어 중국 진출은 1924년에 했다. 1949년 회원수는 241명이었다(趙慶源, 위의 책, 315쪽 참조).
22) 方相根, 「만주」, 『한국가톨릭대사전』 4권, 2513쪽.
23) 方相根, 위의 글, 2513~2514쪽.

3. 만주 대목구 내의 조선 대표부

1) 陽關(Yángguān) 성당

陽關의 옛 성당은 1838년에 遼東 대목구가 설정됨과 동시에 초대 대목구장으로 임명된 파리외방전교회의 베롤(E. Verrolles) 주교가 1840년 이곳에 부임하여 첫 주교좌 성당(주보: 성 후베르토)을 건립하였다. 이후 陽關 성당은 만주의 남쪽 전교 중심지 역할을 하게 되었다. 이어 베롤 주교는 長春 북쪽의 小八家子 일대의 광대한 토지를 매입한 뒤 성당과 신학교를 설립하고 북방 전교의 중심지로 삼았다.[24]

陽關 성당은 이후 조선 천주교회와 밀접한 관련을 맺게 되었다. 우선 1843년 12월 31일 제3대 조선 교구장 페레올(Ferréol) 고 주교의 성성식이 이곳에서 있었고, 최양업(토마스)과 김대건(안드레아) 신학생 및 조선 선교사들이 만주지역을 여행할 때 자주 들러 기거하던 곳이었다. 또한 제4대 조선 대목구장으로 임명된 베르뇌(Berneux, 張敬一) 주교가 1844년 이래 만주 선교사로서 이 성당에 머물며 사목을 담당하였고, 베롤 주교는 蓋州에 경당[25]을 건립한 뒤 주로 이곳에 거처하면서 만주 전역을 순방하기도 했다. 이어 1849년 4월 15일(부활 제2주일) 上海의 예수회 徐家匯 성당에서 마레스카(Maresca, 趙方濟) 주교로부터 사제로 서품된 최양업 신부[26]는 그해 5월 이후 遼東으로 가서 생활하

---

24) A. Launay, 위의 책, 289쪽.
25) 경당은 어떤 공동체나 또는 그곳에 모이는 신자 집단의 편익을 위하여 직권자(ordinary)의 허가로 지정되는 하느님 경배의 장소(교회법 제1223조)이다. 근본적으로 경당은 일부 특정 신자들을 위한 것이고, 성당은 모든 신자들을 위한 곳이라는 점에서 차이가 있다. 경당은 공소 신자들을 위하여, 학교나 병원의 부속 성당 또는 특수 공동체를 위하여 설립된다(『한국가톨릭대사전』 1권, 325쪽 참조).

다가 6월 21일 만주의 부주교인 베르뇌 앞에서 '中國 의례 의식'에 대
한 선서를 한 뒤 사목자로서의 첫발을 내디뎠다. 그는 주일과 축일의
강론을 맡고, 어린이 교리와 고해성사 등을 담당하였다. 최 신부는 같
은 해 12월 3일 조선으로 귀국하였다.[27]

陽關 성당은 훗날 제6대 조선 교구장으로 임명되는 리델(Ridel, 李福
明) 신부와 조선 선교사들이 1869년 이래 遼東 일부의 사목 재치권을
이관 받아 활동하는 동안에 자주 거처하면서 밀접히 연관을 맺은 곳이
기도 하다.[28] 게랭(Guerrin) 신부[29]가 리델 신부에게 보낸 편지에는 다
음과 같은 내용이 들어 있다.

> 우리는 베롤 주교님께서 朝鮮교구에 인접한 滿洲교구의 일부를
> 여러분에게 양도하신 것을 기쁘게 생각합니다. 바로 거기에 선교사
> 들이 정열을 쏟아 넣을 것이며, 그동안 결국 거기에서 朝鮮으로 들
> 어갈 방법을 모색하고 발판을 마련할 수 있을 것입니다.[30]

2) 차쿠(岔溝, Chàgōu) 성당

陽關과 차쿠(岔溝) 성당은 1860년대에 와서 다시 한국 천주교회와

---

26) 최양업 신부의 전기 자료집 제1집 『최양업 신부의 서한』, 배티 사적지
   편, 천주교 청주교구(1997), 69쪽: 車基眞, 「최양업 신부의 생애와 선교활
   동의 배경」,『敎會史 硏究』제14집, 한국교회사연구소, 1999, 28쪽 참조.
27) 최양업 신부의 전기 자료집 제1집 『최양업 신부의 서한』, 앞의 책, 73쪽
   참조: 車基眞, 위의 논문, 46~47쪽 참조.
28) 車基眞, 위의 논문, 46쪽.
29) 루이 게랭 신부는 1860에 사제로 수품되었고, 1864년 廣東으로 출발, 그곳
   에서 활동하였다. 1867년 파리외방전교회 신학교 지도자로 있다가 1880년
   파리외방전교회를 떠났다(『리델 문서』Ⅰ, 1857~1875, 241~242쪽).
30) 『리델문서』Ⅰ, 241쪽.

126

깊은 관련을 맺게 되었다. 지리적으로 遼東 지역에서도 차쿠 성당이 조선과 가장 가까웠고, 이로 인해 1867년 이래 조선에 파견된 선교사들이 차쿠 성당에 거주하게 된 때문이다. 당시 조선 선교사로 임명되어 중국으로 건너온 파리외방전교회의 리샤르(Pierre Eugéne Richard, 蔡, 1842-1880년) 신부, 마르티노(Alexandre Jérémie Martineau, 南, 1841-1875년) 신부, 그리고 훗날 제7대 조선 교구장에 임명되는 블랑(Bland, 白圭三) 신부는 병인교난 때문에 조선으로 가지 못하고 이곳 차쿠에서 생활하게 되었다. 이어 조선을 탈출한 칼래(Calais, 姜) 신부가 이들과 합류하였고, 병인양요 때 프랑스 함대에 승선하여 조선을 왕래하였던 리델 신부도 1868년 말과 1869년 4월 말에는 차쿠로 와서 조선 입국을 모색하게 되었다.

이에 앞서 리델 신부는 조선 대목구장으로서 조선 선교사들과 함께 1868년 12월에 차쿠에 모여 제2차 조선 대목구 성직자회의를 개최하였다. 이 회의에서는 주로 조선 입국과 전교, 전교 후의 사목 방향 등에 대한 내용이 결의되었으며, 12월 8일 조선 선교사 모두가 이 결의문에 서명을 하였다.[31]

리델 신부는 1869년 1월 말 혹은 2월초에 차쿠 성당을 조선 입국의 거점으로 삼기 위해 만주 대목구장 베롤 주교와 협의하여 이 지역의 사목 관할권을 할양받기로 하였다. 베롤 주교도 이에 동의하였다. 그 결과 만주 대목구의 일부요 遼東 교회의 중심인 차쿠 지역의 사목 관할권이 조선의 선교사들에게 위임되었으며, 파리외방전교회의 지도자 게랭(Guerrin) 신부가 쓴 다음의 서한 내용에서 알 수 있는 것처럼 이때 양측에서는 공동 재산 계약서까지 작성하였다. 이 서한이 작성될

---

31) 佛語本 『리델(F. Ridel, 李福明)문서』, 한국교회사연구소, 1191쪽에는 리델 주교의 일지가 기술되어 있는데 1868년 11월 21일부터 12월 8일까지 synode가 있었음을 밝히고 있다(柳洪烈, 『韓國天主敎會史』 下, 가톨릭출판사, 1975, 192쪽.

무렵 리델 신부는 이미 교황청으로부터 제6대 조선 대목구장으로 임명
된 상태였다.

　　우리는 (리델) 신부님이 노트르담 데 네즈(Notre Dame des
　　Neiges: 성모 설지전 성당)에서 부친 지난(1869년) 2월 2일자 편지
　　를 받고, 신부님이 동료들과 함께 작성한 재산 계약서를 알았습니
　　다. 우리는 베롤 주교님께서 조선 대목구에 인접한 만주 대목구의
　　일부를 여러분에게 양도하신 것을 기쁘게 생각합니다.

　　…… 신부님께서 우리에게 알려주신 공동 소유에 대한 규약에
　　관하여는 세밀히 검토할 시간이 없었습니다.[32]

　이후 리델 신부는 조선 교회의 장상으로서, 또 1870년 이후에는 교
구장으로서 모든 활동을 이끌어 나갔다. 우선 그는 조선의 대표부를
차쿠에 두었으며, 그곳에 신학교를 설립하였다. 동시에 리샤르 신부를
차쿠 본당의 주임으로 임명하여 대표부 일과 경리를 맡아보도록 하였
다. 이곳 신학교에서는 1872년 이래 중국인 신학생 두 명[33]이 사제로
수품[34]되었으며, 조선 신학생 요셉이 그곳 신학교에서 공부했고[35] 도
미니코라는 젊은 조선인이 함께 머물고 있다가 리델 주교 일행의 조선
입국 길에 동행했으나 그들의 입국 시도는 성공하지 못했다. 요셉과

---

32) 『리델문서』 I, 241쪽의 「게랭 신부가 리델 신부에게 보낸 1869년 6월 9일
　　자 서한」: 車基眞, 「중국 안의 한국 천주교회 사적지」 양관·차쿠의 위치
　　및 교회사적 의미, 『교회와 역사』 제290호(1999. 7), 14-15쪽.
33) 배 야고보와 민 다미아노 신부였다(車基眞, 위의 논문, 15쪽).
34) 리델 주교는 1872년 12월 8일(無染始胎祝日)자 편지에서, 40세인 배 야고
　　보 신학생의 부제 서품식을 거행했고, 성 토마스 축일(7월 3일) 편지에서
　　그를 사제로 서품했음을 기술하였다. 그리고 그가 두 번째 신부임을 밝혔
　　다(『리델 문서 I』, 369~373쪽 참조).
35) 1875년 9월 25일자 리델의 형 루이 리델에게 보내는 편지에서, 신학생 요셉
　　이 조선 입국 시 동행하고 있음을 기술하였다(『리델 문서 I』, 410쪽 참조).

도미니코는 이곳 신학교에서 공부하다가 1876년에 귀국하였다.[36]

리델 주교는 1876년 강화도 조약이 체결되면서 조선의 문호가 개방되자 다시 조선 입국을 시도하여 그해에 블랑 신부와 드게트(Deguette, 崔鎭勝) 신부를 조선에 입국시키고, 다음 해에는 그 자신이 두세(Doucet, 丁加彌) 신부 및 로베르(Robert, 金保祿) 신부와 함께 마침내 朝鮮에 입국하였다. 그러나 1878년 1월 28일에 체포되어 포도청에 갇혀 있다가 6월 24일 의주에서 중국으로 추방되고 말았다. 이후 리델 주교는 차쿠로 돌아와 조선 선교사들을 위해 이전부터 집필해 오던『韓佛字典』과『韓語文典』의 편찬에 노력하였다.[37]

리샤르 신부는 차쿠의 사목을 맡고 있었으므로 조선에 들어오지 못하였고, 1880년 9월 28일 장티푸스로 사망하여 차쿠 성당 앞 언덕에 안장되었다. 이 무렵 리델 주교는 차쿠의 대표부를 일본으로 이전할 계획을 세우기 시작했다. 그런 다음 1881년 일본을 방문하였다가 나가사키(長崎)에서 발병하여 상하이·홍콩을 거쳐 다음해 프랑스로 귀국해 투병생활을 하였다. 귀국에 앞서 그는 조선에서 활동 중인 블랑 신부를 자신의 후계자로 임명하였고, 1884년에 고향 반느에서 사망하였다. 조선 대표부가 나가사키로 이전(1881)되자 조선 선교사들이 누리던 遼東에서의 재치권도 자연 소멸되게 되었다.[38]

이처럼 陽關과 차쿠는 1869년에서 1881년까지 12년간 조선 대목구의 대표부가 설치되었던 곳으로서, 조선 선교사들에게 사목 재치권이 위임되었던 지역이었고, 박해 이후에는 조선 입국의 거점 역할을 한 곳이었다.

---

36) 車基眞, 위의 논문, 15쪽.
37) 車基眞, 위의 논문, 15쪽.
38) 車基眞, 위의 논문, 15쪽.

3) 조바자츠(小八家子, Xiǎobājiāzǐ) 성당

흔히 八家子라고도 불리는 이곳은 長春에서 서북쪽으로 70리 거리에 있는 작은 마을로서, 1930~40년대에는 평화촌, 모범 마을, 문화촌이라 불리기도 했다. 이곳에 복음이 전래된 것은 1796년경부터였고 점차 교우촌이 형성되면서 1840년대에 베롤 주교가 광활한 토지를 매입하고 성당 등 여러 시설을 마련함으로써 거대한 모범적 교우촌이 되었다. 1868년 벽돌 성당이 건립되었으나 1900년 의화단에 의해 파괴 소실되었고, 1908년에 다시 성당이 건립되었다. 조바자츠(小八家子)에 있던 신학교는 1915년에 吉林으로 이전되었다.[39]

조바자츠(小八家子)는 1841년에서 1846년까지 5년간 조선교구의 림시 교구 본부 역할을 한 곳으로서, 1841년 페레올 주교가 이곳에 도착하여 조선 입국을 준비했고, 1842년 10월에는 최양업 신학생이, 다음해 3월에는 김대건 신학생까지 합류해서 만주 신학생들과 함께 신학공부를 계속하였다. 두 신학생은 1844년 12월 중순 이곳 성당에서 삭발례(削髮禮)를 시작으로 부제품까지 받았다.[40]

39) 최석우, 「중국 교회와 조선교회」, 『교회와 역사』 제247호(1995. 12). 31~32쪽 참조.
40) 최석우, 위의 논문, 32쪽 참조.
41) 교구 분구와 수장 교체연표는 趙慶源 編著, 『中國天主敎 敎區劃分及 首長接替年表』를 참조하였다.

4. 北京과 遼東 지역 대목구 분구와 조선 천주교회
[清 世祖(1644~1661) 때부터 1978년까지][41]

조선이 중국 교계제도상 그 관할지역에 속한 것으로 나타나기 시작한 것은 清의 첫 황제 世祖(順治帝)년간이었다. 그러므로 이 시기를 상한으로 하여 北京과 만주 지역 교구들의 분구 과정을 살펴보면서 조선 천주교회와 유관된 사항들을 살펴보고자 하였고, 하한 시기는 1978년 5월 16일 瀋陽 교구장 皮漱石 총주교가 세상을 떠나는 때까지로 정하였다. 이로써 1946년 중국의 교계제도 설정 이전 로마교황청으로부터 대목구장으로 임명된 만주 지역 주교들의 모든 사목 활동이 끝났기 때문이다.

中國의 첫 대목구인 南京 대목구가 1659년 설정될 때에 조선이 그 관할구역으로 편입[42]된 후, 1694년 포르투갈 왕에 의해 다시 北京教區 관할에 편입[43]되게 되었는데, 이는 16세기 중엽 포르투갈 보교권 하에 고아(Goa)와 일본에 진출한 예수회 선교사들의 조선선교 계획과 이를 실천해 보기 위한 노력들이 경주되었고, 이들을 통해 포르투갈이나 유럽에까지 조선의 존재가 알려지게 된 결과[44]일 수도 있겠다.

---

42) 趙慶源, 위의 책, 14쪽.

43) 趙慶源, 위의 책, 16쪽.

44) 코스메 데 토레스(Cosme de Torres, ?~1570)와 가스파르 빌렐라(Gaspar Vilela, 1526~1572)는 스페인 출신의 예수회원으로서 前者는 1549년 일본에 진출하여 야마구찌(山口)에서 활동을 시작하여 1570년 10월 2일 사망할 때까지 일본에서 활동하였고, 後者는 1554년 일본에 진출하여 토레스 신부와 함께 일본에서 활동하다 1570년 인도로 가 여생을 Goa에서 보냈는데, 1566년 일본 예수회 장상 토레스 신부는 그를 조선에 파견하려 했었다고 메디나(Juan G. Ruiz de Medina) 신부(예수회원, 로마 예수회 역사 연구소 근무)는 그의 연구서에서 밝히고 있다(메디나 신부 지음, 박철 옮김, 『한국천주교전래의 기원(1566~1784)』, 서강대학교 출판부, 1989, 14~18쪽: 사목연구총서 2 『국사』, 한국사목연구소, 19932, 10~12쪽 참조).

1644년은 교황 인노첸시오 10세(1644~1655년)의 재임 원년인데, 1635년 도미니코 수도회 선교사들에 의해 리치式 적응화 선교정책이 고발되기 시작하였고, 1643년에는 같은 수도회 모랄레스(Juan Baptista Morales)가 예수회의 선교방법을 고소하여, 1645년 9월 교황 인노첸시오 10세가 예수회의 중국 의례 행위를 잠정적 결정으로 단죄하게 되었다. 후임 교황 알렉산델 7세(1655~1667)는 도미니코회에 대한 예수회의 변론을 듣고 중국 신자들의 공자공경과 조상제사에 대해 허용하는 잠정적 결정을 내렸다. 이러한 결정이 있은 이후 중국 의례논쟁은 1669년 11월 교황 클레멘스 9세의 다음과 같은 결정으로 더욱 혼란의 늪으로 빠져들게 되었으니, 교황은 1645년의 금지 교령과 1656년의 허용 교령 둘 다 환경에 따라서는 적용될 수 있다고 발표한 것이었다. 1693년 福建省 대목구장 매그로(Charles Maigrot) 주교는 자기 관내 지역 성직자들에게 배공제조 의식과 '上帝'와 '天'이라는 단어의 사용을 금지시켰고, 1697년 교황 인노첸시오 12세는 매그로의 의견을 승인했고, 1715년 교황 클레멘스 11세는 금지 교서 「Ex illa die」를, 1742년 교황 베네딕토 14세는 금지 교서 「Ex quo singulari」를 발표함으로써 향후 200여 년 동양에서의 토착화 선교 운동은 좌절되었고, 크고 작은 박해에 부딪히게 되었다.[45]

1) 알렉산델 7세(1655~1667년) 교황: 清 世祖(順治, 1644~1661년)

제사 금지를 완화하는 등 중국 포교에 관심을 보인 교황 알렉산델 7세 시절인 1659년 8월 16일, 조선은 교황청 포교성에 의해 南京敎區 관할권을 위임받은 파리외방전교회 구역으로 할당[46]되었다. 교구장으로는

---

45) 김성태, 『歷史 안의 敎會』, 분도출판사, 1985, 211~212쪽 참조.

1660년 9월 20일에 고톨랑(Ignatius Cotolendi, 高) 주교47)가 임명되었고, 조선에 대한 그의 관할권은 1690년까지 계속되었으며, 1690년 北京敎區가 설정된 이후에는 北京敎區 관할구역으로 재편되게 되었다.48)

1659년 南京 대목구 설립 당시, 그 관할지는 江南을 제외한, 北京, 山西, 山東, 河南, 陝西, 조선(Corea)과 蒙古(Tartariae) 등이었다. 고톨렌디 주교는 그러나 임지에 부임하지 못하고 인도에서 1662년에 세상을 떠나고 말았다.49)

南京 대목구에 앞서, 1659년 9월 9일에는 東京(Tonkin: 베트남 북부)과 交趾(Cocincinae: 베트남 남부) 대목구가 설정되었는데, 그 관할 구역과 수장은 다음과 같다:

- 팔뤼(Franciscus Pallu, 巴羅 또는 巴錄, 혹은 陸方濟)50)는 東京 대목구장으로 임명되었고, 雲南省, 貴州省, 湖南·湖北省, 廣西省, 四川省 등의 교무를 겸임하였다.

- 드 라 모떼(Lambert de Lamotte, 郎 또는 德拉莫)51)는 交趾 대목

---

46) 『HIERARCHIA CATHOLICA』 4권, 239쪽: Mag 82. 4. Tom 1. Roma Gregorian 대학 도서관: 宋基寅, 「朝鮮王國에 대한 선교사들의 宣敎 努力들」, 『歷史와 社會』, 36쪽에서 재인용.

47) 파리외방전교회 소속 고톨랑(中國名: 多冷提)은 Metellopolitan 명의주교였다(羅光, 「中國天主敎歷代分區沿革史」, 『天主敎在華傳敎史集』, 光啓出版社·徵祥出版社·香港眞理學會 聯合出版, 中華民國 56년, 301쪽). 1662년 11월 12일에 세상을 떠났다(『HIERARCHIA CATHOLICA』, 4권, 239쪽).

48) 배세영, 「한국에서의 파리외방전교회의 선교방침(1831~1942)」, 『二百周年 敎會史 論文集』 I, 744쪽 참조.

49) 趙慶源, 위의 책, 14쪽 참조.

50) Heliopolitan(a) 지역 명의주교인 Pallu는 파리외방전교회 소속으로서 1658년 6월 29일 주교로 선출되어 1659년 9월 9일 성성되었다. 1680년 福建 대목구가 성립되자, 그곳 대목구장으로 임명되었고, 1684년 10월 29일 세상을 떠났다(『HIERARCHIA CATHOLICA』, 4권, 201쪽).

51) 파리외방전교회원인 Petrus Lambert de la Boissiève(현대식 표현으로 de la Motte-Lambert)는 시리아의 Beryten(Beirut) 명의주교(AC 20 f.56)로 1658년 7월 29일 선출되어, 1659년 9월 9일 交趾대목구장으로 임명되었고, 1679년 6월에 사망하였다(『HIERARCHIA CATHOLICA』, 4권, 114쪽).

구장으로 임명되었고, 浙江省, 福建省, 江西省, 廣東省 등의 교무를 겸임하였다.52)

南京 대목구장 고틀랑과 東京 대목구장 팔뤼, 交趾 대목구장 드 라 모떼의 관할 구역은 〈1659년 중국 대목구 관할도〉(별첨지도 4)에 잘 드러나고 있다.

2) 알렉산델 8세(1698~1691년) 교황: 聖祖(康熙, 1662~1722년)

1690년 4월 10일 北京과 南京에 주교구가 성립되고 澳門 주교구와 함께 고아(Goa) 관구에 속하게 되었다. 팔뤼(Franciscus Pallu) 福建 주교의 보좌주교요 그에 의해 1684년 廣東省, 廣西省, 四川省, 雲南省, 貴州省 등 5성의 서리가 되었던 델라 키에사(Bernardino della Chiesa, 伊大仁)53)가 北京主敎로 개임(改任)되었다.

---

52) 趙慶源, 위의 책, 14쪽.

53) 프란치스코 개혁회 소속, 1644년 5월 8일 베니스에서 출생, 1680년 Argen 혹은 Argolicen의 명의주교로 선출돼 Pallu 주교의 보좌로 임명되었다. 1684년 8월 27일 廣州에 도착해 전교하다가, 1690년 4월 10일 北京主敎로 개임되었고, 1721년 12월 21일 臨淸에서 사망하였다(Aniceto Chiappini, *DELLA CHIESA, Bernardino*: AA. w., Enciclopedia Cattolica vol.Ⅳ, Ente per L'Enciclopedia Cattolica e per il libro cattolico, Citta del Vaticano, Firenze 1950, p.1371).

3) 인노첸시오 12세(1691~1700년) 교황: 聖祖(康熙, 1662~1722년)

1694년 포르투갈 왕은 보교권의 특전을 활용하여 아래와 같이 세 주교구 경계선을 설정했는데 당시 성좌의 인준은 못 받은 상태였다[54]:

1. 北京教區管轄 - 直隸, 河南, 山東, 山西, 陝西, 四川, 遼東 蒙古 및 高麗(Corea)
2. 南京教區管轄 - 江南, 江西, 浙江, 福建, 湖廣, 雲南 및 貴州
3. 澳門教區管轄 - 廣東, 廣西 및 海南

1696년 10월 15일 교황 인노첸시오 12세는 포르투갈 보교권에 대응하여 세 주교구 경계선을 설정하고, 아울러 아래와 같이 中國 내에 9개 대목구를 설립하였다:

1. 北京교구관할 - 直隸, 山東 및 遼東
2. 南京교구관할 - 江南 및 河南
3. 澳門교구관할 - 廣東, 廣西 및 海南

9개 대목구:

1. 福建(대목구장 임명: 閻當, Charles Maigrot)
2. 浙江(〃   : 希 Petrus D'Alcala)
3. 江西(〃   : 白萬樂, Alvarus Benavente)
4. 四川(〃   : 梁弘仁, Arthur Lionne[55])
5. 雲南(〃   : 卜于善, Philibert Leblanc[56])

---

54) 趙慶源, 위의 책, 16쪽.
55) 梁 대목구장은 임지에 부임하지 못해 白日陞(Jean Basset, M. E. P.)과 畢天祥(Luis Antoine Appiani, C. M.)이 주교서리로 봉직했다(趙慶源, 위의 책, 17쪽).
56) 1717년부터는 四川에서 대리 관할하였다(趙慶源, 위의 책, 17쪽).

6. 湖廣(〃 : 余宜閣, J. Fr. Nicolai a Leonissa[57])

7. 貴州(〃 : 杜 Charles Turcotti)

8. 山西(〃 : 張安當 또는 安堂, Antonius Posateri[58])

9. 陝西(〃 : 葉宗賢, Basilius Brollo)

4) 클레멘스 11세(1700~1721년) 교황: 聖祖(康熙, 1662 ~1722년)

클레멘스 11세는 다시 제사를 금지(「Ex illa die」 금지교서 발표)시킴으로써 중국 포교에 큰 장애를 초래케 했으나, 그럼에도 불구하고 세계 선교를 위해 많은 노력을 기울인 교황이었다. 그의 재임기간 중인 1701년 10월 22일 프란치스코회 회원인 北京主教 델라 키에사(Bernardino della Chiesa)는 조선이 南京보다는 北京에서 더 가깝다는 이유로 조선 지역에 대한 재치권을 로마에 청하였다. 그 결과 로마는 1702년 北京主教에게 조선에 대한 재치권을 허락했다.[59]

聖祖 때인 1720년(조선의 肅宗 46년)에 이이명은 북경에 가서 남당의 선교사 쾨글러(I. Kögler, 戴進賢)와 수아레즈(J. Suarez, 蘇霖)와 접촉을 하고 비단 과학적인 대화에만 그치지 않고 천주교에 관해서도 대화를 가졌다. 1631년(仁祖 9년) 정두원의 서양 선교사와의 첫 접촉이나 英祖 46년(1766년)의 홍대용의 북경 선교사들과의 접촉 등은 이들 선

---

57) 余 대목구장은 임지에 도착하지 못해 四川에서 대리 관할을 하였다(趙慶源, 위의 책, 17쪽).

58) 張 대목구장은 1704년 11월 임소에 도착했으나 1705년 1월 18일에 운명하였다(趙慶源, 위의 책, 18쪽).

59) Van den Wyngaert, O. F. M., Sinica Franciscana t.5, Roma 1954, p.500: 宋基寅, 『歷史와 社會』, 73쪽에서 재인용.

교사들에게 조선 전도의 관심을 불러 일으켜 조선에 전도를 시도하려
하였으나 양국 간에 있는 쇄국정책으로 인하여 성공하지는 못했다.[60]

5) 베네딕토 13세(1724~1730년) 교황: 雍正(1723~1735년)

1725년 2월 24일 다 로카 후로에스(Franciscus de la Purification da Rocha Froes)가 北京 주교직을 승임하여 봉직하다 1733년 6월 30일 세상을 떠났다.[61]

6) 베네딕토 14세(1740~1758년) 교황: 乾隆(1736~1795년)

1740년 12월 19일 데 수자(Polycarpo de Souza, 索智能) 신부가 北京 주교에 임명되어 봉직하다가 1757년 5월 22일에 타계하였다.[62]

---

60) 최석우, 『한국교회사의 탐구』, 한국교회사연구소(1982), 11, 29쪽 참조.
61) 趙慶源, 위의 책, 21쪽.
62) 趙慶源, 위의 책, 23-25쪽.

7) 비오 6세(1775~1799년) 교황: 乾隆 - 嘉慶(1796~ 1820년)

전임 교황 클레멘스 14세(1769~1774년) 때인 1773년, 예수회가 해산되어 후임 교황 비오 6세 재임기인 1783년 北京에서 철수하게 되었다. 그들의 계승자들은 라자로회원들로서 1783년 공식적으로 北京 프랑스 선교단을 책임지게 되었고 1785년 北京에 도착하여 업무를 시작하였다.[63] 이 무렵 조선 천주교회 밀사들이 北京을 왕래했는데, 그들이 만난 이들은 해산 직전의 예수회원들과 새로 부임한 라자로회원들이었다.

비오 6세 교황의 조선교회에 대한 배려는 1792년 조선 천주교회를 北京 교구장인 구베아 주교 개인에게 위임한 것이었다. 교황은 조선 천주교회의 오묘한 기원과 발전에 대한 소식을 北京 주교로부터 듣게 되었으나[64] 절대주의, 계몽주의, 특히 프랑스 혁명으로 야기된 여러 문제로 인해 아주 깊은 고뇌 속에서 살아야 했다.[65] 나폴레옹은 1796년 이탈리아를 침공했고, 이어 이집트 정복 길에 나서자 그의 부하 베르티에(Berthier) 장군이 로마를 침략하여 공화국을 세우고 교황 비오 6세와 교황청 가족들을 추방하였다. 1799년 3월 프랑스는 교황을 포로로 삼아 여러 도시를 전전하면서 프랑스까지 끌고 갔고, 팔순의 교황은 1799년 4월 14일 프랑스 남부 발랑스(Valence)에서 포로가 되어 그해 8월 28일 서거할 때까지 수인생활을 해야만 했다.[66]

1778년 7월 20일에는 살루티(Damascenus Salutti, 安若望 또는 安德

---

63) 『윤유일·동료 시복 자료집』 제4집, 37~39쪽 각주 30 참조.
64) 崔奭祐, 「한국천주교와 로마교황청」, 『二百周年 教會史 論文集』 I, 734~735쪽 참조.
65) 崔奭祐, 위의 논문, 734쪽 참조.
66) 전달수, 『교황사』, 가톨릭출판사, 315쪽 참조.

義)가 北京 주교로 승임되어, 1780년 4월 2일 閔達耐[67] 주교에 의해 주교로 성성되었다.

1782년 12월 15일에 北京 교구장으로 승임된 구베아(Alexander de Gouvea, 湯士選)[68] 주교는 1785년 4월 29일,[69] 北京 임소에 도착하였다. 1785년 10월 15일의 통계에 의하면, 당시 北京에는 중국인 신부가 7位, 외국인 신부가 16位 있었는데, 후자는 모두 北京 성내에서 사목에 임하고 있었다.[70]

北京 주교 구베아(Alexander de Gouvea, 湯士選)는 1787년부터 1804년까지 南京 교구 서리도 겸임해야 했다.

8) 비오 7세(1800~1823년) 교황: 嘉慶(1796~1820 년) - 道光(1821~1850년)

비오 7세 교황 재임기의 조선 천주교회는 1801년 신유교난 이후 성직자 영입운동을 꾸준히 전개하였고 또한 교황에게 서한을 올려 선교사의 파견을 간청하였음에도 불구하고 단 한 명의 선교사도 얻지 못하였다. 이는 교황이 등극하자마자 나폴레옹으로부터 제기되어 온 정교조약의 조건들 즉, 교회 재산 몰수 승인, 교황이 임명한 주교를 폐하는

---

67) 閔達耐(Nathanael Burger) 신부는 1777년 1월 11일 陝晋 대목에 임명되었고, 1778년 7월 20일 南京 교구 보좌 주교로 임명되었으나 부임하지 못했다. 1778년 10월 18일 주교로 성성되었다. 2년여 간 봉직하다 1780년 8월 28일에 세상을 떠났다(趙慶源, 위의 책, 26-27쪽 참조).

68) Gouvea는 1782년 12월에 北京주교로 임명되었고, 이듬해 2월 인도 Goa에서 주교로 성성된 후 1785년 1월 18일 北京에 부임하였다(달레,『韓國天主敎會史』上, 305쪽, 각주 10 참조).

69) 달레는 구베아 주교가 1785년 1월 18일에 北京에 부임한 것으로 기술하였다(앞 각주 참조).

70) 趙慶源, 위의 책, 27쪽.

것, (성직자 공민 헌장에 따라 충성을) 선서한 주교를 임명하는 것 등 교회에 불리한 조건임에도 불구하고 조약 체결을 해야 했고, 정교 협정 이후 나폴레옹이 만든 77개의 부속 법령(Les articles organiques)에 의해 교회의 권리가 유린되었기 때문이었다. 영국과 러시아를 제외한 전 유럽을 점령한 나폴레옹은 교황과 교회를 수중에 넣으려고까지 하였고, 1809년에는 교황령이 모두 프랑스에 합병되었고, 그해 7월 나폴레옹에 의해 교황이 납치되어 사보나(Savona)와 퐁텐블로(Fontainebleau)에 감금되었다.[71]

이 시기는 조선교회로서도 가장 어두운 시기요 거의 절망에 가까운 시기였다. 1801년 신유교난으로 많은 교회 창립성조들이 순교하였고, 주문모 신부마저 순교하였다. 조선 교우들의 교황께 올리는 애절한 서한(1811년 서한)조차 교황의 어떤 조처를 자아내기에는 로마와 교황 자체의 한계가 있었던 시기였다. 1801년 이후 조선 교회의 까다콤바 시기는 1834年 1월 유방제 신부의 입국시기까지 지속되었다.

1814년 로마에 재 입성한 비오 7세 교황은 예수회를 재건하였다.

1808년 7월 6일, 北京 교구장 구베아(Alexander de Gouvea, 湯士選) 주교가 선종하자, 수자 사라이바(Joachim de Souza-Saraiva)[72] 보좌주교가 北京 주교에 임명되어 1818年까지 재임하였다. 1815年 통계에 의하면 중국 내 방인 신부는 89명, 외국인 신부는 80명, 교우수는 21만 명이었다.[73] 수자 사라이바 주교 재임기인 1811년과 1813년에는

---

71) 전달수, 『교황사』, 317~318쪽 참조.
72) 라자로 회원. 1744년 포르투갈 Leira에서 출생함. 1804년 12월 Tipasa의 명의주교로 성성되어, 北京敎區 보좌주교로 임명되었다. 승계권을 지닌 보좌주교(Coadjutor)였기에 Gouvea 주교 사후 北京 교구장직을 자동으로 승계했으나, 1805년 박해가 일어나 北京에 입경하지 못하였다. 1818년 1월 6일 마카오에서 세상을 떠났다.
73) 趙慶源, 위의 책, 30쪽.

140

北京主敎와 교황에게 올리는 서신을 전달하기 위해 이여진(요한)이 北
京을 방문하였다.74) 사라이바 주교는 1811년 서신을 통해 조선 교우들
이 청한 여덟 권의 교회서적들을 1814년 마카오에서 소책자 형태로 만
들어 준비해 두었는데 마르지오티(Margiotti) 신부는 그 책들을 다음과
같이 소개하였다.75)

永福天衢(저자: Agustin de S. Pascal), 彌撒祭義(저자: Jiulio
Aleni, 艾儒略, 1582~1649년), 龐子遺詮(저자: Diego de Pantoja, 龐
迪我, 1571~1618년), 十誡眞詮(저자: Manuel Diaz, 陽瑪諾, 1574~
1659년), 聖年廣益(저자: Jos-M-An de Moyriac de Mailla, 馮秉正,
1669~1748년), 聖母行實(저자: Alfonso Vagnoni, 高一志, 1566~
1640년), 眞道自證(저자: Emeric de Chavagnac, 沙守信, ?~1717년),
告解原義(저자: Ferdinand Verbiest, 南懷仁, 1623~1688년)

이 책들 중 몇 권은 1825년 동지사 사행원(정하상, 유진길, 이여진)
들을 통해 조선에 전달된 것으로 보인다.76)

1818년, 몬테이로(Verissimo Serra Monteiro, 高守謙) 신부가 北京主
敎에 지명되었으나 비준을 얻지 못하자, 1818년부터 1826년까지 리베
이로(Joseph Nunes Ribeiro, 李拱辰)77) 신부가 北京敎區 총대리 역할을

74) 全壽洪,「유방제 신부의 조선선교와 그 문제점」,『歷史와 社會』, 70쪽.
75) 尹敏求,「신미년(1811)에 조선 천주교 신자들이 北京 주교에게 보낸 편지
    에 대한 연구」,『수원가톨릭대학 논문집』제2집, 1990, 73쪽, 각주 135 참
    조: 全壽洪, 위의 논문, 71쪽 참조.
76) Margiotti, F. L'ardua ascesa della chiesa coreana in: *Sacrae Congre-
    gationis de Propaganda Fide Memoria Rerum*, Vol.Ⅲ / Ⅰ, 1975, 567 참
    조: 尹敏求, 위의 論文, 35쪽, 각주 135에서 재인용.
77) 리베이로 신부는 北京에 머물고 있던 南京 교구장 Souza-Saraiva의 총대
    리였다. 주교 사망 후 北京敎區를 관리했었다. 1826년 사망하였다(달레,『
    韓國天主敎會史』中, 20쪽 각주 38 참조).

하였고, 1826년부터 1838년까지는 페레이라(Gaetano Pires Pereira, 畢學源)[78] 신부가 北京 교구장 서리직을 맡았다.[79]

1817년 3월에 포교성은 마카오의 주교와 성청 대변인 마르키니 신부에게 조선선교를 위한 적절한 몇 명의 사제들을 北京主敎에게 소개하도록 요구했었는데, 같은 해 리베이로 총대리 신부는 플로리아노 신 벨로조(D. Floriano Xin Vellozo) 신부와 방 요한(Giovanni Van) 신부를 조선에 파견할 수 있을 것이라고 포교성에 전했고, 이 소식에 포교성은 1818년 두 신부에게 특별한 직무를 부여했으나 신 벨로조 신부의 사망으로 이 계획은 실패로 돌아갔다.[80]

9) 그레고리오 16세(1831~1846년) 교황: 道光(1821 ~1850년)

그레고리오 16세 교황과 더불어 조선 천주교회는 새로운 전환기를 맞게 되었다. 유달리 세계 포교에 관심을 나타낸 교황은 1832년 전 세계 주교들에게 보낸 서한에서 세계교회의 중심인 성 베드로좌에 더욱 굳게 결합하도록 호소하였다. 그의 교황 재위 기간 중 70개의 교구와 대목구가 설정되었다는 사실이 그의 세계 포교에 대한 깊은 관심을 짐작해 보게 한다.[81]

---

78) 피레스 주교는 1838년 11월 2일에 사망하였다.(달레, 『韓國天主敎會史』 中, 20쪽: 각주 38 참조) 각주 38에서는 피레스 주교가 北京敎區를 관리하기 시작한 해를 1827년으로 記述했다.
79) 趙慶源, 위의 책, 30~31쪽 참조.
80) 全壽洪, 앞의 논문, 69쪽 참조.
81) August Franzen, Remigius Bäumer, *Papstgeschichte*, Herder, 1924, pp.350~352: 崔奭祐, 「한국천주교와 로마 교황청」, 『二百周年 敎會史 論文集』 I, 735쪽에서 재인용.

그레고리오 16세는 교황위에 오르기 전 1826년부터 포교성 장관으로
활약하였었기에 그 당시 조선교회 사정을 어느 누구보다도 잘 알고 있
었고, 그 때문에 조선 천주교회에 대한 호의적인 배려를 베풀어주었던
것이다. 그는 포교성 장관 재직 시절, 조선 신자들의 서한을 통한 청원
을 받아들여 朝鮮 포교를 담당할 수도단체를 물색하고 있던 중 파리외
방전교회와 교섭을 벌이게 되었는데 그 결정 과정이 지연되었고, 그
과정 중 교황으로 선출된 것이다(1831년 2월 2일). 교황위에 오르자 그
는 곧 포교성에 지시하여 조선 천주교회에 대한 문제 해결을 부탁하였
고, 1831년 9월 9일에는 교황 친서를 통해 조선 대목구 설정을 발표하
였다.[82] 조선 포교지에 대한 관할권은 파리외방전교회가 맡도록 조치
하였다. 아울러 조선 대목구에 진출하려는 프랑스 선교사들의 입국을
용이하게 하는 한 방편으로 遼東 지역을 새로운 대목구로 설정(1838)
하여 파리외방전교회에 위임하였고, 만일 遼東을 통한 입국이 어려울
경우 일본을 통해 입국할 수 있도록 琉球 지역을 조선 대목구 관할지
로 설정하여 주었다. 이는 그레고리오 16세의 세계 포교와 특히 조선
포교에 대한 특별한 관심의 표명이라 할 수 있을 것이다.[83]

한편 1838년부터 1846년까지는 카스트로에 무라(Jean de Franca
Castro e Moura, 趙) 신부가 北京 교구장 서리에 임명[84]되었다.

1840년 8월 28일에는 蒙古 대목구가 遼東 대목구로부터 분할되었고,
무울리(Joseph Martialis Mouly, 孟振生)[85] 신부가 蒙古 대목구장에 임

---

82) *Juris Pontificii de Propaganda*, t.5.(Romae, 1893), 20.

83) 崔奭祐, 위의 논문, 735~736쪽 참조.

84) 趙慶源, 위의 책, 31쪽.

85) 遺使會 소속 물리 주교는, 1807년 8월 2일 Figeac에서 태어나, 1825년 라자
로회에 입회하였고, 1831년 사제로 수품되어, 1835년 몽골 선교사로 파견
되었다. 1842년 7월 25일 Fussulan의 명의주교로 성성되어, 1846년 3월 20
일 北京 代牧區長에 任命되었고, 1868년 12월 4일에 北京에서 세상을 떠났
다(『HIERARCHIA CATHOLICA』, 7권, 200쪽 참조). 무울리 주교는 蒙
古 대목구장직을 1854년 5월 11일에 사임하였다(『성 김대건의 서한』, 109

명되었다. 이때부터 遼東 대목구는 만주 대목구로 개명되었다. 무울리 주교는 1846년부터 北京教務도 겸임하게 되었는데, 그해에 다귄(Florent Daguin, 孔)[86] 신부가 北京의 보좌주교로 임명되었다.[87]

10) 비오 9세(1846~1878년) 교황:
道光(1821~1850년) - 咸豊(1851~1861년) -
同治(1862~1874년) - 光緒(1875~1908년)

비오 9세 교황 재임 시기 조선교회는 병오교난(1846년)으로 인하여 김대건(안드레아) 신부를 비롯한 현석문(가롤로) 등 9명의 교우가 순교하는 상황에 처해 있었다. 페레올(Ferréol, 高) 주교는 이들의 순교 사실을 기해일기에 첨가하여 기해·병오 순교자전을 프랑스어로 편집하고 최양업 신부로 하여금 라틴어로 번역하게 하여 로마로 발송하였다. 1857년 기해·병오교난 순교자 82명이 가경자(Venerabilis)로 선포되었다. 더욱 큰 비극은 대원군 집권 시절 병인교난(1866~1873)이 일어나 베르뇌(Berneux, 張敬一) 주교와 다블뤼(Daveluy, 安敦伊) 주교를 비롯하여 성직자 9명과 1만여 명의 교우들이 순교하였다.[88]

1848년 5월 비오 9세 교황은 파리외방전교회원들에게 廣東과 廣西 지역의 포교권을 위임하였는데, 프랑스 선교사들은 임지에 도착되기

쪽, 각주 59).

86) 다귄은 1815년 1월 4일에 태어나, 1837년 라자로회에 입회하고, 1839년 사제로 수품되어, 1843년 몽골지역 선교사로 파견되었다. 1848년 7월 25일 Troaden 의 명의주교로 성성되었고, 1857년 7월 11일자 포교성 교령에 의해 같은 해 7 월 17일 몽고 대목으로 임명되었다(『*HIERARCHIA CATHOLI-CA*』 7권, 379 쪽 참조).

87) 趙慶源, 위의 책, 34쪽.

88) 전달수, 『교황사』, 329쪽 참조.

위해서는 많은 어려움을 겪어야 했다. 아편전쟁(1840~1842년; 1856년)
으로 인하여 영국과 프랑스에 대한 미움과 증오가 마음에 가득했기 때
문이었다.[89] 1842년 이후 1860년까지 중국은 서구 유럽 국가들과 다음
과 같은 굴욕적인 조약들을 체결해야 했었다. 1842년에는 清·英間 南
京條約을, 1844년에는 清·美間 望廈條約과 清·佛間 黃埔條約을 체결
해야 했고, 2차 아편전쟁 이후에는 영국과 프랑스, 미국과 러시아 4개
국과의 1858년 天津條約과 1860년 北京條約을 맺어야 했다. 이들 조약
은 기초에서부터 체결까지 거의 모두 각국 선교사의 참여로 이루어졌
고, 이들 조약 체결 이후 외국 선교사들의 중국 재입국과 내지 출입이
가능해졌고 중국 내에서의 선교사들과 개종 신도들이 프랑스 정부의
보호를 받게 되었다. 중국은 이들 조약에 따라 대규모의 영토를 상실
하고 거액의 배상금을 지불하지 않으면 안 되었다.[90]

1848년 3월 28일에는 아누이(Ioannes Bapt. Anouilh, 董若翰)[91] 신부
가 北京 교구의 보좌주교로 임명되었다.

최양업 신부는 전술한 바(제2장 3-1 陽關 성당 부분)와 같이 道光
년간인 1849년 4월 15일에 南京 교구장 마레스카(Maresca) 주교로부터
사제품을 받고 요동 지역 陽關에서 첫 사목직을 수행하였다.

1856년 5월 30일 보교권 하에 있던 南京 교구[92]는 江南 교구로 이름
이 바뀌고, 北京 교구는 분할되어 冀北(北京) 대목구, 冀東南(河間) 대

89) Jean-Paul Wiest, *Maryknoll In China*, M. E. Sharp, Inc., 1988, p.46.
90) 李時岳 외 지음, 이은자 옮김, 『근대중국의 반기독교 운동』, 고려대학교·
   중국학 총서 6, 고려원, 1992, 16쪽.
91) 遣使會 소속 아누이 주교는 Appamiarum교구의 Prat에서 1819년 11월 8일
   에 태어나, 1843년 견사회에 입회하였고, 1846년에 사제로 수품되어, 1848
   년 중국 선교사로 파견되었다. 1851년 6월 22일 Abyden의 명의주교로 성
   성되었고, 1858년 11월 27일 발표된 포교성 교령에 의해, 12월 14일 冀南
   東(Tchely meridio-occidentalis) 대목으로 임명되었다. 正定府에서 1869년
   2월 18일에 선종하였다(『*HIERARCHIA CATHOLICA*』, 7권, 71쪽).
92) 南京 교구가 같은 날 폐지되고 교구명이 江南 代牧區로 바뀌게 되었다(趙
   慶源, 위의 책, 36쪽).

목구와 冀西南(正定) 대목구 등 3개 대목구로 설정되었다(각 교구 위치
는 별첨 지도 5 참조).

1856년 6월 3일, 蒙古 대목구장 무울리(Joseph M. Mouly, 孟振生)
주교는 冀北(北京) 대목구장[93]이 되어 1868년까지 봉직하였고, 1856년
5월 30일 랑귀야(Adrian Languillat, 郞懷仁)[94]주교는 冀東南 대목구장
으로 임명되었다(1864년에는 江南 대목구장으로 전임되었다). 1858년
12월 14일 아누이(J. B. Anouilh, 董若翰) 주교가 冀西南 대목구장으로
임명되어 1869년(2월 18일 사망)까지 재임하였다.

1857년, 北京 보좌주교 다귄(Florentius Daguin)이 蒙古 대목구장으
로 승임되어, 1859년까지 직무를 수행하다 세상을 떠났다.

1864년 冀東南 대목구장 랑귀야(Adrian Languillat, 郞) 주교[95]가 江
南 대목구장으로 전임되어 1878년까지 재임하였고, 1864년에 에드워드
두발(Eduard Aug. Dubal, 杜) 주교가 冀東南 대목구장으로 임명되어
1877年까지 재임하였다.

1864년 9월 9일,[96] 에드몬드 귀에리(Edmond Fr. Guierry, 蘇鳳文)
신부는 北京 교구 교구장 서리로 주교성품을 받아, 1868년부터 1870년

---

93) 冀北 대목구장인 맹 주교는 동시에 잠정적으로 자신의 보좌주교인
Anouilh를 보내기 전까지 冀西南의 교황대리 역할도 하였다.

94) 郞 주교는 1856년 5월 20일에 발행된 포교성 교령에 의해, Sergiopolitan의
명의주교로서 5월 30일에 北京 東區대목구장에 임명되었다. 그는 Catalaunen
교구의 Chantemerle에서 1808년 9월 28일에 태어나, 1831년에 사제로 수품
되고, 1841년에 예수회에 입회하여 중국 선교사로 1844년 파견되었고, 1857
년 3월 22일 Fussulan의 주교 물리로부터 주교로 성성되었다. 1878년 11월
29일 세상을 떠났다(『HIERARCHIA CATHOLICA』 7권, 514쪽).

95) 郞懷仁은 1856년 5월 30일 北京 東區의 대목구장으로 임명(5월 20일자 포
교성 교령에 의거)되었는데, 1808년 9월 28일에 태어나, 1831년에 사제가
되었고, 1841년 예수회에 입회하여 1844년부터 중국의 선교사로 파견되었
다. 1857년 3월 22일 Fussulan의 주교로부터 Sergiopolitan의 명의주교로
성성되었다(『HIERARCHIA CATHOLICA』 7권, 514쪽 참조).

96) 1870년도, 1867년도 교황청 연감에는 9월 6일 자로 기술되어 있다.

까지 北京 대목구장으로 재임하였다.

1868년 9월 25일, 탈리아부(Franciscus Tagliabue, 戴濟世)[97] 주교가 冀西南 대목구장으로 임명되었다.

1871년 박스(Jacobus Bax)[98] 주교가 蒙古 대목구장으로 임명되어 1883년까지 재임하였다.

1869년 12월 8일에는 제1차 바티칸 공의회가 개막되었는데, 趙慶源의 『中國敎區劃分』 자료에 의해 당시 교구 분포와 참석자 명단을 보면 주교구는 마카오 주교구 한 곳뿐이고 그 외 21곳은 대목구이고, 두 곳은 감목구였다. 이들 대목구 및 감목구에서 활동하는 선교수도회들은 일곱 회[99]였다. 당시 조선에서는 제6대 대목구장인 리델 주교가 비오 9세 교황을 알현하고, 이어 로마에서 성성식을 가진 후, 이 공의회에 참석하였다.[100]

97) 라자로 회원인 그는 1890년 3월 13일에 사망하였다(趙慶源, 위의 책, 57쪽).
98) I. Box는 1874년 10월 14일자 포교성 교령에 의해 10월 23일에 蒙古 대목 구장에 임명되었다. 1824년 6월 26일 태어나, 1853년에 司祭受品, 1863년에 성모성심회 입회, 1871년 5월 22일 몽고 대목구장 서리가 되었고, 주교 성 성은 1875년 6월 6일에 Adrasen의 명의주교로 성성되었다. 1883년 12월 11일 몽고 대목구가 三分될 때에 蒙中央 대목구장에 임명되었다. 1895년 1월 4일에 타계하였다(『HIERARCHIA CATHOLICA』, 8권, 76쪽).
99) 파리외방전교회(만주, 川西, 川東, 川南, 貴州, 雲南, 西藏 대목구, 兩廣 감목구 담당), 견사회(冀北, 冀西, 浙江, 江西 대목구 담당), 예수회(江南, 冀東南 대목구 담당), 프란치스코회(山東, 山西, 陝西, 湖北, 湖南 대목구 담당), 米蘭외방전교회(河南 대목구, 香港 감목구 담당), 도미니코회(福建 대목구 담당), 성모성심회(蒙古 대목구 담당) 등 일곱 수도단체가 中國 선교에 임하고 있었다(趙慶源, 위의 책, 40~45쪽 참조).
100) 崔奭祐, 「한국천주교와 로마교황청」, 726쪽 참조.

11) 레오 13세(1878~1903년) 교황: 光緒(1875~ 1908년)

레오 13세 재임시기 중 조선에서는 韓·佛 수호조약이 체결되어 (1886년 5월 6일) 외국 선교사들의 활동 자유가 보장되기 시작했고, 그 이후 프랑스 선교사들은 50년간 쓰고 다니던 방갓을 벗고 자유롭게 전 교할 수 있게 되었다. 1887년 여주 부엉골(범골)에서 비밀리에 운영되 던 신학교가 서울 용산으로 옮겨지고, 1888년에 샬트르 성 바오로 수 녀회가 진출하였다.[101]

내국인들의 신앙의 자유가 공인된 것은 1895년 조선 교구의 책임자 였던 뮈텔(閔德孝) 주교와 高宗과의 만남이 이루어지고, 병인년 교난 때에 순교한 천주교인들에 대해 高宗이 유감을 표시함으로써 정교 간 대화 시대가 열리게 된 때부터이다. 1895년에는 대규모의 신원(伸寃)이 있었는데 이때 내린 대대적인 사면령 가운데 1866년에 순교한 양반 천 주교 신도들의 복권도 들어 있었다.[102]

레오 13세 재임 후기인 1900년에 중국에서는 의화단 사건이 일어나 32,000여 명의 중국인 그리스도교(가톨릭과 개신교) 신도들과 200여 명의 외국 선교사들이 희생되는 참상을 겪어야 했다.[103] 1900년 당시 중국에는 741,562명의 천주교도들이 있었다.[104]

교황 등극 원년인 1878년 冀東南 대목구장 두바르(Eduard Aug. Dubar, 杜)[105] 주교가 타계하고, 1880년 3월 23일 불테(Henricus Bulte,

---

101) 전달수, 『교황사』, 336쪽 참조.
102) 趙珖, 『한국천주교200년』, 햇빛출판사, 1989, 56쪽 참조.
103) Jean-Paul Wiest, 위의 책, 46쪽.
104) 項退結, 『黎明前的 中國天主教』, 徵祥歷史叢書之一, 徵祥出版社·光啓出版 社 聯合發行, 1963, 15쪽.
105) 예수회원인 Dubal은 Arabia의 Canathen의 명의주교로서, 1864년 9월 2일자

步天衢)106)가 冀東南 대목구장으로 임명되어, 1900년까지 재임하였다.

1878년 4월 29일, 滿洲·遼東 대목구장 베롤(Emmanuel Jean François Verrolles, 方) 주교가 세상을 떠나자, 1879년 5월 23일 두바일(Constans Dubail, 杜伯勒)107)이 만주 대목구장으로 임명되어, 1887년까지 재임하였다.

1883년 12월 11일, 몽고 대목구가 세 지역, 즉 蒙西南, 蒙中央, 蒙東 대목구로 분립되었다.108)

蒙西南: 1884년 3월 27일 데 보스(Alfons de Voss, 德)109)가 蒙西南

포교성 교령에 의해 9월 9일 北京 南東(Petchely meridio-orientale) 대목구장에 임명되었다. 1826년 10월 12일에 태어나, 1852년에 예수회에 입회하고, 1860년에 사제수품, 1861년부터 중국 선교사로 일했고, 1865년 2월 19일에 주교로 성성되었다. 1878년 7월 1일에 세상을 떠났다(1916년『교황청 연감』379쪽:『HIERARCHIA CATHOLICA』, 8권, 177~178쪽).

106) H. Bulte는 1830년 11월 8일에 태어나, 1854년에 사제가 되고, 1861년 예수회에 입회하여, 1864년 중국 선교사로 파견되었다. 1880년 3월 16일 포교성 교령에 의해 3월 23일 冀東南 대목구장에 임명되어, Botr(i)en의 名義主敎로 1880년 10월 14일 成聖되었다. 1900년 10월 14일 사망하였다(『HIER-ARCHIA CATHOLICA』, 8권, 154쪽).

107) 파리외방전교회 소속, Bolinen의 명의주교로 발탁되어, 그해 5월 9일에 발행된 포교성 교령에 의해, 5월 23일 만주 대목구장에 임명되었다(S. Br. 5754, 509뒷면-510쪽). 그는 1838년 2월 11일 Argentinen교구의 Dorans에서 출생하여, 1858년 파리외방전교회에 입회하고, 1861년 사제로 수품된 후, 1862년부터 만주지역 선교사로 일했다(Bibl. Miss. XII 623쪽). 1879년 11월 주교서품식을 가졌다(1916년『교황청 연감』374쪽): 1887년 12월 7일 Ingtse에서 사망(Bibl. Miss. XII 623쪽)하였다(『HIERARCHIA CATHOLICA』, 8권, 152쪽).

108) 1900-LA Gerarchia Cattolica la Famiglia e la Cappella Pontificia con Appendice, EDIZIONE UFFICIALE pubblicata il 3 gennaio 1900, ROMA TIPOGRAFIA VATICANA, 487쪽 참조.

109) Macedonia Secunda의 Abderitan 명의주교인 Vos는 1840년 4월 21일 Brugen교구의 Messines에서 태어나, 1868년에 성모성심회에 입회하고, 1869년에 몽고 선교사로 파견되었다. 1883년 12월 3일자 포교성 교령에 의해 12월 11일 신설 蒙西南 대목구장에 임명되었다(S. Br. 6075 f.309-309 뒷면). 1888년 7월 21일 San-tao-ho에서 세상을 떠났다(『HIERARCHIA

(綏遠) 대목구장에 임명돼 1888년까지 재임하였고, 트레미텐(Tremithen) 의 명의주교 하머(Ferdinando Hamer, 韓)[110]는 1889년 2월 15일 甘肅 대목구에서 蒙西南 대목구장으로 전임되었다. 1901년 4월 18일에는 버밍(Alfons Bermyn, 閔玉淸)[111]이 蒙西南 대목구장에 임명되었다.

蒙中央: 박스(Jacob Bax, 巴)는 1883년 蒙中 대목구장에 임명되었고, 1895년 1월에 세상을 떠났다. 성모성심회 소속인 반 에르츠셀레 (Hieronimus Van Aertselaer, 方濟衆)[112]가 1898년 5월 7일 대목구장으로 임명을 받았고, 1924년 1월 12일 사망하였다. 蒙中央 교구장의 거주지는 西灣子였다.

CATHOLICA』, 8권, 69쪽).

110) Ferdinandus Hubertus Hamer, 성모성심회 소속, 1878년 5월 31일자 포교성 교령에 의해(S. Br. 358쪽), 그해 6월 21일 甘肅 대목구장에 임명됨(S. Br. 5741, 378쪽 앞·뒷면, 381쪽), Hollandia의 Noviomagi에서 1840년 8월 21일 출생, 1864년 사제수품, 같은 해 성모성심회에 입회, 1865년 몽고지역 선교사로 파견되어, 東蒙 지역 superior 역할도 함, 1878년 10월 27일 주교서품(1916년 교황청 연감 509쪽), 1888. 8. 30까지 甘肅 대목구 대목구장, 1889년 2월 15일 蒙西南 대목구장에 임명됨(S. Br. 5879, 505쪽 앞·뒷면), 1900년 6월 25일 타계함(Bibl. Miss. XII 630쪽)(『HIERARCHIA CATHOLICA』, 8권, 563쪽 참조).

111) Stratonicen의 명의주교인 A. Bermyn은 1901년 4월 2일자 포교성 교령에 의해 4월 15일에 蒙西南 대목구장에 임명되었다. 1853년 8월 2일 태어나, 1876년 6월 10일 사제수품, 1878년 3월 4일 수도 서원, 1878년부터 몽고 선교사로 활동하였고, 1915년 2월 16일 세상을 떠났다(『HIERARCHIA CATHOLICA』, 8권, 528쪽).

112) H. V. Aertselaer는 1898년 4월 28일자 포교성 교령에 의해 5월 7일 Numidia지역 Zarai(tan)의 명의주교로 蒙中 대목구장에 임명되었다. 1845년 11월 1일 Mechlinien 대교구의 Hoogstraeten에서 태어나, 1870년 6월 11일 로마에서 司祭가 되었고, 1873년 3월 24일 성모성심회의 서원자가 되어, 그해 3월 30일 몽고지역 선교사로 파견되었다. 1887년부터는 수도회 총장 역할을 하였고, 1898년 7월 24일 Anderlecht에서 주교로 성성되었다. 1922년 3월 14일 Tchagar 대목구장이 되었고, 4월 3일 몽고 외부지역 선교 책임자로 임명되었다. 1924년 1월 12일 귀천하였다(1925년 『교황청 연감』 853쪽)(『HIERARCHIA CATHOLICA』, 8권, 602쪽).

蒙東: 1883년 12월 11일 루트예스(Theodor Hermann Rutjes, 呂繼賢)[113]가 蒙東 대목구장에 임명돼, 1896년까지 재임하였고, 1897년 7월 9일 Lagania의 명의주교 콘라드 아벨스(Conrado Abels, 葉步司)[114]가 대목구장에 임명되었다.

1884년 5월 24일 冀北 대목구장 들라플라스(Luis Delaplace, 田嘉璧)[115]가 北京에서 선종하자, 1884년 9월 30일 冀西南 대목구장인 탈리아부(Franciscus Tagliabue, 戴濟世) 주교[116]가 冀北 대목구장으로 전임되어 1890年까지 재임하고, 그해에 선종하였다.

1885년 1월 16일, 사르토(Ioannes Bapt. Sarthou, 都士良)[117]가 冀西

---

113) Eleutheropolitan의 명의주교인 T. H. Rutjes는 1883년 12월 3일자 포교성 교령에 의해 12월 11일 蒙東 대목구장에 임명되었다. 1844년 4월 7일 Duiven에서 태어나, 1867년 몽고의 선교사로 파견되어, 2~3년가량 몽고지역 방인 신학생들을 위해 라틴어 교수로 재직했고, 그 후 東蒙 선교지 선교사로 일했다. 1896년 8월 4일에 逝世했다(『HIERARCHIA CATHOLICA』, 8권, 257쪽).

114) C. Abels는 1897년 6월 30일자 포교성 교령에 의해 그해 7월 9일에 蒙東 대목구장에 임명됨(S. Br. 5986, 438쪽 앞면과 뒷면): 1856년 1월 31일 Ruremunden교구의 Weert에서 태어나, 1879년 3월 29일 사제 수품, 1879년 성모성심회 입회, 1881년 몽고지역 선교사(Bibl. Miss. XⅢ 89쪽: 1928년 『교황청 연감』 393쪽), 1897년 10월 31일 주교성성식, 1924년 2월 4일 Weert에서 사망하였다(『HIERARCHIA CATHOLICA』, 8권, 337쪽).

115) L. Delaplace는 Adrianopolitan 명의주교로 승임되어, 1852년 2월 11일 포교성 교령에 의해 그해 2월 27일 中國 江西 대목구장에 임명되었다. 1820년 1월 21일 Auxerre에서 태어나 1842년에 견사회에 입회했고, 1843년 사제직에 올랐다. 1846년 湖南 선교사로 일했고, 1853년에는 浙江 대목구장에 임명되었다. 1869년 12월 30일 포교성 교령에 의거, 1870년 1월 21일 冀北 대목구장에 임명되었다. 北京에서 1884년 5월 24일에 운명하였다(『HIERARCHIA CATHOLICA』, 8권, 77쪽).

116) Pompeiopolitan의 명의주교인 F. Tagliabue는 1822년 11월 29일에 태어나, 1848년에 신부가 되고, 1852년에 견사회에 입회해, 1854년에 중국 선교사로 파견되었다. 1869년 7월 12일 포교성 교령에 의해 그해 7월 22일 冀東南 대목구장에 임명되었고, 1884년에는 8월 20일자 포교성 교령에 의해 8월 26일 冀北 혹은 北京 대목구장으로 전임되었다. 1890년 3월 13일 선종하였다(『HIERARCHIA CATHOLICA』, 8권, 462쪽).

南 대목구장에 임명되어 1890년까지 재임하다가, 1890년 冀北 대목구
장 탈리아부(Tagliabue) 주교가 사망하자 사르토 주교는 冀北 대목구
로 전임되었다. 1891년 7월 29일 율리우스 브루귀레(Julius Bruguire,
包)[118]가 冀西南 대목구장에 임명돼 1906年까지 재임하였고, 1897년 11
월 12일 화비에르(Alfons Favier, 樊國樑)[119]가 冀北 대목구장 都士良
의 보좌주교로 임명되었다.

　당시 중국 내 교구 수는 1856년에 10개 교구, 1865년에 22개 교구,
1880년에 33개 교구가 있었고, 성직자와 신도 수는 1885년에 주교 31位,
외국인 신부 664位, 방인 신부 559位, 성인교우 1백 수만 명이었다.[120]

　1886년 4월 13일, 보이어(Joseph Andreas Boyer, 包若瑟)[121]가 만주대

---

117) Ioannes Bapt. Sarthou, 1885년 1월 15일지 포교성 교령에 의해 1월 16일 冀
　　西南 대목구장에 임명됨(S. Br. 5826, 365쪽 앞면과 뒷면); 1840년 4월 24일
　　Aturen교구의 Doazit에서 출생, 1861년 遣使會(라자리스트회)에 입회, 1866
　　년 사제수품, 1870년부터 北京 대목구 선교사직 수임(Bibl. Miss. XII, 634쪽),
　　1890년 6월 6일 冀北(혹은 北京) 대목구장에 임명됨(S. Br. 5895, 413쪽 앞면
　　과 뒷면, 417쪽) - 1890년 5월 30일자 포교성 교령에 의해(같은 곳 415쪽),
　　1899년 4월 13일 귀천(Bibl. Miss. XII, 634쪽; 1916년 『교황청 연감』 451쪽)
　　(『HIERARCHIA CATHOLICA』 8권, 399쪽).
118) I. Bruguière는 1891년 6월 19일 포교성 교령에 의해 그해 7월 28일 冀西
　　南 대목구장에 임명되었다. 1851년 8월 12일 Nant에서 태어나, 1872년에
　　견사회에 입회하고, 1877년에 사제수품, 冀西南 선교사로 봉직하다. 1906
　　년 10월 19일에 상하이에서 선종하였다
　　(『HIERARCHIA CATHOLICA』, 8권, 205쪽).
119) Alphonsus Petrus Favier는 1897년 11월 12일 Myriophyten의 주교인 I. B.
　　Sarthou의 보좌주교로 피임되었고, 이어 冀北(北京) 대목구장이 됨(S. Br.
　　5990, 667-668쪽 뒷면) - 1897년 10월 23일 포교성 교령에 의해: 1837년 9월
　　22일 Divionen교구의 Côte-d'Or, Marsannay에서 출생, 1858년 견사회 입
　　회, 1861년 사제수품, 1862년 北京 선교사 수임(Bibl. Miss. XIII, 257쪽),
　　1898년 2월 20일 北京에서 주교성품(L'Osserv. 1898 n.45), 1902년 1월 30
　　일 주교좌 보좌로 임명, 1905년 4월 4일 北京에서 사망함(1906년 『교황청
　　연감』 677쪽) (『HIERARCHIA CATHOLICA』 8권, 446쪽 참조).
120) 趙慶源, 위의 책, 52쪽 참조.
121) I. A. Boyer는 1824년 6월 18일에 태어나, 1851년 사제수품, 1854년 파리

목구장의 보좌주교로 임명되었고, 1888년 3월 23일 라구잇(Ludovicus Raguit, 祁類思)[122]이 만주대목구장에 임명되어 1889年까지 짧게 재임하였고, 1889년 12월 28일에 귀용(Laurentius Guillon, 紀隆)[123]이 만주대목구장에 임명되었다. 1897년 7월 24일 랄루예(Petrus Maria Lalouyer, 藍祿葉)[124]가 만주대목구장 紀隆의 보좌주교로 임명되었다.

1898년 5월 10일 만주교구가 남 만주·북 만주 두 대목구로 나뉘었다. 북 만주 대목구장에는 랄루예(Lalouyer) 보좌주교가 1898년 5월 16일에 임명되었고, 남 만주 대목구장에는 기존 만주교구장인 귀용 주교가 계속 주교직을 맡았다. 그러나 1900년 7월 2일 남 만주 대목구장 귀용(L. Guillon, 紀隆) 주교가 의화단 사건으로 사망하였고, 그 후임으로 1901년 2월 21일 슐레(Maria Felix Choulet, 蘇斐理)[125] 주교가 남 만

외방전교회에 입회하고, 1854년 만주지역 선교사로 파견되었다. 만주대목 Dubail의 대목대리 명을 받았고, 1886년 8월 15일 성성되었다. 1887년 3월 8일 운명하였다(『HIERARCHIA CATHOLICA』, vol.Ⅷ, p.399).

122) L. Raguit은 1888년 3월 16일자 포교성 교령에 의해 1888년 3월 23일 만주 대목구장에 임명됨(S. Br. 5866, 337쪽 앞면과 뒷면). 1848년 12월 16일 Pictavien교구의 Vendeuvre에서 출생, 1868년 파리외방전교회 입회, 1872년 사제수품, 만주 선교사직 수임(Bibl. Miss. ⅩⅡ, 549쪽), 1888년 9월 9일 北京에서 주교서품, 1889년 5월 17일 세상을 떠남(1916년 『교황청 연감』 508쪽; 『HIERARCHIA CATHOLICA』 8권, 560쪽).

123) Eumenia의 명의주교, 파리외방전교회 소속, Chambéry 대교구의 Chindrieux에서 1854년 11월 8일에 태어나, 1889년 12월 28일 만주 대목구의 주교로 선출되었다(1900년 교황청 연감, 411-412쪽 참조). 1890년 5월 25일 Mukden(瀋陽)에서 Eleutheropolitan 주교인 Theodore로부터 주교로 성성되고, 1900년 7월 2일 Mukden에서 귀천하였다(『HIERARCHIA CATHOLI-CA』, 8권, 265쪽).

124) 1850년 3월 12일 Rennes에서 출생, 1873년 6월 7일 사제수품, Syria Secunda지역 Rafanee의 명의주교로 1897년 7월 24일 북만주 대목으로 선출되어(7월 5일에 주교로 선출되었다는 기록도 있다-1916년 『교황청 연감』 297쪽), 1897년 12월 19일 성성식을 가졌고, 1898년 5월 7일자 포교성 교령에 의해 그해 5월 16일 북만주 대목에 임명됨. 1923년 2월 17일에 귀천하였다(1924년 『교황청 연감』 839쪽 참조).

125) Zela(n)의 명의주교, 1854년 12월 4일 Chambéry 대교구 소속

주 대목구장에 임명되어 주교직을 수행하였다.

1899년 화비에르(Alfons Favier, 樊國樑)126)가 冀北(北京) 대목구장을 계임하여 1905年까지 주교직을 수행하다가 1905년에 世上을 떠났다. 1899년 12월 28일에는 스타니슬라오 야를린(Stanislaus Jarlin, 林懋德)127)이 北京 대목구장 樊國樑의 보좌주교로 임명되었었는데, 본 교구장이 세상을 떠나자 1905년 4월 4일 야를린(S. Jarlin) 보좌주교가 冀北(北京) 대목구장직을 승계했다.

1899년 12월 28일 게우르츠(Ernestus Franciscus Geurts, 武致中)128)

Grésy-sur-Ain에서 출생, 1877년 파리외방전교회에 입회, 1880년 7월 4일 사제수품, 같은 해에 만주 선교사로 파견(Bibl. Miss. XⅢ 95쪽: 1924년 『교황청 연감』 837쪽), 1901년 2월 7일자 포교성 교령(S. Br. 6032, 340쪽 앞면과 뒷면)에 의해 1901년 2월 21일 남민 대목구장에 임명됨(S. Br. 6032, 北京에서 Pentacomien 주교에 의해 주교로 성성됨, 1921년 대목직에서 떠나, 1923년 7월 31일 세상을 떠났다(1924년 『교황청 연감』 837쪽 참조: 『HIERARCHIA CATHOLICA』 8권, 602쪽).

126) A. Favier는1837년 9월 22일 태어나, 1858년에 견사회 입회, 1861년 사제수품, 1862년부터 北京 선교사로 활동하다가, 1897년 10월 23일자 포교성 교령에 따라 11월 12일, 冀北(北京) 대목구장 Ioannis B. Sarthou의 부교구장(coadjutor)으로 임명되었다. 1898년 2월 20일 北京에서 성성식을 가졌고(L'Osservatore Romano 1898 n.45), 1905년 4월 4일 北京에서 세상을 떠났다(『HIERARCHIA CATHOLICA』, 8권, 446쪽).

127) Pharbaethitan(a)의 명의주교인 S. F. Jarlin은 1899년 12월 23일자 포교성 교령에 의해, 같은 날 冀北(北京) 대목구장 Alphonsi P. Favier의 부교구장(coadjutor)으로 임명되었다. 1856년 1월 20일 태어나, 1884년에 견사회에 입회하고, 1889년 1월 20일 北京에서 사제수품, 冀北 선교사로 봉직했다. 성성식은 1900년 4월 29일에 Favier주교가 집전했고, 1933년 1월 26일에 세상을 떠났다(1921년 『교황청 연감』, 337쪽: 1925년 『교황청 연감』, 376쪽: 『HIERARCHIA CATHOLICA』, 8권, 451쪽).

128) 1899년 12월 25일 冀東 대목구장에 被任(S. Br. 6017, 838쪽 앞면과 뒷면, 841쪽) - 1899년 12월 23일 포교성 교령에 의거 선출됨, 1862년 12월 9일 Buscoducen교구 Maashees에서 출생, 1882년 견사회 입회, 1886년 중국으로 파견, 1887년 5월 1일 사제수품, 같은 해 北京 선교사직 수임(Bibl. Miss. XⅢ, 400쪽: 1928년 『교황청 연감』 412쪽), 1900년 2월 4일 Buscoducen市에서 주교성성식(1928년 『교황청 연감』, 같은 곳), 1940년 7월 21일에 세상

가 冀東(永平) 대목구장에 임명돼 1940年까지 재임하였다.

1901년 12월 16일 마켓(Henricus Maquet, 馬澤軒)[129] 주교가 冀東南 대목구장에 승임되어, 1919年까지 재임하였다.

1907년 5월 3일 콕섹(Augustus Coqset, 顧其衛)[130] 공남(贛南) 대목 구장이 冀西南(正定) 대목구장으로 전임되었다.

1910년 2월 14일 冀北 대목구에서 冀中 대목구가 분립되었고, 2월 14일 화브레궤(Josephus Fabregues, 富成功)[131] 주교가 冀中 대목구장 에 임명되었다. 1912년 4월 27일에는 直隷 海濱區가 대목구로 설정되 었다(대목구장의 거주지는 天津이었다).[132]

을 떠남(Bibl. Miss. XⅢ, 400쪽; 『HIERARCHIA CATHOLICA』, 8권, 481쪽).

129) 예수회원인 Maquet은 1901년 7월 18일자 포교성 교령(S. Br. 6039, 464쪽 앞면과 뒷면)에 의해 같은 해 7월 31일 冀東南 대목구장에 임명됨 (S. Br. 6039, 462쪽 앞면과 뒷면). 1843년 11월 30일 Virdunen 교구의 Juvigny-sur-Loisan에서 태어나, 1868년 6월 6일 Virduni에서 사제수품, 1872년 예수회 소신학교에서 서원, 1874년부터 Celi(北京)의 선교사, 1894 년 9월 24일 선교책임자, 1901년 12월 8일 상하이에서 Silanden 주교에 의 해 주교서품(1921년 『교황청 연감』 737쪽), 1919년 12월 23일 別世하였다 (Bibl. Miss. XⅡ 564쪽)(『HIERARCHIA CATHOLICA』, 8권, 94쪽).

130) 1887년 7월 13일자 포교성 교령(S. Br. 5858, 349쪽 앞면과 뒷면)에 의해 같은 해 7월 19일에 공남(江西 남부) 대목구장으로 임명됨(S. Br. 5858, 347쪽 앞면과 뒷면). 1847년 6월 28일 Suessionen교구 Ambleny에서 출 생. 1866년 10월 1일 견사회에 입회(1918년 『교황청 연감』 817쪽), 1871 년 사제수품, 1875년부터 중국의 선교사로 활동하다가(Bibl. Miss. XⅢ 701쪽). 1887년 10월 16일 주교로 성성됨(1918년 『교황청 연감』 817쪽), 1907년 5월 3일 冀西南 대목구장으로 전임(Gerarchia 1908, 304쪽); 1917년 2월 2일 타계함(1918년 『교황청 연감』 817쪽)(『HIERARCHIA CATHOLICA』, 8권, 182쪽).

131) Alali의 명의주교 J. Fabregues는 1872년 11월 26일 Montpellier에서 태어 나, 1910년 2월 22일에 승계권을 지닌 北京 부교구장에 임명되었다(1921 년 『교황청 연감』, 337쪽; 1925년 『교황청 연감』, 260쪽).

132) 1921년 『교황청 연감』, 337쪽.

12) 베네딕토 15세(1914~1922년) 교황: 民國(1912년 이후)년간

1900년 의화단 사건 이후 청 정부의 유럽 열강에 대한 굴종적 태도가 심해지자, 민중의 반제국주의 운동과 그리스도교 배격운동이 점차 전국적으로 확대되었고, 마침내 1911년 신해혁명으로 청나라는 멸망하고 말았다. 정치적 와중에서 1919년에 일어난 5·4운동은 중화 민족이 새롭게 각성하는 중요한 이정표가 되었고, 천주교와 개신교는 새로운 사회적 환경에 대응하기 위해 모두 일정한 조치를 취하며 중국의 민족적 각성에 대응해 나갔다. 당시 천주교가 실시한 주요 대책 중 하나는 「천주교의 중국화」였다. 1919년 교황 베네디토 15세는 중국에 있는 천주교의 수도회 책임자들을 모두 중국 국적의 성직자로 기용하라고 명하여, 중요 직위를 주로 중국 국적의 선교사가 맡게 되었다.[133] 교황은 사도적 서한 「Maximum illud(그 위대함)」(1919년 11월 30일 반포)을 통해서 선교사들의 영적 및 지적 준비와 지역 성직자들의 양성을 강조했다.[134]

1914년 5월 6일에는 테어 라악(Everardus Ter Laak, 藍克復)[135] 隴南 감목구장이 蒙中 대목구장의 보좌주교로 승임되었고, 1915년 2월 16일 蒙西南 대목구장 버밍(Alfons Bermyn)[136] 주교가 세상을 떠나자,

---

133) 李時岳 외 지음, 위의 책, 149-150쪽.

134) 전달수, 『교황사』, 344쪽.

135) Parecopoli의 명의주교 Everardo Ter Laak은 1868년 11월 5일에 태어나, 1914년 5월 6일에 西灣子(Siwantze) 대목구장에 선출되었다(1925년 『교황청 연감』, 318쪽: 1916년 『교황청 연감』, 229쪽 참조).

136) 1901년 4월 2일자 포교성 교령(S. Br. 6035, 312쪽)에 의해 4월 15일 蒙西南 대목구장으로 임명됨(S. Br. 6035, 310쪽 앞면과 뒷면, 314쪽), 1853년 8월 2일 Gandaven 교구의 St-Paul-Waes에서 출생, 1876년 6월 10일 사제수품, 1878년 3월 4일 성모성심회의 수도서원, 1878년 몽고 선교사,

그해 8월 10일 반 디크(Ludovicus van Dyck, 葛)[137] 주교가 蒙西南 대목구장직을 승임하였다.

1914년 7월 20일에는 사게(Vincent. Fr. Sage, 畢)[138] 신부가 남 만주 대목구장의 보좌주교로 임명되어 1917년까지 봉직하다 9월 20일에 세상을 떠났다.

1915년 8월 10일 드 비엔느(Joannes de Vienne, 文貴賓)[139] 주교가 冀西南 대목구장에 임명되었고, 冀西南 전 대목구장 콕셋(Augustus Coqset, 顧其衛) 주교는 1917년 2월 2일에 세상을 떠났다. 1919년 4월 2일 冀西南 대목구장 드 비엔느(J. de Vienne) 주교가 冀北 대목구장의 보좌주교로 임명되었고, 1920년 12월 16일 슈라벤(Franciscus Schraven, 文)[140] 주교가 冀西南(正定) 대목구장직을 승임하였다.

1917년 7월 30일 러크로아르(Henricus Lecroart, 劉恩利格)[141] 주교가 冀東南 대목구장의 보좌주교로 임명되었는데, 1919년 12월 23일 마켓(Henricus Maquet, 馬澤軒) 冀東南 대목구장이 세상을 떠나자, 그해

1915년 2월 16일 逝世(Bibl. Miss. XII 596쪽; 1916년 『교황청 연감』 847쪽)(『HIER-ARCHIA CATHOLICA』 8권, 528쪽).

137) Abbiriten의 명의주교인 Van Dyck는 성모성심회 소속으로서 1862년 1월 21일 태어났고, 1915년 8월 10일 蒙西南 대목구장에 임명되었다(1916년 『교황청 연감』, 209, 297쪽 참조).

138) 파리외방전교회 소속, 남만주 대목구의 계승권 갖는 부교구장 주교로 임명, Cusa의 명의주교, 1879년 7월 15일 Lione대교구의 Bourg-Argental에서 출생, 1917년 9월 20일 귀천(1916년 『교황청 연감』, 229쪽; 1915년 『교황청 연감』, 296쪽).

139) 요한 비엔느는 Abrito의 명의주교로서 Stanislaus Jarlin 冀北(北京) 대목구장의 승계권을 지닌 부교구장 주교였다(1916년 『교황청 연감』, 210쪽, 280쪽; 1921년 『교황청 연감』, 337쪽 참조).

140) 견사회원인 F. Schraven은, Amicle의 명의주교로서 1920년 12월 16일 冀西南 대목구장에 임명되었다(1921년 『교황청 연감』, 245쪽, 337쪽 참조).

141) 예수회원인 E. Lecroart는 Anchialo의 명의주교로서 1919년 12월 23일 冀東南 대목에 임명되었다(1920년 『교황청 연감』, 244쪽, 333쪽 참조; 1921년 『교황청 연감』, 337쪽 참조).

러크로아르(H. Lecroart) 주교가 冀東南 대목구장이 되었다.

1919년 11월 26일 일본에 교황청 대표부가 성립되고, 조선과 대만이 그 관할에 들어갔다.[142]

1919년 12월 8일, 교황청은 중국 대목구장과 지목구장들에게 부주교 임명권을 부여하였고, 1920년 7월 26일에는 準본당구 성립권을 부여하였다.[143]

1920년 8월 25일 보니파시오 사우어(Bonifatius Sauer)[144] 주교가 원산 대목구장 겸 依蘭 지목구장에 임명되었다. 依蘭 지목구장은 Appiaria 의 명의주교로 1928년 7월 3일 임명되었다.[145]

1920년 12월 30일 가스페(Augustus E. Gaspais, 高德惠)[146] 주교가 북 만주 대목구장의 보좌주교로 승임되고, 1921년 12월 19일 블루아(Joannes Maria Blois, 衛宗範)[147] 주교가 남 만주 대목구장직을 승임하였다.

1922년 3월 14일 寧夏와 綏遠이 몽고에서 분리되이 대목구가 되었고,

---

142) 趙慶源, 위의 책, 67쪽.

143) 趙慶源, 위의 책, 67쪽; 68쪽.

144) 元山代牧區長, 1920년 8월 25일, 상트 오틸리엔의 베네딕토회(1884년 성립, 1909년 來華) 소속, 1877년 1월 10일 Fulda 교구의 Oberufhaussen에서 출생, 1920년 8월 25일 依蘭의 성청 임명 교구 림시관리자(지목구장)로 임명되었다(1931년 『교황청 연감』, 284쪽).

145) 1920년 8월 5일에 원산 대목구가 분할되었고, 8월 25일에 보니파시오 주교가 원산 대목구장에 임명되었다. 그는 依蘭 지목구장 서리직도 함께 맡고 있었다(『한국가톨릭대사전』 6권, 3979쪽 참조; 1921년 『교황청 연감』, 248쪽, 353쪽; 1931년 『교황청 연감』, 284쪽 참조).

146) 高德惠 주교는 파리외방전교회 소속으로서, 1884년 4월 22일 Vannes 교구 소속 St-Briec-de-Mauron에서 출생하였고, 1920년 12월 16일 Canopo의 명의주교로 1920년 12월 30일 북만주 대목구장의 계승권을 지닌 부교구장 주교로 승임되어, 1923년 2월 17일에 승계하였다(1941년 『교황청 연감』 573쪽).

147) Lambesse의 명의주교, 1881년 9월 18일 Nantes 교구 소속 Machecoul에서 출생, 1921년 12월 29일(19일로 한 곳도 있음) 주교로 선출됨, 1922년 5월 28일 성성식을 갖고 瀋陽의 대목구장이 되었다(주교 선출일이 19일로 돼 있는 곳→1929년, 1946년 『교황청 연감』; 29일로 되어 있는 곳→1923년, 1925년 『교황청 연감』) (1946년 『교황청 연감』, 436쪽 참조).

같은 날 챠가르(Tchagar, 察哈爾) 대목구가 설립되어, 대목구장에 반에르츠셀레(H. van Aertselaer, 方濟衆)주교가 임명되었다. 또한 外蒙 자치 선교구가 설정되고, 그해 4월 3일부터 方濟衆 대목구장이 外蒙 자치 선교구 교무를 겸임하였다.[148] 1922년 7월 28일에는 얀센스(Alois Janssens, 南阜民) 주교가 東蒙 대목구장의 보좌주교로 임명되었다.[149]

13) 비오 11(1922~1939년) 교황: 民國 12~29년

비오 11세 교황은 특히 '포교 교황'이라는 칭호를 받을 만큼 선교에 관심을 기울인 것으로 유명하다. 그의 선교 정책은 로마중심주의, 전 가톨릭 신자의 참여, 그리고 지역교회의 설립이라는 세 가지 중요한 테마를 중심으로 전개되었다.[150]

비오 11세 교황은 1931년 5월 24일, 칙서 『Deus scientiarum(智者들의 하느님)』을 발표해 신학 과목 중에 선교학(missiologia)을 정식 과목으로 가르치도록 하였다. 그레고리안 대학교에 선교학부를 두고 포교성 소속의 선교 학원을 세웠는데 현재는 우르바노 대학교에 선교학과가 설립되어 있다.[151] 그의 재위 기간 중 세계선교에 큰 비약이 이루어졌고, 한국 천주교회에도 많은 발전을 가져왔다.

비오 11세의 선교정책의 특징은 무엇보다도 교회의 현지화였다. 교회를 현지 문화에 적응시키고 또한 가능한 한 현지인으로 하여금 교회를 다스리게 하려 하였다. 이런 정책의 일환에서 그는 그의 재위기간 중 전 세계의 교구 수를 거의 배로 증가시켰다. 한국에서도 이 기간

---

148) 1923년 『교황청 연감』, 377쪽 참조.
149) 趙慶源, 위의 책, 70쪽.
150) 김용자, 「교황 비오 11세와 東洋 宣敎政策」, 『二百周年 敎會史 論文集』 II, 212~213쪽 참조.
151) 전달수, 『교황사』, 347쪽 참조.

동안 평양(1927), 延吉(1928), 전주(1937), 광주(1937), 춘천(1939) 등 5 개의 교구가 증설되었고, 미국의 메리놀회, 아일랜드의 골롬반회 등 새 선교단체가 한국에 진출하였다.

또한 1926년 10월 28일 처음으로 6명의 中國人 신부가 로마에서 주 교로 성성되었고, 1937년 東京敎區가 일본인 교구장에게 맡겨졌으며, 한국에도 1937년 전주교구가 한국인 성직자에게 위임됨으로써 처음으 로 방인 교구장의 탄생을 보았다. 또한 1935년 한국 최초의 방인 수도 회인 '영원한 도움의 성모회'가 교황청의 인가를 얻기도 하였다.

中國과 일본 등에서 최초의 교구 대의원회(synod)가 개최(1924년)된 것도 비오 11세 교황 때인데, 7년 후인 1931년에는 한국에서도 전 교회 차원의 교구 대의원회가 개최되었다. 이 교구 대의원회는 교황정책을 따 라 특히 가톨릭 액션과 전교회의 육성을 강조하였다. 그는 세계 포교의 후원사업을 효율적으로 진행시키기 위해 1922년에는 전교회를, 1926년에 는 聖嬰會를 로마로 옮겨 교황청 직속 후원사업으로 승격시키기도 했다.

또한 비오 11세는 1929년의 유명한 라테란 조약을 위시하여 현대국 가와 교회와의 여러 가지 어려운 문제를 해결하였는데, 아직 외교관계 가 수립되지 않은 나라에는 교황사절을 파견하여 지역교회들을 교황청 과 더욱 긴밀히 연결시켰다. 이러한 정책의 일환으로 1919년 日本에 처음으로 교황사절을 파견하는 동시에 한국 천주교회의 교황사절을 겸 임하게 하였다. 3년 후에는 中國에도 교황대사관이 설치되었다. 또한 비오 11세는 1935년 제사 금지를 완화시킴으로써 유교문화권 국가들에 있어서 복음전파의 가장 큰 장애물의 하나인 제사문제를 해결하였다.

비오 11세는 재위기간 중 500위의 복자와 32위의 성인들의 시복 시 성식을 거행했는데, 한국 천주교회의 순교자 중 79位의 시복식(1925 년)이 이루어진 것도 이 교황 재임기간 중이었다.[152]

---

152) 崔奭祐, 「한국천주교와 로마교황청」, 736~737쪽 참조.

1923년 2월 17일 랄루예(Petrus M. Lalouyer, 藍祿葉) 만주 대목구장이 선종하고, 가스페(Augusto Gaspais, 高德惠)[153] 보좌주교가 주교직을 승계, 북 만주(吉林) 교구장이 되었다. 1923년 7월 31일 쥴레(Felix M. Choulet, 蘇斐理) 남 만주 대목구장이 별세하였다.

1923년 6월 12일 비엔느(Joannes de Vienne, 文貴賓) 冀北 보좌주교가 天津대목구장으로 승임되자, 6월 13일에 화브레궤(Joseph Fabregues, 富成功) 冀中 대목구장이 冀北 보좌주교로 전임되었다.

1924년 1월 12일 반 에르츠셀레(H. van Aertselaer, 方濟衆) 東蒙 대목구장이 逝世한 후, 승계권을 지닌 테어 라악(Everardus Ter Laak, 藍克復)[154] 주교가 챠가르(Tchagar, 察哈爾) 대목구장직을 자동으로 승계하였다.[155]

1924년 5월 14일부터 6월 12일까지 上海에서 전국 제1차 교구 대의원회(synod)를 처음으로 개최하였다.

참가한 수도회의 수장은, 駐中 교황사절 剛恒毅 총주교 외에, 각 대목구장, 지목구장, 서리 및 대표 등이 전체적으로 참가하였는데, 이들 중 만주, 몽고, 北京 등과 관련이 있는 이들만 제시해 본다.[156]

Ⅰ. 대목구장과 지목구장(총 51명)

東蒙 대목구장 葉步司	冀東 대목구장 武致中
冀北 대목구장 富成功	察哈爾 대목구장 藍克復
冀東南 대목구장 劉恩利格	冀西 대목구장 文 주교

---

153) 파리외방전교회 소속 A. Gaspais는 Canopo의 명의주교로서, 1884년 4월 22일 Di Vannes교구의 St-Brieuc-de Mauron에서 출생, 1920년 12월 30일 승계권을 지닌 북만 대목구의 부교구장 주교로 임명되어, 1923년 2월 17일 교구장직을 승계하였다(1939년 『교황청 연감』, 568쪽: 1925년 『교황청 연감』, 369쪽 참조).

154) Parecopoli의 명의주교인 Ter Laak은 성모성심회 소속이고, 1868년 11월 5일 Utrecht 대교구의 Didam에서 태어났으며, 1914년 5월 6일에 西灣子(Siwantze) 대목구장으로 임명되었다(1925년 『교황청 연감』, 318쪽).

155) 1923년 『교황청 연감』, 366쪽 참조.

156) 趙慶源, 위의 책, 72∼77쪽 참조.

北滿 대목구장 高德惠　　　南滿 대목구장 衛宗範
東蒙 대목구장 南阜民 외
대목구장 37명, 지목구장 4명, 서리 1명 등이 참석하였다.

Ⅱ. 교구장의 결원으로 인한 서리 참석(총 3명)
冀中署理 滿德貽 외 2명

Ⅲ. 교구장 대표로 참석(총 5명)

1924년 11월 25일 몽테이뉴(Paulus Leo Cornelius Montaigne, 滿德貽)[157] 주교가 冀中 대목구장에 임명되었다.

1924년 12월 3일 교황청은 中國 각 교구명의 개명을 비준하였는데, 그 중 만주, 몽고, 北京 등과 관련이 되는 교구명만을 례시하면 다음과 같다.[158]

滿洲 南區 – 瀋陽　　　滿洲 北區 – 吉林
蒙古 東區 – 熱河　　　察哈爾 – 西灣子
直隷 北區 – 北京　　　直隷 中區 – 保定
直隷 西南區 – 正定　　直隷 東南區 – 獻縣
直隷 東區 – 永平　　　外蒙 – Urga

1926년 10월 28일 첫 中國人 주교 6명이 탄생하는 경사가 있었는데 그들의 명단은 다음과 같다.

---

157) 고르넬리오 Montaigne은 1883년 8월 29일 Lilla 교구의 Terdeghem에서 출생, 遣使會에 입회하였고, 1924년 11월 25일에 Sidima 명의주교로 선출되어, 12월 3일 冀中 대목구장에 임명되었다(1925년 『교황청 연감』, 376쪽).
158) 趙慶源, 위의 책, 79~81쪽 참조.

河北 安國의 孫德楨(Melchior, 遺使會員), 宣化의 趙懷義(Philip, 敎區 所屬), 江蘇 海門의 朱開敏(Simon, 예수회원), 浙江 台州의 胡若山(Joseph, 遺使會員), 山西 汾陽의 陳國砥(Louis, 프란치스코회원), 湖北 蒲圻의 成和德(Odorico, 프란치스코회원) 주교 등이었다.159)

1928년 7월 9일에 齊齊哈爾 자치 선교구가 설립되고,160) 1929년 4월 28일 자치 선교구장으로 임호프(Eugenius Imhof, 영)161)신부가 임명되었다. 1931년 8월 17일 齊齊哈爾이 지목구로 승격되고, 이듬해 1월 11일 임호프(英) 신부가 지목구장으로 승임되었다.162) 그가 1934년 1월 17일에 세상을 떠나자, 그 해 11월 9일 휴겐토블러(Paul Hugentobler, 胡幹普)163) 신부가 齊齊哈爾 지목구장이 되었다.

1928년 11월 25일 화브레궤(Joseph Fabregues, 富成功) 北京 대목구장이 세상을 떠나자, 1930년 1월 25일 몽테이뉴(Paulus Leo Cornelius Montaigne, 滿德貽)164) 保定 대목구장이 北京 대목구의 보좌주교로 전임되었고, 1931년 4월 5일 周濟世(Joseph Chow)가 保定 대목구장으로 승임되었다.165)

---

159) 張力・劉鑒唐, 『中國敎案史』, 四川省社會科學院出版社, 1987, 663쪽.
160) 黑龍江省의 치치하얼은 1928년 7월 9일에 자치 선교구로 설정되었고, 1931년 8월 17일에 대목구가 되었으며, 관구 교구는 심양이었다. 베들레헴 외방전교회 소속 Paolo Hugentobler가 1934년 11월 9일 대목구장에 임명되었다 (1931년 『교황청 연감』, 447쪽: 1939년 『교황청 연감』, 615쪽 참조).
161) Eugenio Imhof는 베들레헴 외방전교회 소속으로서 1929년 4월 28일 치치하얼 자치선교구 선교단장(Superiore)으로 임명받았다(1931년 『교황청 연감』, 447쪽).
162) 1933년 『교황청 연감』, 456쪽 참조.
163) Paolo Hugentobler는 베들레헴 외방전교회 소속으로서, 1934년 11월 9일에 대목구장에 임명되었다(1939년 『교황청 연감』, 615쪽 참조).
164) 北京 대목의 계승권 지닌 부교구장. 1929년 11월 25일 임명되었다(1931년 『교황청 연감』, 358쪽 참조).
165) 遺使會 소속인 周 요셉은 Giaokwangyang에서 출생하였고, 1891년 11월 8일에 正定(直隸西南區)의 대목구장으로 임명되었고, 1931년 3월 26일에

1929년 2월 5일, 브레허(Theodor Breher, 白化東)[166] 신부가 延吉 지목구장에 임명되었고, 1937년 4월 13일에는 延吉 지목구가 대목구로 승격되자 대목구장으로 승임되었다.

1929년 8월 2일에 四平街 지목구가 설립되고, 1930년 2월 19일에 퀘벡 외방전교회 소속 라피에르(Ludovicus Lapierre, 石俊聲)가 지목구장으로 임명되었다. 1932년 6월 1일 四平街 지목구가 대목구로 승격되자, 1932년 6월 21일 라피에르(L. Lapierre, 石俊聲) 지목구장이 四平街 대목구장으로 임명되었다.[167]

1932년 1월 11일 趙慶化(Lucas Tchao) 신부가 赤峯 지목구장에 임명되었고, 곧 이어 열흘 후인 1월 21일에 赤峯 지목구가 대목구로 승격되었다.[168]

1932년 2월 4일 撫順 지목구가 설립되고, 4월 14일에 미국 메리놀 외방전교회 소속 레인(Raymond A. Lane, 林化東)[169] 신부가 초대 지목구장에 임명되었다.

1933년 1월 28일 야를린(Stanislaus Jarlin, 林懋德) 北京대목이 세상을 떠나자, 그해 1월 28일, 몽테이뉴(Paulus Leo Cornelius Montaigne, 滿德貽) 주교가 北京 대목구장에 임명되었다.[170]

保定府의 대목구장으로 선출되었다(1933년 『교황청 연감』, 313쪽 참조).

166) 브레허 신부는 1880년 8월 23일 Augusta교구의 Ottobeuren에서 출생, 1915년 7월 16일 사제로 수품되었고, 1937년 4월 13일 Gerona의 명의주교로 선출, 1937년 9월 3일 주교로 성성되어 延吉 대목구장이 되었다(1950년 『교황청 연감』, 409쪽 참조).

167) Cardica의 명의주교인 Lapierre는 퀘벡 외방전교회 소속으로서, 1880년 7월 27일 몬트리올 대교구의 Saint-Hermas에서 출생, 1932년 5월 24일 四平街 대목구장으로 선출, 6월 21일 임명되었다(1939년 『교황청 연감』, 349쪽). 당시 四平街 대목구는 묵덴(瀋陽)의 관하 대목구였다(1999년 『교황청 연감』, 695쪽).

168) 1933년 『교황청 연감』, 446쪽 참조.

169) R. A. Lane은 1894년 1월 2일 보스톤 교구의 Lawrence에서 출생, 1920년 사제수품, 1940년 2월 13일 대목구장으로 선출되어 6월 11일에 주교 성성식을 가졌다(1974년 『교황청 연감』, 701쪽 참조).

170) 계승권을 지닌 北京(1924년 12월 3일)·冀北(1856년에는 冀北) 부교구장

1939년 1월 5일 陳啓明(Job Tchen) 신부가 正定 대목구장에 임명되었다.[171]

한편 1937년 4월 13일에는 佳木斯 자치 선교구가 설립되었고, 다 젤(Adalario da Zell, 德明光)[172] 신부가 그 수장에 임명되었다.

1937년 5월 18일 林東 지목구가 설립되고,[173] 그해 7월 25일 라로쉘레(Edgar Larochelle, 藍) 신부가 林東 지목구장[174]에 임명되었다.

14) 비오 12세(1939-1958년) 교황

비오 12세 교황은 예수 성심과 성모께 대한 특별한 신심을 지니고 있었는데 한국 천주교회는 그의 영향을 많이 받아 예수 성심과 성모 마리아께 대한 신심이 크게 고취될 수 있었다.

1939년 3월 31일 마세(Aemilianus Masse, 馬廣榮) 신부가 林東 지목구장에 임명되었고,[175] 7월 11일에는 르메르(Carl Lemaire, 惠化民)[176]

주교로 1933년 1월 28일에 任命되었다. 관하 교구: 天津; Hopei(Peping에 常住)(1935년 『교황청 연감』, 545쪽 참조).

171) 正定府(1924년 12월 3일부터)(전에는 1856년 5월 30일 이래 冀西南 대목구였다) 대목구장인 陳 읍은 전교회 소속이었고, Perta의 명의주교로서 1939년 1월 5일 선출되었다(1940년 『교황청 연감』, 553쪽 참조).

172) Adalario da Zell은 카푸친 작은 형제회 소속으로서, 1934년 3월 17일 자치선교구 수도원장에 임명되었다. 佳木斯는 이전 1928년 7월 9일에는 依蘭에 속했었는데, 1937년 4월 13일 자치선교구가 되었다(1939년 『교황청 연감』, 620쪽 참조). 趙慶源, 위의 책, 105쪽에는 Adalar Eberharter(德明光)로 그 이름을 기술하였다.

173) Gustavo Prevost는 카나다 스카보로 전교회 소속으로서 1946년 11월 28일에 대목으로 임명되었다(1947년 『교황청 연감』, 630쪽 참조).

174) E. Larochelle는 퀘벡(Pont Viau) 외방전교회 소속으로서, 1937년 7월 25일 대목구장에 임명되었다(1938년 『교황청 연감』, 585쪽 참조).

175) A. Masse는 퀘벡(pont Vian) 외방전교회원으로서, 1939년 3월 31일 대목구장에 임명되었다(1940년 『교황청 연감』, 610쪽 참조).

176) C. Lemaire는 Otro의 명의주교, 1900년 1월 16일 Cambrai 대교구의 Bertry에서 출생, 1939년 7월 11일 승계권 지닌 吉林 대목구의 부교구장

주교가 高德惠 吉林 대목구장의 보좌주교로 임명되었다.

1940년 2월 13일 撫順 지목구가 대목구로 승격되고, 레인(Raymond Alois Lane, 林化東)[177] 지목구장이 대목구장으로 승임되었다.

1942년 2월 4일 아벨스(Conrad Abels, 葉步司) 東蒙(熱河) 대목구장이 세상을 떠났다.[178]

1946년 4월 11일, 교황 비오 12세는 中國의 교계제도를 설정하였다. 각 대목구가 주교구로 승격되고, 각 대목구장들이 교구 주교로 임명되었고, 아울러 전국 교회를 20개 대교구(教省)로 분구하고, 각 대교구의 대주교를 지정하였다. 20개 대교구와 79개 교구, 首長에 관한 내용 중 몽고, 만주, 北京 등에 관계된 부분만을 열거하면 다음과 같다.[179]

   1. 蒙古教省:
    綏遠大主教區: Ludovicus Morel 穆淸海
    寧夏主教區: Carl van Melckebeke 王守禮
    西灣子主教區: Leo de Smet 石德懋
    集寧主教區: 樊恒安 Joseph Fan

   2. 滿洲教省:
    瀋陽大主教區: 衛宗範 Joannes Maria Blois
    撫順主教區: 林化東 Franc. Alois Lane
    熱河主教區: 南阜民 Alois Janssens

주교로 선출되었다(1941년 『교황청 연감』, 449쪽).

177) R. A. Lane은 Ipepa의 명의주교로 1940년 6월 11일 성성되었다(1946년 『교황청 연감』, 563쪽). 撫順은 1925년 가을에 미국 메리놀 선교사들이 선교를 시작하여, 1932년 2월 4일에 지목구로 설정되고, 1940년 2월 13일에 대목구로 승격되었고, 1946년 4월 11일 교구로 승격되었다(Jean-Paul Wiest, *Maryknoll In China*, SHARPE, 1988, 59쪽 참조).

178) 1943년 『교황청 연감』, 1061쪽 참조.

179) 趙慶源, 위의 책, 118~129쪽 참조.

吉林主教區: 高德惠 Augustus Gaspais
四平街主教區: 石俊聲 Alois Lapierre
延吉主教區: 白化東 Theodor Breher

3. 河北教省:
北京大主教區: 缺員
安國主教區: 王增義 Joannes B. Wang
趙縣主教區: 張弼德 Joannes Chang Pi-te
正定主教區: 陳啓明 Job Chen Chi-ming
順德主教區: 葛樂才 Ignatius Krause
獻縣主教區: 趙振聲 Franc. Xav. Chao
宣化主教區: 張潤波 Joseph Chang Jun-po
保定主教區: 周濟世 Joseph Chow
天津主教區: 文貴賓 Joannes de Vienne
永年主教區: 崔守恂 Joseph Zoei
永平主教區: 劉士杰 Eugenius Lebouille

4. 山東教省	5. 山西教省	6. 陝西教省
7. 甘肅教省	8. 江蘇教省	9. 安徽教省
10. 河南教省	11. 四川教省	12. 湖北教省
13. 湖南教省	14. 江西教省	15. 浙江教省
16. 福建教省	17. 廣東教省	18. 廣西教省
19. 貴州教省	20. 雲南教省	

　　1950年 中國에 교난이 발생하여 전국으로 퍼져나가기 시작했고, 외국인 선교사들이 체포, 감금, 투쟁 및 국외로 축출되었고, 국적 성직자들은, 소수 위기를 피한 이들 외에, 모두 대륙에 남아 교회를 지켰다.[180]

---

180) 趙慶源, 위의 책, 136쪽 참조.

1950년 4월 12일 얀센스(Alois Janssens, 南阜民) 熱河主教가 세상을 떠났고, 같은 해 11월 2일 브레허(Theodor Herman Breher, 白化東) 延吉主教가 운명하였다. 악커만(Raimondo Ackermann, 田) 신부는 그의 뒤를 이어 11월 8일에 延吉教區 서리직을 맡았다.[181]

1951년 4월 12일 판(Patrus Joseph Fan, 范學菴)[182] 주교가 保定主教로 승임되었다. 그해 11월 16일 데 스메트(Leo Joannes de Smet, 石德懋)[183] 西灣子 주교가 운명하자, 11월 24일 張克興(Chang Ko-hing)[184] 이 西灣子 주교에 임명되었다.

1952년 8월 7일 베리네(Andreas Verineux, 費聲遠)[185] 營口主教가 花蓮 서리직을 수임하였다. 1952년 10월 21일 가스페(Augustus E. Gaspais, 高德惠) 吉林主教가 세상을 떠났고, 12월 1일에는 라피에르(Ludovicus Lapierre, 石俊聲) 四平街 주교가 운명을 달리했다.

1954년 4월 2일, 常振國(Paulus Tch'ang)이 四平街 교구장 서리가 되었고, 4월 9일에는 비테를리(Timoteo Bitterli)가 延吉教區長 서리가 되었다.[186]

---

181) 1951년 『교황청 연감』, 429쪽.

182) 范 요셉은 1907년 保定 교구의 Siao Wang Ting에서 출생, 1934년 12월 22일 사제수품, 1951년 4월 12일 주교로 임명되어, 6월 24일 주교로 성성되었다(1952년 『교황청 연감』)

183) Leone Giovanni M. De Smet 성모성심회(Congregazione del Cuore Imma. di Maria) 소속, 1881년 12월 3일 Gand교구의 S. Nicolas(Waes)에서 태어남, 1905년 7월 16일 사제수품, 1931년 12월 14일 Adrana의 명의주교, 1932년 4월 17일 주교서품, 1946년 4월 16일 중국으로 감(1952년 『교황청 연감』).

184) 張克興은 1914년 1월 6일 西灣子에서 출생하여, 1939년 3월 18일 사제품을 받았고, 1949년 11월 3일 Clipia의 명의주교로 임명되었다. 1951년 11월 24일 부교구장 주교로 있다가 교구장직을 자동 승계하였으나 공산화 이후 신앙 문제로 인해 수감 생활을 하였다(1954년 『교황청 연감』, 411쪽).

185) Andrea Giovanni Verineux, 파리외방전교회 소속, 1897년 11월 4일 Reims에서 출생, 1922년 12월 3일 사제수품, 1949년 7월 14일 주교로 임명되었으나 추방되었다. 하얼빈 지목구의 교황대리 역할을 수임하였다(1954년 『교황청 연감』, 466쪽).

186) 趙慶源, 위의 책, 143쪽.

15) 요한 23세(1958-1963년) 교황

교회사에 큰 전환점을 이룩하게 한 요한 23세 교황은 또한 한국 천주교회 역사에도 한 전환점을 이루게 하였다. 제2차 바티칸 공의회를 통한 교회의 현대화(aggiornamento), 즉 현대 세계에의 적응은 그가 추구한 최고의 목표점이었다. 이 적응은 포교지에서도 긴급하였으니 특히 현지인에 의한 교계제도가 시급히 실현되어야 했고, 또한 포교지에서의 유럽 우월주의가 제거되어야 했다.[187] 이 정책의 일환으로 한국 천주교회 교계제도는 1962년에 설정되게 되었다.

한편 추기경 全耕莘(Thomas) 北京 대주교는 1959년 12월 20일에 臺北 대교구장 서리직을 맡았다. 1962년 1월 9일에는 몽테이뉴(Paulus Leo Cornelius Montaigne, 滿德貽) 전 北京 대목구장이 세상을 떠났다.

1962~1965년에는 로마에서 제2차 바티칸 공의회가 개최되었는데, 대륙에 머문 주교들은 모두 참석할 수가 없었다. 이 공의회에 참가한 中國 교구 수장들은 다음과 같다.[188]

공의회에 참석한 中國 각 교구 주교들:
　北京 대주교 겸 台北 대교구 서리 田耕莘 추기경, 南京 대주교
　于斌 외 太原, 安慶, 長沙, 福州, 貴陽, 昆明의 대주교들, 熱河 德
　主教, 營口 主教 겸 花蓮署理 費聲遠 외 42 교구의 주교들

前 中國敎會 수장 및 명의주교:
　前 撫順 주교 林化東
　前 吉林 보좌주교 惠化民 외 14명 주교들.

---

187) 아우구스트 프란쯘 지음, 최석우 역, 『교회사』, 분도출판사, 1982, 430~431쪽 참조.
188) 趙慶源, 위의 책, 149~155쪽 참조.

16) 바오로 6세(1963년 6월~1978년 8월 재위) 교황

바오로 6세 교황은 전임자 요한 23세에게서 시작된 추기경단의 국제화를 더욱 확대하고, 그 수를 대폭 증원하였다. 한국에서도 1명의 추기경이 탄생되었고, 1963년에는 바티칸과 대한민국이 공사급 외교관계를 수립하게 되었다.[189]

中國에서는, 1957년 6월 17일부터 8월 2일까지 있었던 241명의 천주교인들(주교 11명, 신부 72명을 포함하여)이 정식으로 '中國 천주교 애국회'를 창립하였고, 절박하게 필요한 새 주교들의 선출에 착수하고 피선자의 명단을 성좌에 제출하여 인준을 받으려 하였다. 그래서 1958년 초에 자체적으로 선출한 한커우(漢口) 출신의 둥광칭(董光淸)과 우창(武昌) 출신의 위안원화(袁文華) 등 두 명의 새 주교 명단을 바티칸에 (전보로) 전달했는데 교황청의 응답은 거부였다. 이리하여 1958년 4월 13일 중화인민공화국에서 최초로 독자적인 주교 성성식이 이루어지게 되었다. 그 뒤로 주교를 선출한 다음 성좌에 승인을 청하는 일이라고는 없어지고 말았다.[190]

교황청에 의해 임명된 많은 주교들이 노령화 되어 가고 있고 많은 이들이 세상을 떠나고 있는데, 아직도 성청과 中國과의 외교관계는 수립되지 않고 있어 관계 개선을 위한 대책과 배전의 노력이 필요한 때라고 생각하게 된다.

세상을 떠나는 老성직자들은 1967년 7월 24일 타계한 北京 대주교

---

189) 崔奭祐, 「한국천주교와 로마교황청」, 738쪽 참조.
190) 로만 말렉 엮음, 정한교 옮김, 『중국천주교회』 안팎에서 본 어제와 오늘과 내일, 분도출판사, 1989, 18~19쪽 참조. 1980년 이후 중국에서의 주교선발 업무는 교무위원회 소관이 되었다. 1980년에 창설된 이 위원회가 주교단에 선발된 이들을 보고하면, 국무위원의 종교 사무국이 보고를 받아 처리한다(위의 책 44쪽).

겸 前 台北 서리 田耕莘(Thomas) 추기경을 비롯하여, 1971년 1월 19일의 熱河의 德(Joseph Julianus Oste) 주교, 1972년 6월 27일의 齊齊哈爾 지목구장 휴겐토블러(Paul Hugentobler, 胡幹普), 1974년 7월 31일의 撫順 주교 林化東(Raymond Alois Lane), 1978년 5월 16일 瀋陽 대주교 皮漱石(Ignatius Pi Shu-shih) 등이었다.

1978년 10월 16일 요한 바오로 2세(Karol Wojtyla)가 교황으로 선출되어 착좌하였는데, 그의 생애는 세계 모든 나라에 대한 순례와 타종교에 대한 화해, 성좌와 고위 성직자들의 과거 잘못에 대한 용서를 청하는 사도로서의 삶을 보여주고 있다. 그의 마지막 순례국이 中國과 북한이기를 바랐으나 그 가능성은 2005년 4월 2일 그가 세상을 떠남으로 인해 이루어질 수 없게 되었다.

제3장 독일 성 분도회의 조선 진출과
선교활동

1. 독일 성 분도회[191]의 조선 진출 경위

베네딕토회원들이 조선으로 부름을 받은 것은 결코 우연이 아니었다. 조선 교구장 뮈텔(Gustave Charles Marie Mutel, 閔德孝, 1854~1933년) 주교[192]가 1896년 명동 대성당을 건립할 때 토지 문제로 일이 어려웠는데, 그때 싱 베네딕토에게 기도하며, 만일 일이 잘 해결되어 성당이 건립되면 성 베네딕토의 제단을 바치겠다고 약속하였다. 성당이 완공되자 뮈텔 주교는 기도했던 대로 성인의 제단을 성당 우편에 마련하였다. 결국 베네딕토회 수도자들이 이 땅에 오기 훨씬 전에 이

191) 聖 芬道會는 오늘의 상트 오틸리엔 베네딕토회를 일컫는 표현이다. 처음 조선에 진출했을 때부터 中國式 표기법을 따라 분도회로 호칭해 오다가 현대의 표기법 정책에 따라 원음 발음을 따라 상트 오틸리엔 베네딕토회로 개칭하게 되었으므로 분도회란 옛 표현은 장절의 제목에서만 그렇게 표기하고, 본문 내용에서는 현대의 표기법을 따랐다.

192) 뮈텔(閔德孝) 주교는 파리외방전교회원으로서 1877년 이래 만주에서 그 후 1881년부터는 조선에서 선교사로서 활동하다 파리외방전교회 신학교의 책임자가 되어 파리로 돌아갔다. 1890년 서울 대목구의 제8대 교황대리감목으로 임명되어 9월 21일 파리외방전교회 신학교 성당에서 리샤르 추기경 주례로 주교로 성성되고, 그해 12월 14일 마르세이유港을 출발 나가사키를 경유해 이듬해인 1891년 2월 19일 부산에 도착, 조선에 재 입국하였다. 1925년 그는 조선 순교복자들의 시복식에 참여하기 위해 로마에 갔다가 귀국하기 직전인 1926년 2월 라찌아리아(Raziaria) 명의대주교로 승임되었다 [明洞天主敎會200年史 資料集 第2輯 『뮈텔 주교 일기』 1권 1890~1895, 천주교 명동교회 편・한국교회사연구소 역주, 한국교회사연구소, 1986, 2~10쪽 참조(이하 『뮈텔 일기』로 略記함); 『원산교구 연대기』, 88쪽].

미 성인은 그곳에서 그의 아들들을 기다리고 있었던 것이다.[193]

1886년에 韓・佛 조약이 맺어짐으로써 신교의 자유를 기대할 수 있게 되었는데, 이 시기 뮈텔 주교가 중요하게 여긴 것은 교난의 그늘 속에서 벗어나 새로운 환경을 맞게 된 교회 공동체의 재건이었다. 그의 선임자들인 리델 주교(제6대 조선대목구장, 1830~1884년)와 블랑 주교(제7대 조선대목구장, 1844~1890년)는 출판사업과 방인 성직자 양성에 각별한 관심[194]을 보였고, 성당 부지를 마련하여 종현(鍾峴) 및 약현(藥峴) 성당 건축을 서둘렀다. 뮈텔 주교는, 일제의 압제 하에 강제로 개화기를 맞던 시절 학교 설립을 통한 애국 계몽운동과 개신교의 적극적인 선교 공세에 조금이나마 보조를 맞추기 위해 사범학교와 직업학교를 세우려 하였다. 그의 꿈을 알게 해줄 1897년도의 일기 내용 몇 곳을 옮겨 보면 다음과 같다(인용문의 밑금은 필자가 그음).

1897년 2월 4일
…… 어제, 드 플랑시 씨[195]와 서울에 사범학교와 직업학교를 세워야 할 필요성에 대해 오랫동안 이야기했다.[196]

---

193) 姜淳健, 「서울・德源・延吉 修道院 1909~1949」, 『옛 등걸에 새 순이』 베네딕토회 성 오딜리아 修族 100년, 왜관 성 마오로 쁠라치도 수도원, 분도출판사, 1984, 158~170쪽 참조.
194) 리델 주교는 1878년 조선에 입국하자 곧 신학교 설립을 착수하였고, 블랑 주교는 페낭 신학교에 유학 중이던 10여 명의 학생이 돌아오자 1885년 가을 소신학교 문을 열어 이들을 흡수했고, 1887년에는 용산에 정착시켰다. 신학교 건물은 1892년에 완공되었다(崔奭祐, 『韓國天主敎會의 歷史』, 韓國敎會史硏究所, 1982, 169쪽 참조).
195) 플랑시(Collin de Plancy, 葛林德)는 1888년 6월 6일부터 1891년 6월 15일까지 프랑스 공사 겸 총영사로, 1896년 4월 27일부터 1899년 11월 30일까지는 공사 서리 겸 총영사로 근무하였고, 1901년 5월 24일부터는 辨理公使에서 전권공사로 승진하여 1903년 10월까지 근무하였다(「외교사 연표」, 277~278쪽: 『뮈텔 일기』 II 1896~1900, 34쪽, 각주 42).
196) 『뮈텔 일기』 II, 145쪽.

1897년 9월 9일

…… 드 플랑시 씨를 방문했다. 그는 마리아니스트회 총장으로부터 서울에 학교를 세울 것이라는 성실한 보증이 담긴 반가운 편지를 받았다는 말을 했다.[197]

1897년 12월 7일

…… 드 플랑시 씨를 방문. 그는 최근에 설립 예정인 직업학교를 위해 첫해(1898년)의 보조금으로 6,000불을 받았다. 학교는 우선 시작을 위해 벽돌공, 석공, 철공, 목공 등 4~5개의 작업장으로만 구성된다. 후에 유리, 도자기, 전기 등등의 작업장이 추가될 것인데, 그때는 추가로 보조금을 받게 될 것이다. 문제는 마리아니스트들이 직업학교를 갖고 있는지, 또 그런 학교를 맡는 데 동의할 것인지에 있다. 전자를 확정하기 위해 드 플랑시 씨는 나의 부재중 프와넬 신부로하여금 나가사키(長崎)에 편지를 보내 알아보게 했다. 그러나 지금까지 회답이 없다.[198]

1897년 12월 14일

…… 드 플랑시 씨의 내방. 직업학교에 관한 이야기를 했는데, 나가사키로부터 여전히 회답이 없기 때문에, 드 플랑시 씨는 이에 대비하기 위해 상하이(上海)의 로베르(Robert) 신부에게 편지를 보내 상하이·베이징·텐진에 있는 마리아니스트 수사들이 그와 같은 학교들을 운영하고 있는지를 알아보도록 내게 요청을 했다.[199]

이 일기 내용으로 보아 직업학교와 사범학교를 설립하려는 뮈텔 주교의 의지와 서울 주재 프랑스 공사 겸 총영사였던 콜랭 드 플랑시 氏

---

197) 『뮈텔 일기』 II, 204쪽. 같은 쪽 脚註 118에는 이 수도회가 1960년에서야 한국에 진출하여 교육사업을 시작했다고 註釋했다.
198) 『뮈텔 일기』 II, 239쪽.
199) 『뮈텔 일기』 II, 240쪽.

의 깊은 관심과 협조가 긴밀했었음을 깨닫게 해준다. 이러한 주교의
의지에 부응하여 상트 오틸리엔 베네딕토 수도회가 조선선교를 수락한
것 또한 우연의 일치만은 아닐 것이다.

그러나 베네딕토 회원들이 조선에 진출하기까지 그 이면에는 뮈텔 주
교의 노고와 인내가 얼마나 컸었는지 다음의 일기 내용들을 보면 알
수 있다. 뮈텔 주교는 자신의 뜻을 도와 교육 사업을 함께 펼쳐나갈
수도회를 물색하기 위해 유럽 방문 길에 올라 많은 수도회를 방문하였
고, 직접 교황청의 포교성 장관을 만나 조선에 수도회 파견을 요청하
였다. 그의 여정[200]의 가장 큰 소득은 상술한 베네딕토 회원들의 조선
진출 수락이었을 것이다. 유럽 여행 중 그가 방문했던 여러 수도회들
에 대한 일기 내용들은 다음과 같다:

1908년 3월 18일

······ 동몽고의 선교사 드 스메(de Smet) 신부는 나를 루뱅의
드미 가(街) 18번지에 있는 성모 승천회(Augustinians of the
Assumption) 수도원까지 동행했다. ······ 학교 교장인 피에르 푸리
에 메르클랜(Pierre Fourier Merklen) 신부가 나를 맞아 주었다. 나
는 서울의 우리 학교를 세우는 데 그의 수도회의 협조를 요청했다.
그는 나의 이야기를 관심 있게 듣고는 로마에 있는 바이어(Bailly)
총장 신부에게 나의 요청을 전하겠다고 약속했다.[201]

1908년 5월 2일

토요일. 베슈타이유 씨가 나를 클레베르크 리용 푸르비에르 13번
지에 있는 마리스트회(Maristes) 총장인 라팽(Raffin) 신부한테 안

---

200) 1908년 1월 24일, 배편을 이용한 그의 유럽으로의 여정은 그해 10월 28일
　　시베리아 횡단 열차를 이용, 11월 14일 서울에 도착함으로써 마무리되었다
　　(『뮈텔 일기』 4권 1906~1910년, 1998, 234~336쪽).
201) 『뮈텔 일기』 4권, 244~245쪽.

내했다. 나는 그에게 서울의 우리 학교를 위해 그 회의 협조를 요청
했다. 그 회 역시 인력이 부족하다고 하며 그런 일을 생각할 수 없다
고 잘라 말했다.202)

1908년 6월 1일
…… 이어 유드회(Eudists)의 총장인 도레(Doré) 신부를 만나기
위해 당페르-로쉐로 75번지로 갔다. …… 그런데 총장 신부는 한
국에 진출하는 일은 전혀 생각할 수 없다고 내게 말했다.203)

1908년 6월 16일
오늘 아침 피아차아리-첼리 11번지에 있는 성모 승천 회원(Assump-
tioniste)들을 만나러 갔다. 현재 총장 신부는 동양의, 이 회의 포교
지들을 방문 중인데, 7월 중순경이나 되어야 돌아온다. 경리계 신
부도 부재중이다. 신학교 교장인 데니 신부가 나를 맞이했다. 그도
한국 진출에 관심이 있어 보였다.204)

1908년 6월 17일
아침부터 성 바오로 성당의 전차를 타고 성 안셀모 성당으로 돌
아갔다. 헴틴느의 힐데브란트(Hildebrand) 원장 신부를 만났다. 여
기서도 아주 환대를 받았으나 바라는 한국으로 진출하는 일은 불
가능하다는 것이었다. …… 수족(修族)205)들 중에서 아프리카를 위
한 상트 오틸리엔 수도회(The Congregation of St. Ottilien)가 한
국에 진출하기가 더 쉬울지 모른다. 그 수도회는 특히 아프리카를
위해 활동하고 있고 게다가 회원들이 독일인들이라는 것이다.206)

---

202) 『뮈텔 일기』 4권, 259쪽.
203) 『뮈텔 일기』 4권, 275~276쪽.
204) 『뮈텔 일기』 4권, 281쪽.
205) 동일한 장상 아래 모인 자치 수도원의 결합체, 연합회 조직을 말한다. 베
    네딕토회의 경우는 21개의 연합회로 이루어져 있는데, 이들은 각각 독립된
    회헌과 자치권을 갖고 있다(『뮈텔 일기』 4권, 282쪽 각주65).

이후에도 뮈텔 주교는 7월 4일에 살레시오회(Societas Sancti Francisci Salesii)의 데제르 신부로부터 인원이 부족하여 서울 진출을 할 수 없다는 소식을 들어야 했고,[207] 7월 7일에는 살레시오회 관구장으로부터도 같은 말을 들어야 했다.[208] 8월 12일에는 생 뱅상 드 폴 수도회의 아니장 신부로부터 그들의 수도회가 교육 사업을 하지 않으며, 뿐더러 인원까지 부족하다는 말을 하며, 뮈텔 주교에게 살레트(Salette)회의 신부들에게 가보라는 말을 들었다.[209] 그는 살레트 회에 편지를 썼지만 8월 17일 부정적인 답신을 받았고,[210] 그 날 도미니코 제3회와 이수댕의 성심 선교회(Missionnaires du Sacré-Coeur d'Issoudun) 신부를 만나고,[211] 총장에게 편지를 썼지만 역시 거절하는 답을 들어야 했다.[212] 8월 26일에는 스쾨트(Scheut)회의 바티 신부에게 편지를 썼고,[213] 9월 4일에는 그리스도교 교육 수도회(les Fréres des Ecoles Chrétiennes)의 형제들을 만나러 갔었는데 거기서도 겪은 것은 역시 거절뿐이었다. 그들의 거절 이유는 인원이 부족하다는 것과 한국말이 어렵다는 것이었다.[214]

뮈텔 주교는 마침내 9월 7일에 상트 오틸리엔 베네딕토회 신부들에게 9월 14일에 방문하겠다는 편지를 보냈고, 약속된 날 오전 9시 30분에 상트 오틸리엔에 도착했다. 그 곳에서 대수도원 원장과의 만남은 9월 18일에 이루어졌다. 대원장은 가르칠 과목들을 뮈텔 주교에게 물었고, 주교는 대원장에게 그가 원하는 것이 사범학교 같은 것이므로 상

---

206) 『뮈텔 일기』 4권, 282쪽.
207) 『뮈텔 일기』 4권, 289쪽.
208) 『뮈텔 일기』 4권, 290쪽.
209) 『뮈텔 일기』 4권, 302쪽.
210) 『뮈텔 일기』 4권, 303쪽.
211) 『뮈텔 일기』 4권, 303쪽.
212) 『뮈텔 일기』 4권, 304쪽.
213) 『뮈텔 일기』 4권, 304쪽.
214) 『뮈텔 일기』 4권, 305쪽.

류 가정의 자녀들을 위한 대학에서처럼 산술, 대수학, 기하학, 역사, 지리, 그림, 음악 그리고 한국어와 한문, 일본어를 가르치게 될 것이고, 그리고 영어, 독일어, 프랑스어는 선택 과목이 될 것이라고 설명해주었다. 대원장은 직업학교도 혹시 필요하지 않겠느냐고 물었고, 뮈텔 주교는 그 분야로 말하면 할 일이 많으므로 그렇게 된다면 더 이상 바람직스러울 것이 없을 것이라고 대답했다.[215] 대원장 신부는 참사회를 소집했고, 회의 결과 호의적인 답을 뮈텔 주교에게 해주며 최종적인 결정을 짓기 위해서는 修族 내 수도원 대원장들과의 협의를 거친 후에 가능할 것이라고 했다. 대원장은, 교구 주교와 수도원의 관계, 성무 집행에서만 주교에게 속하고 수도원 내부 문제에 대해서는 면속이 되는 것에 대해서와 뮈텔 주교가 고티(Gotti) 추기경(당시 교황청의 포교성 장관)에게 한국에 상트 오틸리엔 베네딕도 수도원의 창설 허가를 신청해도 좋다는 협의를 했고, 그 외에도 몇 가지 협의를 했다.[216] 이러한 긴 여정을 통해 비로소 상트 오틸리엔 베네딕토 수도회 가족들이 조선 땅을 밟게 된 것이었다.

2. 조선 진출 성 분도회원들의 첫 선교활동

1) 崇信 사범학교와 崇工 기술학교의 개교

조선 진출 베네딕토회의 첫 선교사인 보니파시오 사우어(Bonifatius Sauer, 1877~1950)[217] 신부와 도미니코 엔쇼프(Dominicus Enshoff)[218]

---

215) 『뮈텔 일기』 4권, 309쪽.
216) 『뮈텔 일기』 4권, 309~310쪽 참조.
217) 보니파시오 사우어는 1877년 1월 10일 독일의 풀다(Fulda) 교구의 Oberuf-

신부가 서울에 도착한 것은 1909년 2월 25일이었다. 최고 장상으로 임명된 보니파시오[219] 신부는 7월 말경 서울 변두리 東小門 근처 栢洞 (현 혜화동) 언덕에 3만여 평 대지를 구입하고 신속하게 서울 수도원[220]의 건립을 진척시켰다. 이 수도원은 1909년 12월 13일에 자립 수도원(Prioratus Conventualis)으로 승격되고, 1913년 5월 15일에는 대수도원(Abbatia)으로 승격되었으며, 대수도원장[221] 겸 초대 아빠스(Abbas)로 보니파시오 원장신부가 임명되었다. 서울에서의 수도원 첫 활동으

---

hausen에서 태어났다. 풀다 교구는 성 보니파시오가 직접 세운 교구였고, 또 교구 내에는 베네딕토 수도회가 세워져 있어 특별히 교육활동을 통해 독일교회에 공헌을 해왔다. 사우어 신부도 세례명을 보니파시오로 하여 그 사상을 본받으며 성장할 수 있었다(백 플라치도, 「한국에서의 초기 베네딕토회의 선교방법」, 『二百周年 敎會史 論文集』 Ⅰ, 782~783쪽). 1900년 2월 4일 서원을 하고, 1903년 6월 26일에 사제품을 받았다. 1909년 1월 11일에 한국으로 파견되었고, 1913년 5월 15일에 아빠스 임명을 받았으며, 아빠스 성성식은 그해 6월 8일에 했다. 원산 대목구장에 임명된 것은 1920년 8월 25일이었고, 주교 성성식은 이듬해 5월 1일에 가졌다(1923년도 『오틸리엔 지침서』, 33쪽). 조선 입국 전까지 그는 딜링엔의 베네딕토회 신학원 원장이었다(『선지훈 논문』, 54쪽).

218) 도미니코 엔쇼프는 조선 입국 전까지 상트 오틸리엔 모원의 당가신부였었다 (『선지훈 논문』, 54쪽). 1909년 11월 1일자 상트 오틸리엔 수도회 총 아빠스 노르베르트 베버(Norbert Weber)의 편지에 의하면 엔쇼프 신부는 사우어 신부와 함께 조선에 파견되어 기초 작업을 하고 수도원과 학교 부지를 매입한 후 총 아빠스의 지시에 따라 1909년 8월 8일 유럽으로 돌아갔다. 보니파시오는 도미니코의 귀국 길에 일본까지 동반하여 그 기회에 8월 한 달 동안 일본 교회의 교육사업을 시찰하고 돌아왔다(백 플라치도, 위의 논문, 779쪽: 崔奭祐, 「韓國 芬道會의 初期 修道生活과 敎育事業」, 『韓國敎會史의 探究』 Ⅱ, 한국교회사연구소, 1991, 395~396쪽: 프르멘시우스 렌너, 『五枝 촛대』, 395쪽).

219) 수도원에서는 일반적으로 姓이 아니라 修道名 즉 洗禮名으로 불렸다는 崔奭祐 신부의 해설(崔奭祐, 위의 논문, 393쪽)을 따라, 본장에서는 姓보다는 수도명을 사용하기로 하되, 前 장에서 일반적으로 표기해 온 姓 표기방법은 관례에 따라 姓으로도 표기하였다.

220) 한국에서의 첫 번째 수도원이 서울의 창경궁 근처에 있는 栢洞에 세워졌다. 현재는 가톨릭대학과 동성 중 고등학교가 그 자리에 위치하고 있다.

221) 대수도원의 최고 장상을 베네딕토회에서는 아빠스(Abbas)라고 부른다. 아빠스 밑에 원장과 부원장이 있다(『원산교구 연대기』, 18쪽).

로는 뮈텔 주교의 뜻을 따라 1910년에 숭공(기술)학교[222]를 개교하고, 1911년에는 2년제 사범학교인 숭신 학교를 개교한 것이었다. 그러나 사범학교는 1913년 지원자가 4명밖에 없었고, 또한 일제의 식민지 교육 정책으로 인하여 성공을 거두지 못하고, 개교 2년 만에 문을 닫게 되었다. 반면, 목공부와 철공부로 운영되던 숭공(기술)학교는 당시 한국의 점령국이었던 일본의 관심을 근거로 1921년까지 지속되다가 베네딕토회의 덕원 이전으로 인하여 정착 발전되려던 과정 중에 문을 닫을 수밖에 없었다.[223] 폐교되기 2년 전인 1919년 일제는 독일 수도회 재산인 숭공학교를 빼앗으려 하였으나 서울교구의 프랑스 선교단 측이 서류상으로 이 학교의 경영권을 인수하여 재산의 몰수만은 피할 수 있었다. 이후 베네딕토회가 덕원으로 이전하기로 결정하게 되자 숭공학교는 1921년 문을 닫고 그해 가을부터 원산교구 사제 양성을 위한 소신학교로 운영되기 시작하였다.[224]

---

222) 崇工學校는 '기도하고(崇), 일하라(工)'는 베네딕토 성인의 가르침의 뜻을 담아 지은 이름이다. 崇工(기술)학교에는 35명 내지 40명의 학생들이 있었는데, 이 기술학교는 아주 빨리 성장하여 4년 후인 1914년에는 25명 입학정원에 100여 명의 지원생들이 몰려올 정도였다. 숭신학교는 교원양성기관이었다. 첫 입학생들은 15세 이상 28세 미만의 25명의 남학생들이었다(백 플라치도, 「한국에서의 초기 베네딕토회의 선교방법」, 『二百周年 敎會史 論文集』 I, 783쪽 참조).

223) 崔奭祐, 「韓國 芬道會의 初期 修道生活과 敎育事業」, 『韓國敎會史의 探究』 II, 405쪽 참조: 프루멘시우스 렌너, 「한국과 滿洲國에 대한 베네딕토회원들의 소명」, 『5枝 촛대』 2권, 391~434쪽: 빌리발트 쿠겔만, 「서울 성 베네딕토 수도원의 설립보고, 덕원으로의 수도원 이전 및 원산 대목구에서의 베네딕토회원들의 활동」, 『환갑』, 80~131쪽 참조.

224) 崔奭祐, 위의 논문, 405쪽, 410쪽 참조.

2) 원산·延吉·依蘭 지역 사목 관할권 수임

(1) 원산 지역 사목 관할권 수임

1920년 8월 5일, 원산 대목구가 설정되면서부터 베네딕토 회원들에
게 함경 남·북도의 선교가 위탁되고, 8월 25일 원산 대목구장으로 보
니파시오 아빠스가 임명되었다. 이것은 서울 수도원 시절과 비교해 볼
때 하나의 큰 변혁이었다. 이는 당시 조선교구장이 교구 내에서의 선
교 활동을 허락하지 않았기 때문이기도 하지만, 본래 베네딕토 수도회
의 창립 이념도 본당 사목 활동이 아니었기 때문이다.

원산 대목구 설립 초기에는 원산과 내평 두 곳에 조그마한 본당이
있었고 신자수도 500~600명에 지나지 않았다. 선교지역을 맡을 때 서
울 수도원은 포기해야 한다는 조건으로 인해 수도원을 덕원으로 옮기
게 되는 1927년까지 보니파시오 주교는 서울에서 원산교구의 사목을
지휘하였고 회의나 피정도 모두 서울 백동 수도원에서 하였다.225)

서울과 원산이라는 두 선교지역 사이의 거리는 베네딕토 회원들에게
는 여러모로 아주 힘든 일이어서,226) 결국 1927년 서울 수도원을 덕원
으로 이전하게 되었다. 수도원 이전 시 수반되는 것은 합송기도
(Chorus)227)의 이전인데 『원산교구 연대기』에는 다음과 같은 글이 실

---

225) 강순건, 위의 책, 161쪽.
226) 이 점에 대해 年代記는 이렇게 보고하고 있다. "보니파시오 사우어 몬시
　　뇰은 서울에서 元山으로 가고자 할 때는 매번 족히 7시간 정도의 철도여
　　행을 해야만 했다. 그 때문에 수도원을 나중에 고유한 자체 선교지역으로
　　옮겨야겠다는 생각을 하게 됐는데, 무엇보다도 고유한 한국인 성직자 양성
　　을 위한 소신학교를 그것과 연결시켜두어야 했기 때문에 더욱 그러하였다
　　[Missions-blätter von St. Ottilien, 1928, 32,(이하 『오틸리엔 布敎誌』로 略
　　記함), 161쪽; 『선지훈 논문』, 3쪽, 각주 9].
227) 서울 수도원의 合誦祈禱는 1909년 12월 11일 로마의 수도자성의 관면으

려 있다.

1927년 10월 10일에는 9시경을 끝내고, 원장 신부가 안드레아, 가예타노, 세바스티안 신부 등과 함께 원산으로 갔다. 거기서 그들은 만과(성무일도의 저녁기도와는 별개의 기도로 매일 저녁 교우들이 바치던 기도)로써 교회 공동기도를 다시 시작했다. 성청의 허락으로, 수도원으로 결정적으로 이사를 하기 전에 일시적으로 원산에서 경본을 보는 것이 허락되었다.[228]

1927년 11월 17일, 성무일도 기도(Chorgebet)가 서울에서 덕원으로 공식적으로 옮겨지고, 수도원이 건립됨과 동시에 대수도원으로 승격되기에 이르렀다.[229] 베네딕토 수도원이 원산으로 이사한 다음 수도원 옛 작업장 터에는 서울 교구 세 번째 본당인 백동 본당이 설립되었다.[230]

자체 선교지역의 인수와 수도원 설립에 따라 원산(덕원) 공동체는 본당 사목 활동을 시작하였고, 그로 인해 선교활동을 주로 전담할 사제가 더 많이 필요해져 방인 사제 양성에 힘을 기울이게 되었다.

로 허락을 받았었다. 합송기도를 할 수 있는 정식 수도원(Konventual-prirat)이 되려면 최소한 성식서원을 마친 8명의 수사 신부가 요구되는데, 1909년 12월 서울 수도원이 정식 수도원(Priorat)으로 승격될 당시에는 3명의 신부와 4명의 수사밖에 없었기에 관면을 청했던 것이었다. 이 합송기도가 덕원으로 이전된다는 것은 덕원이 정식 수도원으로 승인됨을 의미한다(최석우, 위의 논문, 397쪽 각주 22 참조).

228) 『원산교구 연대기』 112쪽.
229) 『선지훈 논문』, 3쪽.
230) 서울에는 당시 門안 명동(종현) 성당과 門밖 약현(중림동) 성당 두 본당만이 있었다. 베네딕토 회원들이 서울을 떠나면서, 수도원 전체 지역이 파리외방전교회에 팔려 인도된 후에 즉시, 작업장의 대부분은 성당으로 변형되어 세 번째 본당인 백동(혜화동) 성당이 설립되었고, 시잘레(Chizallet) 신부가 주임신부로 임명되었다(『서울敎區年報』(Ⅱ), 226-227쪽).

-서울 백동 소신학교 설립-

서울 수도원에서는 1912년부터 소신학교를 세울 의향을 가지고 있었지만, 여러 가지 어려운 여건 때문에 1921년 11월 3일에야 소신학교를 시작할 수 있었다.[231] 학교장에는 숭공학교장이던 안셀모(Anselm Romer, 盧炳朝)[232] 신부가 임명되었다. 이 소신학교에는 11세에서 15세까지의 15명의 소년이 받아들여졌다. 당시 소신학교는 김나지움식 교육을 하는 학교와 기숙사 외에 아비투어(Abitur: 고등학교 졸업, 대학입학 자격시험)까지 갖추어져 있었다. 처음에는 입학원서를 낸 학생들의 수도 적고, 교사들도 부족했기 때문에, 2년에 한 번씩만 새로 입학생을 받아들였다.[233]

-덕원 소신학교 설립-

1927년 서울 수도원이 덕원으로 옮겨짐에 따라, 신학생들 역시 덕원 신축 수도원 옆으로 거처를 옮기게 되었다.[234]

교육기간은 14년 동안 계속되었는데, 그중에 처음 2년은 준비기간으로 쓰여졌다. 그 기간의 목적은 대체로 한국의 소학교에서 배운 지식을 보완하는 데에 있었다.[235] 그 외에도 신학생들이 이 2년 동안 라틴어의 읽기와 쓰기를 배워야 했다. 그 다음 6년은 중학교 과정이었다. 이 과정 중 신학생들은 아주 집중적으로 라틴어와 종교, 기하학, 대수학, 국사와 세계사, 지리학과 자연과학 등을 배웠다. 그 밖에도 신학생

---

231) 백 플라치도, 위의 논문, 785쪽.
232) 안셀모 신부는 1885년 12월 7일생으로서 1911년 5월 3일에 사제품을 받고, 그해에 파견되어 10월 30일 한국에 입국하였고, 1951년 11월 9일에 운명하였다(『원산교구 연대기』, 해제 34쪽 원산교구 소속 신부, 수사 약전 참조).
233) 쿠겔만, 위의 책, 105쪽: 하이스, 위의 책, 270쪽: 1941년부터 비로소 매년 새 입학생을 받아들일 수 있었다.
234) 쿠겔만, 위의 책, 105쪽 참조.
235) 그 당시의 한국의 초등학교는 결코 훌륭한 교육이 이루어졌던 것이 아니었기 때문에, 소신학교에서 좀 더 초등교육의 미비점을 보완해야 했다(하이스, 위의 책, 271쪽 참조).

들은 마지막 2년 동안에 그들의 일반교양을 보완하고, 또한 유럽 민족의 언어를 더 배워야 했다. 교육의 임무가 독일의 베네딕토 회원들에게 맡겨져 있었기 때문에 독일어가 문제가 되었다. 여기에 철학적 - 신학적 소명교육이 이어졌다. 즉 대신학교 본래의 신학 교육으로의 전환이었다. 학교 공부는 교회법적인 규정에 따라 2년간의 철학 공부와 만 4년간의 신학 공부로 길게 이어졌다.[236]

- 신학생 교육에 있어서의 어려운 점 -

신학생들의 하루 일정은 아주 힘들었다. 학생들은 한문을 잘 알고 있어야 했고,[237] 라틴어도 잘 익혀야 했다. 한국 신학교의 라틴어 교재는 유럽 신학교의 교재에 있는 것과는 본원적으로 다른 어떤 의미를 지니고 있다. 라틴이 수업의 목표는 암기나 또는 고전 읽기와의 접촉에 있었던 것이 아니라, 라틴어가 사제들 상호간의 對話語이었기에 살아 있는 언어로서, 그리고 철학과 신학을 배울 때 사용되는 수업언어로서 학습되어야 했다. 라틴어의 전례적 의미는 그 당시에는 그렇게 특별히 고려되지는 않았었다.[238]

1937년 소신학교 학생들의 커다란 수적 증가가 있었다. 1923년 이후부터 평양교구에서 선교활동을 하던 메리놀회 선교사들이 처음으로 학생들을 덕원 신학교의 중학교 첫 과정(1학년)에 보냈기 때문이다. 처음에는 2년에 한 번씩만 보냈는데 나중에는 매년 보냈다.[239]

제2차 세계대전 중에 일본 정부는 자기네들의 영향력을 신학교에까지 행사하기 시작했다. 그 때문에 소신학교에서는 1939년 이후 일본어가 수업언어가 되었고, 1940년부터는 지금까지의 2명의 한국인 이외에

---

236) 하이스, 위의 책, 272쪽 참조: 로머, 위의 책, 266쪽 이하 참조.
237) 로머, 위의 책, 264쪽 참조.
238) 하이스, 위의 책, 272쪽 참조.
239) 쿠겔만, 위의 책, 106쪽 참조.

추가로 2명의 일본인 평신도 교사가 학생들을 가르쳤다.[240] 당시 덕원
의 소신학교와 대신학교의 학생 수는 합해서 100명이 넘었다. 본래 학
교는 60~70명의 학생 수에 해당되게 설비된 것이었다. 그러나 신학교
교육의 열매를 맺기 시작할 무렵인 1945년 5월 결국 신학교는 일본군
대에 의해 점령되었다. 신학교 건물이 일본인에 의해 점령되어 있는
동안, 신학생들은 다시 수도원에서 묵게 되었고, 그중 일부는 환자들을
돌보고 있던 한 병원 시설을 이용해야 했다. 서울에서 온 신학생들[241]
은 1946년 5월까지 덕원에 머물러 있다가, 그 다음 38선을 넘어 다시
서울로 되돌아갔는데, 그 당시 38선은 아직은 상당히 쉽게 넘어갈 수
있었다.[242]

　신학생들에게 영향을 끼친 베네딕토회 고유 생활방식이요 특징이 되
고 있는 것은 소신학교에서의 어떤 세계적 보편성이었다. 덕원 신학교
의 학생 모두는 독일 오틸리엔 신학교에 한 명의 편지 친구를 정해,
서로 자주 편지를 주고받았고, 레겐스부르흐에 있는 소신학교 학생들
과도 편지 교환을 하였는데, 양국 신학생들은 편지 교환을 통해 진실
한 우정을 키워나갔고, 때로는 기쁨을 크고 작은 선물을 통해 나타내
기도 했다.[243]

---

240) 쿠겔만, 위의 책, 107쪽 참조.
241) 용산 신학교는 정식으로 대학 인가를 받지 않고 운영되던 신학교였기에
　　　1942년 2월 16일 조선총독부로부터 폐교 통보를 받게 되었다. 서울 교구
　　　당국은 우선 학생들을 귀가시키고 德源 신학교에 학생들을 편입시키는
　　　방법을 서두르게 되었다. 다행히 그해 4월부터 편입되어 공부를 계속할
　　　수 있게 되었다(崔奭祐, 「한국 교회와 한국인 성직자 양성」 예수성심신
　　　학교를 중심으로, 『韓國敎會史의 探究』 II, 384쪽).
242) 쿠겔만, 「德源 移轉 元山 活動」, 108쪽 참조.
243) 하이스, 「성 빌리브로르드 신학교」, 278쪽 참조.

- 성 빌리브로르드244) 대신학교 설립 -

덕원 공동체는 소신학교를 확장하여, 덕원과 延吉의 수도회 후진 양성을 위한 대신학교를 건립245)하였다. 이 대신학교는 관구신학교 (Regional-seminar)246)로 발전되어 수도회 후진 양성을 위해서만이 아니라 교구 사제 양성을 위해서도 개방되었다.

1936년 聖三主日(6월 7일)247)에 덕원 신학교로서는 첫 방인 사제를 배출하는 서품식을 거행하였는데, 茶條溝248) 출신 김충무(클레멘스) 부제와 龍井249) 출신 한윤승(필립보) 부제가 사제직에 올랐다.250) 1938년

---

244) 聖 빌리브로르드(Willibrord)는 앵글로-색슨 주교요 선교사이며, Frisian 지역의 사도였다. 658년 Northumbria에서 태어났고, 739년 11월 7일 룩셈부르크의 Echternach에서 세상을 떠났다. 성 Wilgis의 아들이고, 어려서 베네딕토 수도원에 들어갔으며, 아일랜느 출신으로 729년에 세상을 떠난 Iona의 Egbert의 제자가 되기 위해 678년 아일랜드로 갔다. 688년 사제품을 받고, 690년 엑베르트에 의해 11명의 동료와 함께 프리지아 선교를 위해 파견되었다. 당시 아일랜드 선교사들은 대륙 선교를 위해 '그리스도 때문에 編曆함'(Peregrinatio propter Christum)을 몸소 실천한 이들이었다(New Catholic Encyclopedia 14, McGRAW-HILL, 945~946쪽 참조: 이보 아우프 데어 마우어, 김윤주 옮김, 「그리스도 때문에 떠돌아다님」, 『옛 등걸에 새 순이』, 32쪽 참조).

245) 1935년 2월 10일에, 도청 소재지인 함흥으로부터 신학교의 공적 인가가 도착했다. 국가의 인가는 5년의 중학교 과정, 2년의 고등학교, 2년의 철학과, 4년의 신학과를 명확히 포함시키고 있었다. 이에 따른 정식 개교식은 5월 14일에 가졌다(『원산교구 연대기』, 279쪽).

246) 수도회 자체 신학교만이 아닌 인접지역 교구 지망생들을 받아들이는 여러 교구 공동 운영의 신학교를 뜻한다. 덕원 신학교는 년차적으로 원산교구, 延吉教區, 평양교구의 신학생들을 받아들였고, 후에는 서울 대신학교 학생들이 이곳에서 한시적으로 공부하기도 했었다.

247) 컴퓨터로 月日(음력)을 역산해 보면, 1936년 부활 대축일은 4월 12일이었다. 그러므로 성령강림 대축일은 5월 31일, 성삼주일은 6월 7일이다.

248) 延吉教區 소속 본당으로서 1935년 대령동에 있던 교회가 화재로 전소되자 1935년 차조구로 이전되어 새롭게 건립되었다(본 연구 제4장 제2절에서 상술함).

249) 延吉教區 소속 본당으로서 1909년에 삼원봉 본당과 함께 간도의 첫 본당으로 창립되었다(본 연구 제4장 제2절에 詳述함).

186

7월 11일에는 원산교구 소속으로서는 첫 방인 사제 임화길(안드레아)
신부와 김보용(루도비꼬) 신부가 탄생되었다. 이들의 서품식에는 평양
지목구장 서리 부스(Booth) 신부와 푸순(Fushun, 撫順)의 레인(Lane)
지목구장이 참석했다.[251]

(2) 延吉·依蘭 지역 사목 관할권 수임

한편 원산교구장 辛 보니파시오 주교는 1921년 3월 19일에 북 만주
교구로부터 延吉과 依蘭 지역 사목권을 인수받게 되어 기존 교구 관할
지역보다도 3배나 더 광활한 지역을 담당[252]하게 되었다. 인수 당시
延吉에는 용정·삼원봉·八道溝 3개 본당이 있었고 3개 본당 8,000명
의 신자들과 약 1,200명의 중국인 신자들이 있었다.[253]

1927년 상트 오틸리엔 수도회에서 발간한 『지침서』에는 依蘭 지역에
두 선교기지가 있었는데, 캬무세(佳木斯) 본당에는 필립보 렌쯔(Philippus
Lenz)[254] 주임신부와 보좌 로무알도 바이드너(Romualdus Weidner) 신
부가 재직 중에 있었고, 후친(富錦: 黑龍江省 東部 松花江下遊南岸) 본
당에는 마인라도 슈바인베르거(Meinradus Schweinberger) 주임신부와 보
좌 라이문도 아커만(Raymundus Ackermann) 신부가 재직 중이었다.[255]

1928년 7월 19일에 延吉 지목구가 설정되고, 테오도르 브레허 신부

---

250) 『원산교구 연대기』, 318쪽.
251) 『원산교구 연대기』, 360~361쪽.
252) 『원산교구 연대기』, 19쪽 참조: 1922년 5월 칙서에 의해 만주 지역은 정
　　식으로 원산 교구 관할하에 들어갔다(『옛 등걸에 새 순이』, 163쪽).
253) 『옛 등걸에 새 순이』, 163쪽.
254) 필립보 신부는 1892년 6월 3일 Reichenhall에서 태어나, 1912년 10월 6일
　　에 서원을 하고, 1916년 7월 25일에 사제품을 받고, 1922년 2월 16일 선교
　　사로 파견되었다(1927년도 『오틸리엔 지침서』, 42~43쪽).
255) 1927년도 『오틸리엔 지침서』, 42~43쪽.

가 그곳의 지목구장으로 임명되던 그 같은 날에 依蘭지역이 자치 선교구(Missio sui juris)로 승격되어 신 보니파시오 주교에게 위임되었다. 그러나 분구는 되었어도 이 두 지역에 대한 년 말 사목활동 보고(1928년 5월 1일부터 1929년 4월 30일까지의 보고)는 원산 교구장이 계속하였다.[256] 두 지역에 대한 원산교구의 사목 지원은 지목구나 자치 선교구 설정 이후에도 계속되었으나, 依蘭 선교 자치구에 대해서는 원산교구의 빈약한 자본과 포교 인력, 교구 자체 내의 여러 큰 과제들로 인하여 포교성에 이 지역을 다른 선교단에 넘겨줄 것을 요청하게 되었다. 그래서 依蘭은 우선 포교성으로부터 카푸친 수도회[257]에 위임되었고, 이어 로마에서 있은 평의회에서 구체적으로 1933년 9월 1일에 북부 티롤의 카푸친 관구에 依蘭 포교지를 위임하게 되었다.[258]

1934년 8월 1일에는 延吉 수도원이 단순 수도원(Prioratus simplex)[259]에서 대수도원(Abbatia)으로 승격되고, 초대 대수도원장으로 테오도르 브레허 원장이 아빠스로 승임되었다. 1937년 4월 13일, 延吉 지목구가 대목구로 승격되고, 테오도르 브레허 대수도원장은 대목구장 주교로 성성되었다.

---

256) 『선지훈 논문』, 3쪽.
257) 카푸친 회는 아씨시의 프란치스코 성인이 창설한 '작은 형제회'(O. F. M.)의 한 독립적인 수족으로서, 1536년에 교황 바오로 3세에 의해 정식 인가되었다(『원산교구 연대기』, 248쪽 각주 54).
258) 『원산교구 연대기』, 248쪽.
259) 단순 수도원(prioratus simplex)은 수련소를 가질 수 있는 수도원을 일컫는다(『옛 등걸에 새 순이』, 205쪽 참조).

3. 延吉 지역 성 분도회원들의 선교활동

1) 선교의 모체인 수도원

상트 오틸리엔 베네딕토회는 1884년 6월 29일 교황 레오 13세에 의해 라이헨바흐 선교본부의 설립 인정을 받았다.[260] 수도회가 창립되기 이전 암라인은 벨기에에 있는 마레쭈(Maredsous) 수도원에서 여러 해를 보낸 적이 있었는데, 그는 1880년 11월 그곳에서 성찰한 바를 다음과 같이 적어 두었다.[261]

> 나의 선교 정책은 개인 선교사들에 의존하지 않을 것이며, 오히려 수도 공동체를 중심으로 이루어질 것이다! 수도원은 어린이들에게는 가정과도 같은 곳이 될 터이고, 젊은이들은 수사들의 지도 아래 훈련을 받을 것이다! 수도원의 땅은 공동체를 먹여 살릴 뿐만 아니라 사람들에게 농업을 가르치고 畜農을 가르쳐 그들을 정착시키는 데 이바지할 것이다! 전례 의식은 끌어당기는 아름다움으로 선교의 의미심장한 도구가 되어야 할 것이다!

훗날 암라인 신부가 심혈을 기울여 한 일들은 모두 이 기본 원칙들 위에서 시작한 것들이었다. 덕원이나 延吉 수도원에서의 삶은 창설자 암라인의 사상을 구현하기 위한 공동 기도생활, 후진 양성을 위한 교육활동, 광대한 토지 매입과 농업경영, 전례의 토착화와 청소년 운동

---

260) 『옛 등걸에 새 순이』, 108쪽, 235쪽.
261) 베르니타 발터 지음, 배은주 옮김, 『하느님의 충실성에 의지하여』 퇫징 포교 성 베네딕토 수녀회의 역사, 제1권 회의 창설과 초기 발전사, 포교 성 베네딕토 수녀회, 1996, 24쪽.

등 다각적인 노력을 펼쳐나갔다.

상트 오틸리엔 베네딕토 수도회 회원인 백 플라치도(Placidus Berger) 신부262)는 수도회 본원의 역할과 중요성에 대해 다음과 같이 언급하고 있다.

베네딕토 수도회의 목적은 철저한 수도생활을 함으로써 하느님을 찾는 것뿐이고 다른 어떤 구체적인 목적이 없다. 예를 들어 청빈의 실천이라든가 (긴)263) 성체 조배, 사목활동 등 어떤 특별한 봉사를 목적으로 하고 있지는 않다. 그러나 경우에 따라서, 말하자면 지역교회의 필요성에 따라서 여러 가지 활동을 할 수 있다. 그러나 그런 활동으로 인해 수도생활이 불가능하게 되면 안 된다. 역사에 비추어 보면 사실 베네딕토회에서는 광범위한 여러 가지 활동을 했다. 베네딕토회의 힘은 바로 공동체 그 속에 있다. 만일 어떤 활동이 공동체를 떠나서 혼자서 사는 것을 요구한다면, 베네딕토회는 이런 활동을 일시적 혹은 임시적으로 맡는다.264)

延吉 교구에서 독일 모원에 보고한 연대기들이나 관계 자료들을 보면 베네딕토 회원들의 활동의 중심은 언제든 대수도원(Abbatia)이었고 거기에서부터 사목활동을 하기 위해 사제들이 정신적·실제적으로 파견되었다. 베네딕토회 수도자들은 수도원 내의 문화활동, 특별히 학교 운영이나 신학·철학·과학 등의 학문활동과 연구, 그리고 예술활동 등을 혼자나 둘이 하는 본당사목보다 더 우선적 활동으로 여겼다. 또한 修士들은 주위 사람들에게 농사짓는 법과 원예를 가르치면서 그 지방 사람들의 생활수준을 향상시키는 데에 도움을 베풀었다.265)

---

262) 1965년부터 한국(왜관)에 파견되어 오랫동안 봉사했고, 필자가 독일 모원을 방문(1994)할 당시에는 그곳 모원에서 활동하고 있었다.
263) 백 신부의 글에는 '영원한 성체조배'라고 되어 있는데, 이 표현은 의미가 너무 확대되어 있는 듯하여 필자가 임의로 '긴'이라는 표현으로 바꾸어보았다.
264) 백 플라치도, 「한국에서의 초기 베네딕토회의 선교방침」, 『二百周年 敎會史 論文集』 I, 771쪽.

이런 여러 가지 활동 중, 수도원 안에서의 수도생활의 중요한 다른 요소인 공동 기도와 영적 독서를 베네딕토 수도자들은 또한 소중하게 여겼다. 수도원 안에서의 공동기도로부터 그들의 모든 활동은 시작되어야 했다. 간도에서의 베네딕토 회원들의 교육활동, 전례활동을 통한 선교, 청소년들에 대한 배려 등도 모두 이 정신과 깊이 연관되어 있음을 강조하였다.

암라인 신부는 자신이 구상한 모든 일들이 베네딕토회의 전통에 따라 공동체로서, 그리고 공동체 안에서 행해져야 한다는 점을 계속 강조하였다. 이 점은 그가 수도회 창립 시 외방 선교에 대해 지니고 있었던 7가지 근본사상266) 중 첫째 사상에서도 다음과 같이 잘 묘사되고 있다.

베네딕토회의 선교는 무엇보다도 먼저 공동체적인 선교수도원으로서 해야 하며 포교庵子로서 하는 것은 베네딕토회의 선교방법이 아니다(여기서 포교암자란 재속 교구의 경우 본당 신부 혼자서 살아가는 모습을 지칭하는 말로서, 공동체로 살아가는 수도원과 비교되는 표현이다). 중세기의 베네딕토회가 선교에 성공을 거둔 것은 공동체적인 수도원을 통해서 선교했기 때문이다. 이런 공동체적인

---

265) 백 플라치도, 위의 논문, 772쪽 참조.
266) 암라인의 선교에 대한 일곱 가지 기본 사상은 다음과 같이 요약해 볼 수 있다: ① 베네딕토 수도회 선교활동의 오랜 전통을 부활시킬 선교 수도원 모원을 유럽에 세우고 거기로부터 새로운 修族이 파생되게 한다. ② 수도원은 선교의 중심지요 주변 사람들을 위한 은총의 샘이 되어야 한다. ③ 수도원의 구성원은 서원자·수련자·예비 성소자 세 부류이고 이들의 양성 및 교육은 수도원 자체 내에서만 행해져야 된다. ④ 평수사들이 선교직을 위해 양성되어야 한다. ⑤ 성직 수도자와 평수사의 관계는 형제적 연대감으로 맺어져야 한다. ⑥ 선교지 여성들의 그리스도교적 교육을 담당할 여성 선교 조력자들인 수녀회와 더불어 일한다. ⑦ 이상의 7개 기본사상은 포교성에 보고되어 승인을 받은 후 어느 한 항목도 변경하거나 삭제되어서는 안 되며 성화된 것으로 간주되어야 한다(『선지훈 논문』, 28∼33쪽).

선교방법은 일시적으로 존재했다가 사라지지 않고 영속되므로 이 방법만이 미래의 선교활동에 있어서도 영속적인 성공을 확약해줄 것이다.[267)

한국에 파견된 수도원 분원장(Prior) 보니파시오 신부는 이미, 파리 외방전교회로부터 요청 받은 학교제도 이외에 그 이상의 주요한 과제를 서울에서의 수도원 설립과 관련시켰다. 즉 수도원을 성 베네딕토 회칙에 따라 세우고, 그리하여 유럽의 베네딕토회 수도원 생활을 첫 번째로 극동 아시아, 즉 한국으로 이식하겠다는 것이었다.[268) 따라서 수도원에서의 생활은 비신자들과 새 신자들에게 참된 가정생활의 모범을 보여줘야 했다.[269) 날마다 미사성제와 저녁기도, 성무일도 시간에 그들은 공동으로 노래를 불렀다. 들녘은 농사를 짓기 위해 정리되었고, 과수원도 만들었다.

延吉 수도원에서도 역시 베네딕토회 수도원 생활이 참되게 실행되었다. 즉 성무일도와 월례 회의 그리고 그 밖의 모든 수도원 삶의 수련들을 베네딕토회 회칙에 규정된 대로, 실생활에 옮겼던 것이다.[270) 그

---

267) 백 플라치도, 위의 논문, 776쪽 참조.

268) 쿠겔만, 「서울 성 베네딕토 수도원의 설립 보고, 덕원으로의 수도원 이전 및 원산 대목구에서의 베네딕토 회원들의 활동」, 『환갑』,(이하 「德源 移轉 元山 活動」으로 略記함), 89쪽 이하 참조: 아우프 데어 마우어, 위의 책, 85쪽: 첫 번째 수도원장이었던 보니파시오 사우어 신부에게는 언제나, 성 보니파시오가 자신의 교구, 풀다(Fulda)에 세웠고, 짧은 기간 안에 전성기를 누릴 만큼 번영했으며, 그리하여 그러한 그리스도교적이고 수도자적인 삶이 주변 지역에 영향을 끼쳐, 풀다가 전 독일에서 종교적 삶과 그리스도교 문화의 중심지가 될 수 있게 했던, 바로 그 수도원을 눈앞에 그렸다(그라프, 「보니파시오 사우어 주교 아빠스 한국의 베네딕토회 선교 활동의 창시자의 전기」, 『환갑』, 71, 73쪽 참조: 쿠겔만, 위의 책, 89쪽).

269) 안드레아스 엑카르트, 「한국의 가톨릭교회」, Akademische Missionsblätter(대학 선교신문), 14호, 1926, 34~40쪽 중 39쪽.

270) Philipp Lenz, Benediktiner-Mission Yenki-Mandschurei(延吉-만주에서의 베네딕토회원들의 선교), 『환갑』, 178쪽 참조.

리고 매 주일마다 복음을 한국어로 노래했다.[271]

- 월례 모임 -

수도원이 특별히 선교 중심지로서 어떠한 발전을 이루었는지는 월례 모임 안에서 잘 드러났다. 외부 선교기지에 살고 있는 신부들이 매월 대수도원으로 모여 며칠씩 함께 보냈다. 며칠 동안이나마 온전히 수도 자로 머물며, 내적이고 영적인 삶과 기도 그리고 성찰에 더욱더 전념 하게 되는 것이다. 대체로 이 기간 동안에는 선교활동에 관한 현실적 문제들에 대한 강의도 들었다. 이렇게 수도원은 그들이 언제고 다시 되돌아와서 육적으로나 영적으로 원기를 되찾을 수 있는 제2의 고향이 돼주었다.[272]

이렇게 수도원의 월례 모임은 영적인 연수와 당면한 선교 상의 문제 해결을 목적으로 하고 있었다. 선교사들이 기껏해야 5년마다 한 번씩 휴 가와 신학적인 갱신을 위해 고국으로 떠날 수 있었기 때문에, 베네딕토 회의 선교 공동체는 자체 내의 신부들 스스로 신학적인 지속교육을 실 행해야 했다.[273]

2) 한국인 후진 양성

현지 지방민들을 수도회 가족으로 받아들인다는 것은, 한편으로는 그들을 거룩한 교회와 그 전례 그리고 전통의 정신 안으로 이끌겠다는 것을 의미했고, 다른 한편으로는 이러한 입회와 더불어 그들이 사제직 과 그 밖의 다른 영적인 분야의 쉼 없는 활동과 마찬가지로, 농사짓기

---

271) 서울 성 베네딕토 대수도원 연대기. 1911년 1월~4월 참조.
272) 필립보 렌쯔, 위의 책, 178쪽 참조; 『선지훈 논문』, 61쪽 참조.
273) 『선지훈 논문』, 62쪽.

와 작업장에서의 부지런한 육체노동도 해야 한다는 것을 의미하기도 했다. 그런데 그러한 작업장은 공동체 자체의 필요를 위해서뿐만 아니라 지방민들에게도 일을 가르치기 위해 마련된 것이었다.[274]

1914년, 지원자들을 받아들이기 시작했고, 그들의 수련기간은 유럽에서보다 훨씬 더 길었다. 1919년 성령 강림 대축일에 첫 번째로 3명의 한국인 형제들이 착복식을 했다. 그들은 모두 기술학교 출신이었는데, 미리 기술학교를 거친 사람들만을 수사지원자로 받아들였기 때문이다. 그 밖의 지원자들이 있을 경우 그들은 먼저 견습기간을 마치고 장인시험에 합격해야 했고, 문맹자들인 경우에는 읽기와 쓰기를 배우기 위해 몇 년간의 학교 수업을 더 먼저 받아야 했다.[275] 청원자들의 수련기간은 만 3년이었다. 몇 년이 지난 뒤인 1923년 기술학교가 신학생들을 위하여 자리를 내수어야 했기 때문에 수사 후진 양성이 중단되었고, 그와 더불어 본래의 예비교육도 아쉽게 중단되었다.[276]

원산에 진출한 독일 투징(Tuzing) 베네딕토 수녀회와 만주에 진출한 스위스 캄(Cham)의 거룩한 십자가(올리베타노) 수녀회는 짧은 기간 안에 아주 많은 수의 수녀 후진들을 양성했다. 투징의 포교 성 베네딕토회 수녀들은 1925년에 원산 대목구에 도착했는데, 이미 1940년에 서원을 한 한국인 수녀들이 18명이었고, 스위스 Cham의 거룩한 십자가 수녀회는 1931년 초청을 받아 延吉에 진출한 이래, 1946년까지 20명의 방인 서원 수녀들을 배출시켰다.[277]

---

274) 안드레아스 엑카르트, 「한국의 가톨릭교회」, 『대학선교 신문』, 제14호, 1926, 39쪽: 『선지훈 논문』, 63쪽 각주 26.
275) 『서울 성 베네딕토 대수도원 연대기』 1920년 1월~3월: 사우어, 「전쟁 동안의 한국의 우리 수도원」, 『오틸리엔 布敎誌』, 24호, 1919 / 20, 163쪽: 쿠겔만, 「성 베네딕토 수도원의 설립 보고, 덕원으로의 수도원 이전 및 元山 교황 대목구에서의 베네딕토회원들의 활동」, 『환갑』, 89쪽 참조.
276) 『선지훈 논문』, 63쪽.
277) 렌너, 『5枝 촛대』 2권, 422, 425, 431쪽: 크리소스토마 슈미트, 「북한, 투징 수녀들의 최초의 선교 기지 설립」, 『오틸리아 布敎誌』, 39호, 1935, 260

3) 수사들의 활동

(1) 수도원의 장인(匠人)들

상트 오틸리엔 베네딕토 수도회의 창설자인 암라인(Joseph Georg Amrhrein, 1844~1927년)의 이상은 한 지역 사목구를 회원들이 직접 담당하는 것보다는 기존의 사목자들을 도와 문화적인 활동을 하려는 것이었다. 전교활동의 목표가 주로 본당 사목 위주였던 당대에 師父 성 베네딕토(Benedictus, 480년경~547년)는 수도 공동체의 삶을 통해 전교하여 성공을 거둔 역사적 사례들을 접한 암라인은 선교의 새로운 방안들을 제시하였으니 그 첫째는 성직자 위주이기보다는 평수사 위주의 선교방법이요, 다른 하나는 간접 선교의 방법으로서 장인들의 공동체를 구성하여 선교 자금 마련의 어려움으로부터 해방되는 것이었다.

암라인은 포교 수도회를 세우려 할 때 신부들과 평수사들의 수적 비율을 7:1로 생각했었다.[278] 이는 수도원 내에서의 성직자들의 역할을 미사나 성사 집전, 영성 관리 등으로 최소화하고, 오히려 포교활동을 전담할 다음과 같은 이들 즉, 의사·예술가·교육자(생활 지도자와 학교 교사), 수공업학교와 농업학교 등을 운영하는 사람들의 역할에 비중을 두려함이었다.[279]

암라인은 1879년 5월 17일 성언회의 창설자인 아놀드 얀센(Arnold Janssen, 1837~1909년)[280] 신부에게 보낸 편지에서, 선교 자금을 모으

쪽: 렌쯔, 위의 책, 179쪽: 라이문트 악커만, 「延吉 대목구와 만주 延吉시에 있는 거룩한 십자가 수도원의 몰락, 1945-1952」, 『환갑』, 193쪽).

278) P. F. Bornemann, *Ein Briefwechsel zur Vorgeschichte von St. Ottilien*, Steyler Verlag, 1965, p.74: 백 플라치도, 「한국에서의 초기 베네딕토회의 선교방침」, 773쪽.

279) P. F. Bornemann, 위의 책, 72쪽: 백 플라치도, 위의 논문, 773쪽 참조.

는 것은 선교에 간접적으로 참여하는 것이라고 하면서, 부자들의 금고
에서 나오는 돈으로 선교 자금을 마련하는 것은 영속적인 것이 아니고
또 넉넉하지도 않기에 지속적인 자금 조달 방법을 마련하기 위해 다음
과 같은 점을 제안하였다.

> 경건한 수공업자나 공예가들로써 한 단체를 조직하여, 어떤 사람
> 은 당분간만, 어떤 사람은 제3회원으로서 영원히 그 단체에 머물도
> 록 한다면, 그들이 손수 일함으로써 선교사들이 생명과 기타 모든
> 것을 바쳐서 하는 사도적인 사업을 같이 나누어지고 가게 될 것이
> 라는 생각을 하게 되었는데 이것이야말로 강복이 넘치는 계획 같
> 았습니다. …… 그러므로 공예가와 수공업자들도 선교사라고 할 수
> 있습니다. 또한 그들의 일은 직접 복음전파에 이바지하는 것이라고
> 도 하겠습니다. …… 그뿐 아니라 제대, 석상, 제대의 조각, 기타
> 이와 비슷한 공예작품으로 직접 선교 지방의 성당 건축을 완성시
> 키는데 이바지 할 수도 있습니다.[281]

이처럼 평신도 기술자를 활용하여 외방선교 활동을 펼치려는 한 제
도를 만들겠다는 구상은 암라인의 새로운 착안으로서 특기할 만한 일
이었다.

한국이 근대화되기 이전까지는 노동은 천하게 여겨졌고, 땀 흘려 일
하는 것은 평민이나 종들의 역할이었다. 그런데 베네딕토 성인의 '기도

---

280) 얀센 신부는 1837년 11월 5일 低 라인란트 지방 Goch에서 태어났다.
  1875년 슈타일에 있는 聖言會를 창립해 그곳의 총장이 되었다. 1876년에
  선교를 위한 인쇄소를 세웠고, 1877년에는 사제들과 평신도들을 위한 피정
  과정을 개설했다. 1878년에는 「하느님의 도시」라는 잡지의 창간호를 발행
  했고, 1879년에는 처음으로 두 명의 선교사를 중국에 파견하였다. 암라인
  신부에게 선교 이념에 대한 많은 영향을 주었다. 1909년 1월 15일에 운명
  하였고, 1975년 10월 10일 시복되었다(베르니타 발터 지음, 배은주 옮김, 『
  하느님의 충실성에 의지하여』, 234쪽; 『선지훈 논문』, 17쪽 각주 7).
281) 백 플라치도, 위의 논문, 774쪽 참조.

하고 일하라'(Ora et Labora)라는 가르침은 한국인들과 延吉 지역 신자들의 의식을 바꾸어 놓는 데 큰 역할을 하였다.

수사들의 활동은 단지 종교적인 선교업무에만 국한되어 있었던 것은 아니었다. 수도원 주변 사람들을 농업과 그 밖의 다양한 수공업 분야를 통해 교육하고, 그것을 통해 경제적으로 나아질 수 있게 하려는 시도를 했다. 선교국가에 있는 베네딕토회 수도원은 수사들 없이는 거의 아무 것도 생각할 수가 없었다. 그들 가운데에는 독일 수사들 외에 한국인 수사들도 있었다. 한국에서의 평수사들이 갖는 의미에 대해서 보니파시오 사우어 아빠스는 다음과 같은 기록을 남겼다.

> …… 여기 동아시아에서 유럽인들은 어떤 육체적인 노동도 해서는 안 되었다. 전쟁이 이러한 생각을 근본적으로 일소시켜 주었다. 이런 생각은 진작부터 이미 잘못된 것이었다. 그리스도교는 노동의 가치가 존중되는 곳에서만이 깊이 뿌리를 내릴 수가 있게 되는 것이다. 노동의 원칙에 대한 존중 없이는 어떤 그리스도교도 없다! 성 베네딕토는 그의 시대에 노동의 도덕적인 위대성을 가르쳤다. 여기 동아시아에서는 그것이 두 배, 세 배로 필요하다. 수사들은 대체로 우리 신부들보다도 더 본래의 그리스도교 문화의 운반자들이었다.[282]

사제직과 강의, 언어 연구 등에 사제들이 종사한 반면, 수사들은 그들의 작업장과 공장에서 열심히 일했다. 유럽인과 한국인 수사들이 해오던 갖가지 다양한 조업들은 다음과 같다: 목공소, 가구 세공업장, 함석 가공 수공업장, 재봉실, 제본소에서 그리고 지붕을 잇는 일이나, 정원, 주방, 현관 등에서 일했고, 건물 관리인으로 배치되기도 했다.[283]

---

282) Maurus Galm, *Der Benediktinerbruder als Hilfsmissionär*(보조 선교사로서의 베네딕토회 수사), Münsterschwarzach 1929, 18쪽; 『선지훈 논문』 67쪽.
283) 『延吉 事實報告書』, 59~60쪽; 『德源 성 베네딕토 수도원 연대기』, 192

어디든 새로운 선교기지가 개설되면, 수사들이 필요한 건물을 짓기 위하여 벽돌공으로, 목수로, 금속공으로, 소목장이로 즉시 그 자리에 배치되었다.

그러면 그때 한국인 수사 지원자들도 언제나 장인들의 조수로 함께 투입되었다. 그럼으로써 그들이 후에 스스로 업무를 처리할 수 있도록 배려하였고, '언어상의 이점'으로 주민들과 쉽게 접촉을 할 수 있도록 도왔다.

또한 '농업경영수사'(Ökonomiebrüder)들도 있었는데 이들은 수도원에 필요한 음식물을 조달하기 위해 농업에 종사했다. 들일, 양봉, 가축과 돼지 사육, 과수, 포도원, 숲일 등이 모두 그들의 노동 분야에 속했다.[284]

(2) 평수사들의 특별한 선교적 공헌

겉보기에는 교육을 더 적게 받은 사람들로 보여지는 이들 수사들이 똑같이 그들 일의 숙련된 솜씨와 직무상의 전문지식으로 주민들의 관심을 불러일으켰다. 한국인 수사들의 활동, 즉 교리교육이나 사목 분야, 사회에 대한 자선 분야, 선교를 위한 보다 밀착된 활동 분야 이외에도, 그들은 건설현장 공사 때에 지방민들의 종사로 인해 주민들에 대한 선교가 일상의 활동으로 점점 더 긴밀하게 이루어졌다.[285]

갖가지 다양한 육체적, 수공업적 노동을 통해서 그 당시의 거의 모든 동아시아 국민들은 자신들이 처해 있던 심각한 사회적 문제, 가난 그리고 기아를 해결해야만 했다. 베네딕토 회원들은 일찍이 유럽에서

9~1932, 1935~1936; 「성 베네딕토 德源 수도원에 관한 소식」, 『오틸리아 布教誌』, 43호, 1939, 152쪽, 154쪽; 루트거 샤웁, 「延吉에서의 우리 수사들의 활동」, 『오틸리아 布教誌』, 48호, 1944, 174~175쪽.

284) 『선지훈 논문』, 68쪽.

285) 『선지훈 논문』, 68~69쪽 참조.

그들의 포교활동 중에 노동의 도덕적인 가치를 가르쳤었던 것과 같이,
똑같은 비중으로 동아시아의 포교에서도 노동의 가치를 역설했다.[286]

4) 전례 개혁 운동과 쇄신

(1) 延吉에서의 "전례 운동"

충실한 목자는 언제나 공동체를 형성하여 힘을 북돋아 주고 새롭게
하기 위한 방법을 모색하는데, 延吉 지역의 사목자인 朴 콘라드
(Konrad Rapp) 신부와 裵 발두인(Balduin Appelmann) 신부가 전례운
동을 도입했을 때, 테오도르 아빠스는 대단히 기뻐했다. 그는 신자들이
능동적으로 미사참예를 하도록 하기 위해서 어떤 재정적 지원도 아끼
지 않았다.[287]

1932년 테오도르 아빠스는 세 개의 미사경문을 실은 소책자를 발간했
다. 이어서 배 발두인 신부가 한국말로 번역한 『소미사경본』이 나왔다.
거의 같은 시기에 덕원 수도원에서 洪 루치오(Luzius Roth) 신부가 한
국어판 『미사경본』을 만들었는데, 후에 延吉교구에서도 이 미사경본을
사용하였다.[288]

테오도르 아빠스는 공동미사를 마음속 깊이 그리워하고 있었다.[289] 그
는 언제나 수사・수녀들과 함께 공동미사를 드렸고, 그것은 합창단 성가
미사보다 더 그의 마음에 들었다. 공동체 미사가 거행되는 동안 제물봉
헌도 있었다. 그가 처음으로 〈신자들을 향한〉(versus populum) 미사[290]

286) 『선지훈 논문』, 68~69쪽 참조.
287) 『승리의 십자가』, 89쪽.
288) 『승리의 십자가』, 89쪽.
289) 『승리의 십자가』, 89쪽 참조.

를 지내게 되었을 때 그는 뜨거운 감명을 느꼈다. 제물봉헌과 신자들을 향한 미사는 그 당시로 보아 전례적 혁신의 하나였기 때문이다.[291]

테오도르 주교가 그토록 그리워했던 공동미사 집전이나 모국어 미사 등은, 제2차 바티칸공의회가 전례의 새로운 변혁을 시도하기까지는 교회법이 허락하지 않았던 것들이었다. 그럼에도 불구하고 延吉 지역 선교사들은 독일의 전례개혁 운동의 영향 때문이었는지 많은 새로운 시도들을 전례 안에 감행했었다. 그들이 활동하던 시대에 엄존했던 1917년도의 교회법 한 조항을 살펴보면 다음과 같다.

제803조: 로마 주교용 예식서에 의한 사제서품 미사 및 주교 성성식 미사를 제외하고 여러 명의 사제가 공동미사를 집전하는 것은 허락되지 않는다.

제2차 바티칸공의회 정신에 따라 개정된 법이 발표된 1983년 이전까지는 모든 사제들이 위 법의 두 경우 이외에는 공동미사를 지낼 수 없었기에 개인적으로 복사와 함께 미사를 봉헌하였다. 개정된 현행 법전 제902조는 다음과 같이 변화된 내용을 싣고 있다.

제902조: 그리스도교 신자들의 유익이 달리 요구하거나 권고하지 아니하는 한 사제들은 성찬을 공동 거행할 수 있다. 그러나 각 사제가 개별적으로 성찬을 거행할 자유는 보존되지만 같은 성당이나 경당에서 공동 거행이 있는 그 시간에는 그러하지 아니하다.

---

290) 제2차 바티칸공의회 이전까지는 미사를 봉헌하던 제대가 신자들을 향하여 있지 않고 벽 쪽을 향하여 있었다. 사제가 제대에서 미사를 봉헌할 때 신자들은 사제의 등을 보고 미사에 참여해야 했다. 인사나 강론, 성경 봉독 때에야 비로소 사제가 신자들을 향해 돌아서서 했다.
291) 『승리의 십자가』, 89~90쪽.

현재 사용되고 있는 『미사경본의 총지침』에도 다음과 같은 글이 실려 있다.[292]

　제74항: 지역교회에 있어서 주교가 사제단과 시종들과 함께 미사를 집전하고 하느님의 거룩한 백성이 능동적으로 참여하는 형태가 가장 뜻 깊은 것이니, 이로써 교회의 모습이 가장 뚜렷이 나타나기 때문이다.

　제76항: 어떤 공동체에 의해서 거행되는 미사 중에서 성무일도의 한 부분인 '수도회 공동체미사'(Conventualis)나 '공동체미사'(Communitatis)라 불리는 미사는 특기할 만하다. 이들 미사의 집전 양식이 다른 것은 아니지만, 노래 미사로 봉헌하고 특히 그 공동체에 속하는 수도자나 고위 성직자가 이런 미사에 적극적으로 참여하는 것이 마땅하다. 그러므로 이런 미사에서 각 참여자는 각기 받은 품위 혹은 직무에 따라서 자기 임무를 수행해야 한다. 신자들의 사목적 이익을 위하여 개별적으로 미사를 드릴 의무가 없는 모든 사제들은 가능한 한 이런 미사에서 공동 집전하는 것이 좋다. 또 그 공동체에 속한 사제로서 신자들의 사목적 유익을 위하여 개별적으로 미사를 드릴 의무가 있는 모든 사제는 같은 날 '수도회 공동체미사'나 '공동체미사'에도 공동 집전할 수 있다.

신자들로 하여금 거룩한 잔치인 전례에 활발히 참여하게 하는 일이 덕원의 선교지역에서와 마찬가지로 延吉의 선교지역에서도 처음부터 베네딕토회 선교사들의 가장 중요한 관심사요 과제 중의 하나였다.[293]

---

292) 『제2차 바티칸공의회의 결의에 따라 개정 공포된 미사경본의 총 지침』, 한국천주교중앙협의회, 1990, 28-29쪽.
293) 베다 단쩌(Beda Danzer) 신부, 「용정에서 전례 운동을 보급시킨 방법」, 『가톨릭선교』, 제64호(1936), 15쪽: 올라프 그라프 신부, 「원산 대목구 수도원의 전례적 선교활동」(이하 「元山 전례 활동」으로 略記함), 『전례 생활』, 제4

그들은 "고국의 베네딕토 회원들이 있는 곳에서 아주 풍성한 은총 속에 활짝 폈던 바로 그 전례적 개혁을 독일에서처럼 延吉에서도 한 지역을 새 개발지로 유용하게 성장시키려는"[294] 시도를 했던 것이다. 그 때문에 한국에서의 "회중 전례적 작업"(Volksliturgisches Arbeiten)에 있어서 절박한 과제는 거룩한 미사성제에 대한 보다 깊은 이해와, 또 그 잔치에 보다 활발하게 참여하도록 일깨우고 요구하는 일이었다.[295]

이러한 요구는 그 당시 한국에서 미사드릴 때의 상황에서 기인한 것이다. 이를테면 글을 읽을 줄 모르는 한 부인은 미사시간 동안 로사리오 기도를 드리면서 미사성제에 참여했는데, 그런 경우 미사성제에 참여하긴 했지만 참된 의미의 미사 참례는 아닌 것이다. 마찬가지로 교우 공동체도 본당의 대미사 때에 로사리오 기도를 드리면서 미사에 참

호(1937), 225쪽: 아델하르트 카스파르(Adelhard Kaspar) 신부, 「德源과 延吉의 베네딕토회 선교사들의 출판물들」, 『환갑』, 113쪽.

294) 올라프 그라프, 「元山 전례 활동」, 220쪽. 19세기에 전력을 기울이며 일어났던 "전례 운동"이 의미하고 있는 것은, 미사를 다시 본당 공동체를 집결시키는 중심이 되게 만들어야 한다는 것이었다. 그것은 주로 19세기에 새로 설립된 베네딕토회 수도원들인 솔렘(Solesmes)이나 보이론 수도원들로부터 시작되었다. 이 수도원들은 라틴 교회의 훌륭한 미사 전통을 다시 새롭게 소생시켰다. 신자들의 미사책과 저녁 기도책의 전형적인 표현을 위해, 전례주년에 따른 교회력과 전례 책자들을 다시 찾아냈고, 그레고리안 성가도 새롭게 고쳤다. 교황 비오 10세(1903~1914년)는 1903년 11월 22일 교회 음악에 관한 교황의 특별칙령(Motuproprio)「Tra le Sollecitudini」를 발표하여 그들의 연구결과를 안전하게 보전하려 하였고, 바티칸 간행 성가책과 1911~1914년의 전례 개혁서를 의무화했다. 대략 1923년 이후부터 독일의 Maria Laach 베네딕토 수도원이 이 전례 운동을 이끌어 갔다. 비인에 있는 클로스터노이부르크 역시 비오 파르쉬(Pius Parsch) 신부에 의해서 고무된 "신자 전례 운동"으로 유명해졌다. 파르쉬는 다양한 언어로 번역된 자신의 수많은 저작물들과 대중적인 저서들을 통해서, 전례 운동을 전 세계로 파급시키는 데 있어서의 성공적인 개척자가 되었다(LThK, 제6권, 1097-1100쪽; 제8권, 111쪽 참조; 『그리스도교 사전』(Wörterbuch des Christentums), 폴커 드레센, 헤르만 해링 등 발행, 뒤셀도르프, 1988, 741쪽 이하 참조).

295) 그라프, 위의 책, 225쪽.

202

례했었다.[296] 때문에 각 선교기지에서는 공동체 미사 시작 전에 수개월간 매주 일요일마다 교리교육을 실시하고, 또한 공동의 낭송과 라틴어 응송을 연습했었다.[297] 이를 위해 번역된 국어 미사책이 꼭 필요하게 되었고, 그것으로써 주민들은 더욱 적극적으로 공동체 봉헌예식에 참여할 수 있게 되었다.

베네딕토 회원들이 이러한 개혁을 먼저 시험적으로 시도하게 되었으니 그들은 1931년 대림 제1주일부터 주일미사와 축일미사 양식을 낱장으로 한국어로 인쇄하여, 미사참례자에게 나누어주었다.[298] 延吉에서는 콘라드 신부와 빅토린 신부 그리고 그 밖의 몇몇 신부들이 "전례 운동"의 도입과 실시를 위해 미사 경문들을 한국어로 번역했다.[299] 이러한 試用기간 동안에 베네딕토회원들은 모든 미사경본을 그 나라의 국어로 완벽하게 번역하는 것이, 미사성제가 토착민들과 결합된 공동의 축제가 되는 데에 있어서 필수적인 조건이 된다는 것을 분명하게 알게 되었다.[300] 이러한 시도에 대해 로마 교회는 트렌토 공의회 이후 제2차 바티칸공의회가 열릴 때까지 개방적이지 않았기에[301] 베네딕토

---

296) 그라프, 위의 책, 221쪽 참조: 교황 비오 10세(1903. 8. 4~1914. 8. 20)는 "당신들은 미사를 드려야지, 미사 중에 기도하거나 또는 기도하게 내버려두어서는 안 됩니다."라고 말함으로써 미사에 능동적으로 참여하는 것의 소중함을 제2차 바티칸공의회 이전에 벌써 깨닫게 해주었다(『선지훈 논문』, 86쪽, 각주 136).

297) 그라프, 위의 책, 224쪽 참조.

298) 『龍井 선교기지 연대기』 1932년 5월~1934년 9월: 『德源 성 베네딕토 수도원 연대기』 1933년 1월~7월: 카스파르, 위의 책, 113쪽 참조.

299) 테오도르 브레허, 「살아서도 하나이며, 죽어서도 하나: 엥엘베르트 뮐러 신부, 실베스터 아쇼프 신부, 콘라드 랍 신부의 죽음에 관한 보고」, 『오틸리엔 布敎誌』, 37호, 1933, 67쪽: 카스파르, 위의 책, 113쪽.

300) 그라프, 위의 책, 224쪽 참조.

301) 트렌토 공의회도 미사 중에 교리교육이 필요하다는 사실은 인정하였으나, 생활의 모든 요청을 다 받아들이지는 못했다. 그때도 벌써 많은 교부들이 모국어 사용의 타당성을 피력하였으나, 이 요청에 대해서 공의회는 당시의 환경으로 보아, 미사는 그리스도의 행위이므로 그 고유 효력이 신자들

회 선교사들의 전례 개혁 운동은 용기 있는 새로운 시도일 수밖에 없었다.

(2) 한국어 미사경본들

홍 루치오 신부는 1932년 『미사통상문』(Ordinarium Missae)을 한국어로 번역했다.[302] 이 소책자는 처음에 여러 부 등사하여 간행하였는데, 한국인 수사와 수녀들을 위한 보조수단으로 구상된 것이었다. 미사 참석자들은 1932년 가을부터 일요일마다 잦은 강론을 통해서, 이 거룩한 책자의 사용과 또 이 책자와 관련된 것들을 서로 가르쳐주며 배우게 되어있는데, 이 책은 그때그때마다 미사 전에 신자들에게 미리 배부되어 있었다.[303] 발두인 아펠만 신부는 라틴어 미사경본을 번역하여,

―――――――――――――――

의 참여 방법에 좌우될 수 없다는 전통적 주장을 재확인할 의무를 느꼈다. 그래서 "교우들의 교육이 중하지만 모국어 미사가 더 좋다고는 생각지 않는다."고 결정했다(22차 회의 8장).
* 또 "성찬기도와 축성기도를 속으로 외는 로마 예식은 배격해야 하고 미사는 모국어로 드려야 한다."고 주장하는 사람을 단죄했다(동9장). 그러나 "사목자들은 특히 주일과 축일 미사 중에 미사의 일부를 설명해 줌으로써 그리스도의 양들이 주리지 않도록 하라."고 명했다(동8장)
* 교회의 사도적 직무를 현대에 적응시킬 목적으로 소집된 제2차 바티칸공의회도 트렌토 공의회처럼 거룩한 전례의 교육적 내지 사목적 특성을 깊이 탐구하였다(전례 33조). 지난날 라틴어로 집전된 전례의 정당성과 유효성을 의심할 가톨릭 신자는 없겠지만 공의회는 "가끔 모국어 사용이 교우들에게 유익함"을 인정하고 모국어 사용허가를 부여했다(동36조). 이 허락은 곧 온 세상이 환영하고, 주교들과 성좌의 지도 밑에서 교우들이 참석하는 전례에 모국어를 사용하게 되고, 집전되는 신비의 내용을 더 쉽게 알아들을 수 있게 되었다(제2차 바티칸공의회의 결의에 따라 개정 공포된 『미사경본의 총 지침』, 한국천주교중앙협의회, 1990, 12쪽).
302) 『德源 성 베네딕토 수도원 연대기』 1932년 1월~7월: 카스파르, 위의 책, 113쪽 참조.
303) 『龍井 선교기지 연대기』, 1932년 5월~1934년 9월 참조.

1932 / 33년 겨울에 미사경본 소책자로 완성시켰다. 이 책의 많은 부분은 이미 더 먼저 번역된 미사양식(Meßformular)을 포함하고 있었고, 미사기도문은 포괄적으로 「미사통상문」을 모범으로 삼고 있었다.

그라프 신부는 미사경문에, 37개 문항으로 된 미사교리에 대한 특별 교리문답을 포함하여 약 80쪽에 달하는 미사해설을 맨 처음에 언급했다. 1933년 가을에 그것으로써 「미사규식」[304] (Ordo Missae)이라는 소책자를 덕원 인쇄소에서 발행할 수 있었으며, 처음으로 그러한 새로운 형태로 선교기지에서 자유로이 사용되었다.[305]

이 소책자가 아주 귀중한 선교수단이었다는 것과 어떻게 그 책이 투입되었는지는 용정의 연대기의 기록에서 알아볼 수 있다.[306]

연대기 저자가 그것의 인쇄를 위해 1933년 여름에 6주 동안 덕원에서 머물렀고, 마침내 9월 말에 완성된 미사기도문들은 매일 미사 때에 공동으로 바쳐졌다. 그리고 처음의 문제점은 오랜 기간에 걸쳐 극복되었다. 아주 많은 신자들 대부분이 그 미사소책자를 저렴하게 구입하여, 미사 때에 모두가 힘찬 목소리와 아름다운 리듬으로 경문을 낭송하면서 화답송을 받았다. 본시 미사전문(Kanongebete)은 교회가 허락하는 바에 의하면, 공동으로 낮은 목소리로 하게 되어 있었다. 일상의 미사경문들은 그것이 모자라는 한 계속해서 더 인쇄되었다.

몇 가지 사전작업[307] 후에 1936년에 그 다음 미사책인 「미사경본」이 더 간행되었는데,[308] 그것은 루치오 신부가 안셀름 쇼트(Anselm Schott) 신부의 『쇼트 미사경본』(Schottmessbuch)[309]이라 불리는 미사책을 근거

---

304) 이 소책자는 德源과 延吉에서 공동체 미사 때의 미사기도를 위해 만들어졌다.
305) 『德源 성 베네딕토 수도원 연대기』 1935년 상반기 반년.
306) 『龍井 선교기지 연대기』, 1932년 5월~1934년 9월 참조.
307) 이미 1933년에 이 책의 일부가 인쇄되어, 거룩한 미사의 참석자들에게 분배되었다(『德源 성 베네딕토 수도원 연대기』 1933년 1월-7월).
308) 『德源 성 베네딕토 수도원 연대기』 1936년 후반기 반년.

로 하여 한국어로 번역한 것이다. 이 미사경본은 미사해설과 주일과 축일 그리고 성인들의 미사와 베네딕토회 고유미사, 그리고 공동 미사 등을 내포하고 있었지만, 그러나 사순시기의 평일 미사는 들어 있지 않았다. 그것은 이제 여러 부로 복사되었다. 미사경본의 주요 사용자들은 원산과 延吉의 자체 선교지역이었다. 아주 많은 수의 책이 메리놀회 신부들에 의해서도 주문되었고, 프랑스 선교사들이 사목을 담당하고 있는 지역에서도 판매고가 적지 않았다.[310]

1935년에 몇 가지 특별한 미사책들이 발행되었는데, 그것 역시 로트 신부에 의해서 개작되었다. 그것은 세 권으로서 「주일미사경본」, 「성인 미사경본」 그리고 「사순절미사경본」 등이다. 처음의 두 미사경본은 「미사경본」의 발행 뒤에는 더 이상 새로 간행되지 않았고, 마지막 미사경본은 계속 출판되었다. 왜냐하면 이 부분이 「미사경본」에는 빠져 있었기 때문이다.[311]

그 외에도 파비안 담(Fabian Damm) 신부는 천연색 그림이 수록된 「어린이용 소미사경본」(Meßbüchlein für Kinder)을 발행했다. 그 초판은 1936년에, 재판은 1937년에 그리고 제3판은 1942년에 간행했다. 처음 두 판본은 한국어로, 마지막 판본은 일본어로 되어 있는데, 그 까닭은 어린이들이 나중에 한국어를 더 이상 읽을 수 없었기 때문이다.[312]

---

309) 쇼트 미사경본은 元山교구 연대기 1933년 1~7월 기록에 의하면 한글판으로 이미 발간되었다. 그 책은 우선 등사판으로 나왔는데, 내용은 미사 통상문, 모든 주일과 첨례 미사, 중요한 성인 첨례 미사 등으로 되어 있었다(『元山교구 연대기』, 238쪽).

310) 『덕원 성 베네딕토 수도원 연대기』 1936년 후반기 반년.

311) 『德源 성 베네딕토 수도원 연대기』, 1935년 상반기 반년: 카스파르, 위의 책, 114쪽 이하 참조.

312) 『德源 성 베네딕토 수도원 연대기』 1936년 후반기 반년: 카스파르, 위의 책, 115쪽 참조.

5) 청소년 운동과 타르시치오(Tarsicius)[313] 회

(1) 볼셰비즘(Bolshevism)의 대두와 한 협회의 설립

1917년 3월과 11월에 있은 러시아 혁명 이후 시간이 지나면서 점차 그리스도교 신앙을 지닌 청소년들의 상당부분이 볼셰비즘에 빠져들게 될 위험에 처해 있었다. 이 사상은 그 당시 극동지역 선교에 있어서 하나의 커다란 위험 요인이 되었다. 延吉 대목구는 러시아와 바로 인접해 있었기 때문에 '볼셰비즘 신봉자들'에게 러시아적 이념의 유포가 다른 지역보다 더 쉽게 유입될 수 있었다. 한국어로 인쇄된 볼셰비키의 문헌과 전단(삐라)들이 선교지역 전체를 뒤덮어 고개를 돌릴 지경이었다.[314]

그래서 1931년 당시 소년사 사장 裵 발두인(Balduin Appelmann, 裵光被) 신부와 부감목 朴 콘라드(Konrad Rapp) 신부는 가톨릭 청소년들을 위해 그들만의 한 커다란 기구를 만들어 볼 계획 하에 우선 용정과 대령동 선교기지에서 '타르시치오회'를 조직하였다.[315] 이 회는 복사

---

313) Tarsicius는 3세기 후반 또는 4세기 초의 성인으로 교황 Damasus Ⅰ세(366~384)의 詩에 등장하는데, 성체를 운반하다가 이를 훼손하려는 이방인들에 저항하여 지팡이와 돌에 맞아 순교한 성인이다. Tarsicius는 부제였던 것으로 추정되는데 통상 부제들이 교회의 일치를 상징하는 성체 순회 즉 교황의 미사에서 축성된 성체를 나누어 로마 원로들에게 전달하는 역할을 하였기 때문이다. 그의 무덤은 Appia路의 갈리스도 지하무덤에서 7세기경 발굴되었는데, 그 후 그의 시신은 로마 S. Silvestro 성당에 모셔졌다. 성인의 축일은 8월 15일이고, 젊은이들의 단체나 복사들의 수호성인으로 기억되고 있다(Claudio Leonardi-Andrea Riccardi, *Il grande libro dei Santi*, vol. Ⅲ, Torino, 1998, 1833-1834; E. DAY, *ST. TARCISIUS*, 『NEW CATHOLIC ENCYCLOPEDIA』 13권, 940쪽).

314) 콘라드 랍, 「延吉 知牧區, 곤궁에 빠진 독일식 선교 활동」, 『가톨릭 선교』 제59호(1931), 163쪽; 『선지훈 논문』, 97쪽.

315) 『가톨릭 靑年』 1936년 10월호, 57쪽; 콘라드 랍, 위의 책, 163쪽.

들의 단체로 순수하게 시작된 선교기지 자체 내의 모임으로서 볼셰비
즘에 대한 사상적 대항력도 키우고, 거룩한 성체에 대한 존경심을 함
양시키며, 그레고리안 성가를 장려하려는 의도도 지니고 있었다.[316]

이 모임을 전 교구로 확장시키기 위해 두 신부는 1931년 8월 3일부
터 5일까지 대령동에서 제1차 全 간도 가톨릭 소년회 연합대회를 소집
하였고, 대회와 더불어 각 선교기지 청소년 모임의 연합회도 결성하게
되었다.[317] 이 대회에는 각 선교기지에서 온 약 180명의 소년들이 참
가했는데, 그들 대부분은 12~17세였고, 몇몇은 그 이상으로 20세까지
도 있었다. 그들은 이틀간의 집회를 마무리하는 날 아침 자신들의 "맑
은 소년의 목소리"로 다음과 같이 선서하였다.

> 우리는 싱 타르시치오를 따라 성죄에 대하여 우리의 충성을 다
> 할 것이며, 우리와 비신자 소년들을 그리스도께로 이끄는 인도자가
> 되기를 원합니다.[318]

(2) 청소년 기구의 지속적인 발전

제1차 청소년 대회가 있은 이후 타르시치오회는 이제 모든 선교기지
로 확대되었고, 마침내 로마의 중앙 협회에까지 연결되었다.[319] 이 회

---

316) 단쩌, 위의 책, 16쪽.
317) 『가톨릭 靑年』, 57쪽.
318) 아펠만, 위의 책, 166쪽.
319) 로마의 타르시치오회는 1905년 에질리오 왈젤리라 신부에 의해 처음으로
   조직되었는데, 그는 몇몇 소년을 이끌고 지하무덤(타르시치오 성인은 上
   述한 바대로 칼리스도 지하무덤에 묻혀 있었다)을 참배하고 돌아와 성체
   께 대한 뜨거운 체험을 한 이 소년들을 중심으로 이 회를 조직하였던 것
   이다(『가톨릭 靑年』 1936년 10월호, 58쪽; 「龍井 선교기지 연대기」 1932
   년 5월~1934년 9월, 1935『오틸리엔 수도회 연대기』 제5호, 9~19쪽).

는 1931년 말, 341명의 회원을 두게 되었고, 이미 독자적인 회지[320]를 보유하게 되었는데, 그 회지를 통해서 전례 운동을 위한 사전 작업을 활기차게 할 수 있었다.[321]

회가 발족된 지 3년 뒤인 1934년 제2차 총회를 8월 6일부터 3일간 용정에서 개최했는데, 200명 이상의 젊은이들이 참석했다. 이 대회는 수양회와 체육대회의 형식으로 일정을 잡았다. 이 대회 중에 신입회원 46명이 가입되어 총 회원수는 336명이 되었다.[322]

타르시치오회의 젊은이들은 모든 선교기지에서 전례 운동과 성가대 활동에 협력했다. 라틴어로 된 성가곡들을 모두 한국어로 번역하여 성가 가락을 음미하며 노래할 수 있도록 하였다. 이들은 또 다른 회의 회원이 되어, 여타의 단체들을 지원했으며, 전례의 개혁과 그리스도교 신앙생활과 기도생활의 심화와 강화에도 큰 기여를 했다.[323]

---

320) 그 회지는 바로, 발두인 아펠만 신부에 의해서 1931-34년까지 延吉에서 발행된 『타르시치오 회보』("Bote des Tharsitiusvereins": "타르시치오회의 전령")였다. 이 잡지는 16쪽의 크기로 정기로 간행하기로 하여, 우선은 발행자 혼자 편집작업을 하였다. 한국인 교사들과 중학생들 중에서 적절한 이들이 공동작업으로 하게 되자 30쪽의 규모로 발전했고, 한 달에 두 번씩 회지가 발행됐다. 1934년 제1차 교구 청소년 집회에서 『타르시치오 회보』에 대한 변경안이 결정되었다. 내용은 마땅히 모든 청소년들을 위하여 편성되어야 했고, 이 잡지가 모든 선교기지의 청소년 신문으로 자유로이 이용될 수 있어야 했다. 그래서 제목 또한 새롭게 『가톨릭 소년』이라 택했다. 발두인 신부가 계속 발행인으로 머물러 있었다. 그는 매 號마다 한 항목을 다양한 영역들을 가진 일반적인 교육문제에 대해, 이를테면 교회사, 자연과학, 유럽의 역사, 청소년들의 품행, 탁월한 인물들의 전기 등에 대해서 썼다. 편집장은 전직 신학생인 황 토마였다. 이 잡지는 한국과 滿洲의 모든 가톨릭 학교에 보내졌다. 그것은 1940까지 서울에서 간행되다가, 한편으로는 간행비 조달의 어려움과 다른 한편으로는 日本의 요구가 가톨릭 청소년 잡지의 목표와 목적에 일치되지 않기에 더 이상 간행될 수 없었다(카스파르, 위의 책, 126쪽).

321) 단쩨, 위의 책, 16쪽.

322) 『가톨릭 靑年』, 1936년 10월호, 57~58쪽.

323) 『선지훈 논문』, 100쪽, 101쪽.

제4장 延吉 지역 각 본당과 교역자 활동

1. 간도 지역 초기 교회

1) 김이기(金以器)와 김영렬(金英烈)

간도 지방에 천주교회가 전래된 것은 19세기 말 김이기라는 도학 선생과 그의 제자 김영렬을 통해서였다. 김이기는 서울 사람으로서, 1858년 2월 19일에 태어나 진구라 불리었고, 후에 결혼 낭시에는 중성이란 字를 택했고, 그 밖에 학자 호로 漁樵子라 하였다. 16세 때에 김옥균이 이끄는 개화파의 활동에 참여하기도 하였다. 1884년 개화파의 갑신정변이 실패로 끝나게 되자 김이기는 외지로 피신하며 떠돌던 중 조선국경을 넘어 만주땅 琿春에 이르렀다. 학문과 종교에 대한 연구 기질이 있었던 그는 그곳에서 동학을 배웠으나 만족하지 못하였고, 러시아국경에 이르러 희랍교도 알아보고, 길주 성불사에 들어 불도도 연구했었다. 한편 방랑생활의 호구지책으로 의학을 배워 익혀 삶을 이어가는 수단으로 삼았다. 십 수 년이 지난 뒤 남쪽을 향해 내려오던 중 함북 경성에서 천주교인 김덕심을 만나 천주교에 대해서 처음으로 이야기를 들을 수 있었으나 그의 신심이 깊지 않아 별로 도움을 받지 못하였다. 경성에서 젊은 과부 黃씨를 만나 혼인하였으나 처가의 반대로 둘은 북으로 올라가 신 개척지인 간도 지역 호천개(湖泉浦)에서 의료업을 하며 정착하였다. 때는 1892년경이었다. 생활이 안정되자 그는 다시 종교 연구를 시작하였다. 처음에 그는 동학을 연구하며, 사방에 문인을 모아 동학을 가르쳤고, 그러던 중 수제자 金英烈을 만나 결의형제를 맺었다.

그들은 학을 연구하기 위해 1893년 봄 거기서 30리쯤 떨어진 '알미대'라는 벽지에 학원을 세우고 함께 우거했다. 당시 학도는 200여 명이나 되었다.[1]

그러나 1894년 일어난 동학운동이 실패로 끝나자 정부의 엄령이 내려 동학에 가담했던 이들에 대한 핍박이 시작되었고, 결국 김이기도 이 때문에 피착되어 사형판결을 받고 1895년 3월 25일 37세의 젊은 나이로 세상을 떠나게 되었다. 그가 체포될 즈음에는 사실 동학에서부터 멀어져 있었고, "眞敎는 서쪽으로부터 온다. 3년이 못 지나 西學이 이곳까지 들어오리라."고 예언하면서 이 진교를 배우기 위해 서울로 떠나려 하던 중 체포된 것이다. 그는 죽기 전에 감옥으로 면회 온 제자들에게 西學의 道를 받들라고 하였다.[2]

간도의 첫 세례신자는 김영렬(세례명: 세례자 요한)이었다. 그는 함경북도 온성 사람으로 서학대 벽지에 한 도학자였는데, 자신의 스승이요 지우인 김이기의 훈유를 받아 그의 逝世 후 오래 전부터 연구해 오던 진리 탐구를 목적으로 남선 지방을 향해 길을 떠나(1896년 초봄) 서울로 가던 중 원산에서 상가의 연도(죽은이를 위한 천주교인들의 기도로 가락을 넣어 교송으로 바친다) 소리를 듣고 매료되어 교우들에게 천주교 교리를 물어 익힌 후, 그 이튿날 원산본당 주임 張若瑟(Joseph Vermorel, 파리외방전교회 소속, 1860~1937)[3] 신부를 면회하여 긴 시간 토론한 후 입교하기로 결심하였다. 두 달간 열심히 교리를 배운 후 세례를 받으니 때는 1896년 5월 17일이었다.[4]

---

1) 韓允勝, 「金以器와 그 弟子」, 『가톨릭 청년』 41호(1936. 10), 24~25쪽; 『함경도 천주교회사』, 한국교회사연구소 편, 함경도 천주교회사 간행사업회, 1995, 97~98쪽 참조; 『周聖道 신부 자서전』, 197-198쪽.

2) 韓允勝, 위의 글, 22-29쪽 참조.

3) 베르모렐(張若瑟) 신부는 1896년 1월부터 1897년 4월까지 원산본당 주임신부로 재임하였다(『한국가톨릭백과대사전』, 471쪽)

4) 韓興烈, 「延吉敎區天主敎會略史」, 『가톨릭靑年』 41호(1936. 10), 3쪽에는 金英烈이 3주간 교리를 배웠다고 했으나, 『서울敎區年報』(Ⅰ), 212쪽의 장 베

2) 북관(北關)의 12사도

세례 후 金英烈은 고향으로 돌아가 자기 친척과 김이기 스승 밑에서
함께 도학을 연구하던 동지들에게 교리를 전하였고, 그들 모두도 이
교회에 입교하기로 결심하였다. 金英烈은 그해 가을에 그의 친지 최규
녀와 유패룡 두 사람과 함께 원산으로 가서 '누운달'이라는 원산 부근
동리에 집과 田庄을 얻어 후에 무리 지어 올 예비신자들의 거소를 마
련하고, 동행한 두 사람을 영세 입교시킨 후 다시 고향으로 돌아갔다.
그는 고향에 돌아가 친지들과 12명의 예비신자들을 모아 다시 원산으
로 길을 떠났다. 이영보, 이명윤의 가족과 함께 이들 신앙의 부대가 길
을 떠나게 된 것은 1897년 초봄이었다. 이때에 원산에는 장 신부가 전
근되어 갔고, 그 후임으로 온 白類斯(Louis Eusébe Armand Bret, 파
리외방전교회 소속, 1858~1908)[5] 신부가 봉직하고 있었는데 그들에게
세례를 주어 "북관의 12사도"로 삼았다. 그들의 이름은 다음과 같다[6] :

朴連三 루가	金眞五 바오로	金仲烈 안드레아
李桃先 루도비꼬	崔益世 베드로	趙汝天 마르띠노
崔文化 베네딕또	池有鉉 타대오	韓在興 요셉
金成俊 안또니오	金秀烈 프란치스꼬	金昌燮 토마스

르모렐 신부의 편지에서는 두 달간 교리교육을 받은 것으로 기술되어 있다.
5) 브레(白類斯) 신부는 1858년 12월 17일 프랑스 디종에서 태어나, 1879년에 파
리외방전교회 신학교에 입학하였고, 1882년 3월 사제품을 받은 후 말레이시
아 페낭 신학교에 파견되어 12년간 봉직했다. 페낭 신학교가 폐쇄되자 조선
선교를 자원 1894년 4월에 입국하여 원산본당 주임, 1896년에 서울 예수성심
신학교 교수, 1897년 5월 다시 원산본당 주임신부로 활동하였고, 1907년 9월
뮈텔 주교의 허락을 얻어 용정에 거주하며 간도 지역 본당 설립 준비를 하던
중 갑작스럽게 병을 얻어 1908년 10월 24일 세상을 떠났다. 그의 시신은 용
산 성직자 묘지에 안장되었다(李裕林, 「루이 에우제브 아르망 브레」, 『한국가
톨릭대사전』 6권, 3725~3726쪽).
6) 韓興烈, 위의 글, 3~4쪽 참조.

이들 중 김 요한과 세 사람은 원산에 머물고, 나머지 사람들은 고향으로 돌아가 교리를 전파하였다.[7] 그리고 원산에 남아 누운달에서 농사하며 여름을 난 이들도 뒤이어 고향으로 돌아갔다.

3) 간도 지역의 교우촌 형성

간도 지역에 교우수가 늘게 되자 신자들끼리 모여 사는 교우촌이 점차 형성되게 되었는데 이는 박해자들의 위협으로부터 보호받기 위한 한 방편이 되기도 하였다. 그리하여 조선 땅에는 會寧에 공소가 생기고 국경 넘어 간도 땅에는 서학골(棲鶴洞), 싸리밭굽, 삼원봉, 부처골(佛洞) 등지에 공소가 세워지게 되었다.[8]

이들 교우촌에 대한 사목적 배려에 대해 뮈텔 주교는 다음과 같이 파리외방전교회 본부에 보고하였다.

會寧은 滿洲와의 국경에서 10리 이내에 위치해 있습니다. 그래서 그곳 주민들은 중국과 매일 왕래가 있었습니다. 게다가 많은 조선인들은 자기들의 본토에서보다도 중국에서 더욱 환대와 보호를 받았으므로 국경 넘어가기를 주저하지 않았습니다. 滿洲에도 우리의 신입 교우들이 있었으므로 우리는 그들을 따라 거기에 가야만 했습니다. 선교사가 滿洲 교구장의 권한을 얻을 수 있도록 하기에는 본인이 이런 특수 사정을 너무 늦게 알았기 때문에. 특히 예외적인 긴급한 사정이 있을 때는 국경의 관용에 의거해서라도 사명을 강행하도록 선교사에게 지시하였습니다. 후에 본인이 귀용(Guillon) 주교에게 그 일의 해결을 부탁하였던바, 주교는 본인이 취한 방법을

---

7) 백 브레 신부 지음, 임충신 신부 옮김, 전교 기행문『원산에서 북간도까지』, 한국천주교중앙협의회, 1970, 9쪽.
8) 韓興烈, 위의 글, 6쪽.

찬성하고 앞으로는 교우의 책임을 맡고 있는 선교사에게 필요한 모
든 권한을 부여하기로 하였습니다. 단 교우들을 보살피기 위한 선
교사의 권한은 만주 주교의 권한 밖의 일이며, 그곳 교우들에게 만
주 교구의 신부가 보내지는 날까지만 행사한다는 것을, 교우들에게
공표할 것을 조건부로 하였습니다. 北京 주재 프랑스 공사관도 우
리에게 여권을 교부하여 줄 것을 승낙하였으므로 우리는 이때부터
종교적이고 시민적인 2중의 입장에서 격식을 갖추게 되었습니다.[9]

이들에 대한 사목적 배려는 원산본당 주임 브레 신부가 담당하였는
데, 그는 새로 일어나는 이 지방을 위해 교리 지식이 풍부하고 경험이
많은 회장한 사람을 파견하였다. 회장은 3개월간 마을을 순회하며 전교
한 후 주임신부의 방문을 요청하였고, 이에 브레 신부는 1897년 12월 21
일부터 이듬해 3월까지 첫 번으로 간도지역 신자방문을 실시하였다.[10]
1898년 말 보고에 의하면 그 지역에 176명의 교우들이 있었는데 그의
방문 중 162명에게 세례를 베풀었고, 그 외에 예비신자 100여 명이 있
음을 밝히고 있다.[11] 1899연 말 보고에서는 브레 신부가 82명에게 세례
를 베풀고 85명의 성인예비신자가 확보되었음을 주교에게 보고하였
다.[12]

용정에서 8里쯤되는 부처골(佛洞)에도 외교인들과 淸國人들의 박해
와 증오를 피해 모여온 신자들이 함께 모여 살게 되니 순전한 교우들
의 마을이 되었고 마을 이름도 얼마 있지 않아 대교동이라고 불리게
되었다. 브레 신부가 2차 방문을 했을 때 대교동 마을은 간도 지방의
중앙공소가 되었고, 1901년에 뮈텔 주교가 처음으로 간도 지방을 순시
할 때에 이 지역 신자수는 700여 명[13]이었고, 견진 받은 신자 수백 명

9) 『서울敎區年報』(Ⅰ), 230∼231쪽.
10) 『서울敎區年報』(Ⅰ), 212쪽; 백 브레 지음, 위의 책, 3쪽.
11) 『서울敎區年報』(Ⅰ), 231쪽.
12) 『서울敎區年報』(Ⅰ), 248쪽.

을 배출하였다.[14]

1900년대 용정촌도 교우 유지 4~5명이 뜻을 모아 405일경 땅을 사서 신자들의 농작지로 하여 집단부락을 이루었으니 이곳에서 노력한 이는 최문화와 최병학 등이었다. 1936년 당시 용정시가의 대부분은 교중의 소유였으며 그때 교우 집 20호가 시가의 초창기 동리였었다.[15]

1903년, 천주교인 12 가족이 조양하(＝八道溝)에 이사하여 따로 집단 부락을 이루었는데 당시 8,000명의 인구인 八道溝는 오롯이 교우들에 의해 개간된 도시이다. 이와 같은 때 大五道溝와 土山子에도 교우들이 집단으로 모여 사는 동리가 되었다.[16]

4) 간도 지역 세 본당의 설립

間島 지역 천주교의 발전은 초기에 延吉, 화룡 두 현에만 주로 국한되었으나 琿春 지방에도 우연한 기회에 교우가 탄생되게 되었다. 즉 혼춘 지방 八池 사람들이 용정 등지를 다니며 천주교 신앙을 받아들이

---

13) 『서울敎區年報』(Ⅰ), 284쪽. 이 사목 방문 때에 뮈텔 주교는 100명이 넘는 成人에게 세례를 베풀었다고 파리 본부에 보고하였다.

14) 韓興烈, 위의 글, 8쪽.

15) 韓興烈, 위의 글, 8쪽: 明治 45年 5月 16日 在間島 總領事代理副領事速水一孔, 45年 4月 調査 「龍井一般」에는 다음과 같은 내용이 기록되어 있다: 去今三十年前鏡城人崔炳學ナル者初メテ當地二來リタル頃ニハ僅カニ二戸ノ淸人家屋ヲ有セシニ過ギザリシモ其後逐年鮮人ノ移住シ來ルモノ多ク十四年前ニハ已ニ鮮戸十七二達シ明治四十年八月統監府派出所ノ設置當時ハ支那人二戸鮮人八十七戸ニシテ人口五百五十二ヲ數フルニ至リ爾來日支鮮人ノ數毎年增加シ漸次今日ノ如キ市街ヲ形成スルコトノナリタルモ不幸昨四十四年五月九日當地二大火アリ爲ニ其過半ヲ烏有二歸セシメタルモ案外恢復ノ變速カニシテ昨冬以來殆ント原形二復シ以テ今日二及ベリ. 이 글의 鏡城人 崔炳學은 천주교 신자였다.

16) 韓興烈, 위의 글, 8~9쪽.

게 되었다. 당시 그들은 「믿으면 中國 관장들의 압박을 피한다.」는 생
각으로 교회에 나오기 시작했으나 그것이 기회가 되어 나중에는 다른
데만 못하지 않은 열심한 교우들이 되었다.[17]

　1907년 9월 3일 뮈텔 주교는 브레 신부에게 서한을 보내 '만주교구
의 선교사가 간도 지역에 파견될 때까지'라는 단서를 붙여 간도 진출
을 허락하면서 원산 본당을 元 아드리아노(Adrien Joseph Larribeau,
元亨根, 1883~1974년)[18] 신부에게 인계하도록 하였다. 그 결과 브레
신부는 1907년 11월 원산을 떠나 용정으로 거처를 옮겼으며, 이로써
간도 최초로 "용정 본당"이 탄생하게 되었다.[19]

　1908년 10월 24일 브레 신부가 琿春 지방 방문 중 병을 얻어 50세의
젊은 나이로 원산에서 세상을 떠나게 되자 1909년 5월 1일 뮈텔 주교
는 충청도 공주 본당 주임 南 레오(Léon Curlier, 南一良, 1863~1935
년) 신부와 원산 본당의 元 아드리아노 신부를 동시에 간도로 파견하
였다. 南 신부는 용정에 거처를 정했고, 元 신부는 大拉子의 영암촌에
자리를 잡음으로써 간도 지방에는 동시에 두 곳의 본당이 설립되기에

---

17) 韓興烈, 위의 글, 9쪽.
18) 서울교구의 제8대 교구장이며 대전교구 초대 교구장이었다. 프랑스의 La
　　Romieu에서 태어나 1904년 파리외방전교회에 입회, 1907년 3월 10일에 사
　　제품을 받고 곧 임지인 한국으로 출발, 5월 21일 서울에 도착한 그는 1908
　　년 만주 간도로 파견되어 삼원봉에서 첫 전교 활동을 펼쳤다. 그 후 충청
　　도에서 사목하였고, 1916년 서울 교구 당가신부직을 역임하였으며, 1926년
　　승계권을 지닌 서울 교구 부교구장 주교로 성성되었다. 뮈텔 주교 사후 교
　　구장직을 승계하였으며, 1942년 日帝가 서울 교구장직을 일인으로 교체하
　　려 할 때 盧基南(1902~1984) 신부를 비밀리에 주교로 천거하였다. 1948년
　　충남 포교지 책임자가 되어, 1958년에 그곳 대목구장이 되었고, 1962년 한
　　국교계제도 설정에 따라 대전 교구 초대 교구장으로 승임되었다. 1965년 3
　　월 사임하고 고향으로 돌아가 1974년 8월 12일에 세상을 떠났다(『한국가
　　톨릭대사전』, 319쪽).
19) 『함경도 천주교회사』, 한국교회사연구소 편, 함경도 천주교회사 간행사업
　　회, 1995(이하 『함경도 천주교회사』로 略記함), 142쪽 ; 『뮈텔주교일기』 4,
　　1906~1910년, 한국교회사연구소 역주, 1998, 183쪽, 9월 3일자 일기.

이른 것이다.[20] 그리고 이듬해(1910) 뮈텔 주교가 간도를 방문하여 또한 본당을 세우니 조양하(＝八道溝)였는데, 그곳에는 조선인 최문식 베드로 신부가 5월에 부임하였다.[21]

이렇게 서울교구 소속 성직자들에 의해 돌보아지던 간도 지역은 1921년 3월 19일부터는 원산 대목구 관할로 편입되게 되었다.[22] 이에 앞서 원산을 포함한 함경남북도 지역은 1920년 8월 5일에 독일 상트오틸리엔 베네딕토회원들에게 위임되었다.

間島 지역의 본당 공동체 형성 과정을 살펴보면 다음과 같다：

① 1896년 이후 간도에 조선교구 성직자들이 파견된 1909년 당시 3개 본당名：三元峰, 龍井, 朝陽河(八道溝)

② 1929년[23] 延吉 지목구장이 탄생될 당시 8개 본당名：延吉, 龍井, 三元峰, 八道溝, 大嶺洞, 琿春, 六道泡, 敦化

③ 間島 천주교 전래 40주년(1936년) 행사 당시 14개 본당名：延吉下市, 延吉上市, 龍井, 大拉子(前 英岩村, 三元峰), 八道溝, 六道泡, 琿春, 茶條溝(前 大嶺洞), 頭道溝, 明月溝(甕聲 硇子), 北蛤蟆塘, 牧丹江, 敦化, 汪淸 당시의 선교사 수는 22명이었고, 신자수는 15,000명이었다.

④ 延吉교구가 폐쇄될 당시 19개 본당名：(다음 5개 본당 증가) 龍井下市, 新站, 圖們, 三道溝, 牧丹江(中國人 共同體).

1928년 7월 19일, 로마 교황청은 오틸리엔 修族 총원장 베버 아빠스의 청원을 받아들여 원산교구의 분할을 인준하였다. 따라서 한국 북동부 지역은 원산교구로 내정되어 辛 주교가 그 지역을 관할하게 되었

---

20) 『함경도천주교회사』, 143〜144쪽.
21) 韓興烈, 위의 글, 10쪽.
22) 李裕林, 「테오도르 브레허」, 『한국가톨릭대사전』 6권, 3727쪽 참조.
23) 延吉 지목구 분할은 1928년 7월 19일에 이루어졌고, 지목구장 임명은 1929년 2월 5일에 있었다.

고, 만주 동부 지역은 두 개의 선교구로 구분되었는데 남쪽은 延吉 지목구로 분할되어 白 테오도르 신부가 담당하고, 북쪽은 依蘭 자치 선교구로 분할되어 원산교구장 辛 주교가 담당하게 되었다.[24]

2. 延吉 대목구의 정치·사회·종교적 상황

1) 정치적 상황

만주사변: 1931년 9월 18일 밤, 백 테오도르 신부가 주교회의 관계로 서울에 체류하고 있을 동안 日軍이 奉天 북쪽 柳條溝 근방에서 滿鐵線을 폭파하고 그 다음날 아침 봉천을 완전 점령한 후, 수개월 내에 만주 전역을 장악한 사변이 일어났다. 만주는 일본의 지배하에 들어갔고 중국군 패잔병의 일부는 마적으로 변신하여 재산 약탈과 양민 학살을 일삼았다. 그들은 군자금을 징수하기 위해서 온갖 방법으로 약탈을 감행했다.[25] 1932년 3월 1일 일본은 淸 왕조의 마지막 황제인 宣統帝 溥儀를 집정으로 하고, 長春을 新京이라 개칭하여 수도로 삼고 東三省, 熱河, 內蒙古 동부까지를 판도로 하는 광대한 만주국을 세웠다. 그해 9월 日滿의정서를 체결하고 만주국을 승인하였다. 부의는 1934년 3월에 만주국 황제가 되었다. 이제 이 제국에서는 중국인, 한국인, 일본인이 동등하게 대접되었기에 일본인의 치외법권은 더 이상 의미가 없었다. 따라서 1937년 초 만주에 있는 모든 영사관은 철수되었다.[26]

---

24) 1930년 『교황청 연감』, 439쪽: P. H. 왈터 지음, 정학근 역, 『승리의 십자가』, 분도출판사, 1978(이하 『승리의 십자가』로 略記함), 53쪽 참조.
25) 『승리의 십자가』, 76쪽: 1935년 3월에 대령동 성당이 마적들에 의해 전소된 일도 있었다(『延吉 事實報告書』, 16쪽).

218

중일전쟁: 1937년 中日戰爭이 일어났다. 그 결과 선교활동에도 큰 어려움이 따르게 되었다. 여행을 하려면 신고를 해야 했고, 물가는 엄청나게 뛰어올라 국민들의 생활은 비참하기 이를 데 없었다. 1937년 5월 2일 일제는 학제를 개편 다음 해 1월 1일부터 시행한다고 선포하였다. 이로써 모든 교육기관을 국가의 강력한 통제 하에 두기로 한 것이다.27) 이후 모든 사립학교는 정부로부터 새로 인가를 받아야 했고, 모든 학교의 국유화 작업이 이루어져 갔으며, 6년 과정의 소학교는 둘로 나뉘어 1~4학년까지는 '국민학교', 5~6학년까지는 '국민우급학교'로 되었다.28) 1938년 대대적인 경축식을 개최하여 자선사업·교육사업·선교사업에 지대한 업적을 쌓은 백 테오도르 주교에게 감사패와 표창장을 수여했다. 그리고 9개의 학교가 당국의 인정을 받게 되었다. 하지만 그들의 속셈대로 몇 년 후(1944)에는 결국 모든 선교 학교들이 국유화되어 당국의 관할 하에 들어가고 말았다.29) 일제는 1939년 교회세를 새롭게 도입하였다. 첫해에는 납세 방법이 제대로 제시되지 않아 많은 불편이 있었다. 八道溝의 경우 교회세는 각 마을의 대표 회의에서 각 집안의 가족 수와 재산에 따라 일정액을 결정하고 나면 집안의 어른이 재산 상태에 따라 각 가정에 배당하였다.30)

1938년 7월 蘇滿 국경의 張高峰에서 일본과 소련 사이에 충돌 사건이 발생하였다. 琿春 남쪽 50㎞ 두만강 왼쪽지점에 있는 장고봉이라는

---

26) Chroniken aus den Mission, DER BENEDIKTINER-MISSIONÄRE VON ST. OTTILIEN, SONDERDRUCK AUS DER CHRONIK DER BENEDIKTINER-KONGREGATION VON ST. OTTILIEN, *TATSACHENBERICHT AUS DEM MISSIONS-GEBIET YENKI (MANDSCHUREI)*, Nummer 3 / 1954(이하『延吉 事實報告書』로 略記함), 6쪽 참조: 김희영, 『이야기 일본사』, 청아출판사, 1994, 470쪽 참조.
27) 『周聖道 신부 자서전』, 219쪽.
28) 『周聖道 신부 자서전』, 220쪽.
29) 『승리의 십자가』, 98-99쪽 참조.
30) 『延吉 事實報告書』, 16쪽.

큰 언덕은 군사적으로 한국의 웅기 지역을 정찰하고 지배할 수 있는 전략적 요충지로서 소련이 점령하여 군사기지로 삼았다. 일본은 이를 찾기 위해 전쟁도 불사하였다.[31]

미일전쟁: 1941년 12월 8일 일본이 미국령 진주만을 공격함으로 시작된 전쟁으로 인해 전교에 직접적인 영향을 받지는 않았으나 점차 일본인의 유럽인에 대한 의심이 커져갔고, 전교와 일에 대한 감시가 심해졌다. 식료품 등 물자 부족이 더욱 심화되었다. 곡식, 기름 등 가장 중요한 생필품은 배급이 되었다. 배급은 세 계급으로 나뉘어 이루어졌는데, 제1계급인 일본인은 쌀을 받았고, 제2계급인 한국인은 수수를, 셋째 계급인 중국인은 더 하등한 곡물을 받았다. 독일 선교사들은 첫째 계급으로 분류되어 쌀 이외에 밀기루를 받을 수 있었다.[32]

만주 지역의 공산화: 1946년 4월초부터 소련군의 이동이 눈에 뜨이더니 4월 말경에는 거의 만주에서 철수하였다.[33] 소련군이 철수한 이래 만주 지역 통솔자가 된 공산주의자들은 드디어 그들의 이념에 따라 교회 재산을 몰수하고 선교사들을 체포하기 시작하였다.

2) 사회적 상황

간도이민: 간도지방으로 한국인이 진출하기 시작한 것은 1850년대부터이며 1900년대에 접어들어서는 대규모의 집단 韓人村이 형성되기 시

---

31) 김희영, 위의 책, 477쪽; 『延吉 事實報告書』, 19쪽(여기서는 8월에 장고봉 사건이 있었다고 기술함); 『周聖道 신부 자서전』, 221쪽(여기서도 사건이 8월 하순에 있었다고 기술됨).

32) 『延吉 事實報告書』, 9쪽.

33) 『周聖道 신부 자서전』, 246쪽.

작하였다. 초기 이주자들은 생활고 등 주로 경제적 이유로 이민을 떠났으나 1910년대를 전후하면서부터는 정치적 이유가 더욱 강했고, 그 규모 역시 대규모 집단이주의 성격을 띠고 있었다. '乙巳勒約' 직후부터 3·1운동 이전까지 간도지방으로 이주한 한인의 통계를 연도별로 보면 다음의 표와 같다.[34]

연　　도	1907	1910	1912	1918
이민자수	71,000	109,000	163,000	253,961

　1926년 12월 5일자 「서울 프레스」(Seoul Preß)[35]에 따르면, 일본에 거주하는 조선인의 수효가 이미 120,000명이 넘었고, 11월 한 달 동안 원산에서 간도로의 이민은 947가구에 2,000명이 넘었으며, 이러한 조선인의 이민으로 인해ー그중에는 교우들도 많았다ー만주에서의 사목과 방랑자들에 대한 본당 활동 전체가 더욱 어려워지고 있다고 하였다.[36]
　1928년도 뮈텔주교의 보좌주교인 라리보 주교의 년말보고서에 의하면 1927년도 서울교구 교우수가 56,302명이었는데 1928년에 49,147명으로 7천 명가량 줄어들었음을 보고하면서 그 감소 이유를 교구 분할(메리놀외방전교회에 평양 지역 위임)과 독일 베네딕토 회원들의 사목지에로의 신자들의 집단 이주로 들고 있다. 그런데 문제는 베네딕토 회원들의 지역에서 교우 증가가 그렇게 두드러지지 않아 서울에서 줄어든 신자가 어디로 갔는지 염려가 된다고 하였다.[37]

---

34) 한국기독교역사연구소, 『한국기독교의 역사』 II, 1990, 353쪽: 한국기독교역사연구소·북한교회사집필위원회 지음, 『북한교회사』, 한국기독교역사연구소, 1996, 269쪽.
35) 일본인이 경영하던 英字新聞으로 1907년에 창간되었으며, 이후 통감부, 총독부의 기관지 역할을 하였다(李海暢, 『韓國新聞史硏究』, 成文閣, 1983): 함경도 천주교회사 자료집 제3집 『韓國語 資料集』, 한국교회사연구소 편, 1989, 22쪽 각주 6)에서 재인용.
36) 『원산교구 연대기』, 98쪽.

1940년 이후에는 일본이 만주에 더 많은 영향력을 끼치기 위해 많은 만주의 주민들을 강제로 이주시키는 정책을 펼쳤다.[38] 1940년 12월 24일 頭道溝 선교기지에 전기가 들어왔다.[39]

1945년 일본의 압제로부터 해방이 되자 북 만주 오지로부터 조선 사람들이 많이 사는 간도 지방으로 조선 사람들의 逆 이민이 시작되었다. 일제하에 일인들에게 기대서 돈을 벌고, 중국인을 멸시해 온 일부 사람들 때문에 무고한 동포들까지 '小日本人'이란 모욕을 받아 피해를 입었다.[40]

전염병 만연: 『원산교구 연대기』 1924년 3월 25일자에는 다음과 같은 내용이 실려 있다.

終課가 끝난 뒤 柳 레오나르도 베버(Weber) 신부[41]의 죽음을 알리는 전보가 (용정에서) 왔다. 그는 성모영보 첨례 정오 12시에 사망했다. 좋은 날에 사망했다. …… 비록 이 나라에 있은 것이 겨우 2년 반이지만 그는 벌써 꽤 완전하게 조선말을 했다. …… 동료의 죽음에 관해서는 따로 사망자 약전을 보낼 것이다. 그를 희생시킨 병은 발진티푸스로, 아마 그가 공소 여행에서 얻은 병일 것이다. 3월 27일, 아빠스는 많은 신자들이 참석한 가운데 레오나르도 신부를 위해 주교 대례 연미사와 사도 예절을 거행했다.[42]

---

37) 『서울敎區年報』(Ⅱ), 230쪽 참조.
38) 『延吉 事實報告書』, 11쪽.
39) 『延吉 事實報告書』, 40쪽.
40) 『周聖道 신부 자서전』, 242쪽.
41) 유 신부는 內坪본당 주임신부로 있다가 1923년 4월 하순 소임 이동되었다 (『원산교구 연대기』, 45쪽).
42) 『원산교구 연대기』, 59쪽.

1932년 발진티푸스가 만연되어, 3개월 동안 세 신부가 세상을 떠났다. 엄 비오(Pius Emmerling)[43] 신부, 목 엥겔베르트(Engelbert Müller)[44] 신부, 안 실베스터(Sylvester Aschoff)[45] 신부가 운명했고, 안 신부의 장례미사에 참석하기 위해 용정으로 오던 부감목 박 콘라드(Konrad Rapp)[46] 신부가 일본 군인들의 총격을 받고 세상을 떠났다. 장티푸스 병에 감염되어 周 코르비니안(Corbinian) 신부가 괴롭힘을 당했고, 琿春의 정 엑베르트(Egbert) 신부와 八道溝의 장 아도(Ado) 신부도 같은 병에 시달려야 했다.[47]

43) 비오 신부는 1886년 6월 23일 Heidingsfeld에서 태어나, 1910년 10월 16일 서원을 하고, 1914년 6월 30일 사제로 수품되어, 1922년 2월 28일 한국에 파견되었다[독일 오틸리엔 예수성심 대수도원에서 年報로 발행한 『외방선교를 위한 오틸리엔 분도수도회의 지침서』(DIRECTORIUM sive Ordo Divini Officii RECITANDI SACRIQUE PERATENDI JUXTA RITUM ROMANO-MONASTICUM AD USUM MONACHORUM O. S. B. CONGREGATIONIS OTTILIENSIS PRO MISSIONIBUS EXTERIS PRO ANNO DOMINI COMMUNI MCMXXI / MCMXLVII, TYP. ARCHIABB. SS. CORDIS JESU AD S. OTTILIAM *1921~1947*) 필자가 독일 母院에서 복사해 온 자료는 延吉敎區와 관련된 1921년부터 1947년까지의 것들이다. 이하 『오틸리엔 지침서』로 略記함], 엄 비오 신부에 관한 내용은 1923년도 『오틸리엔 지침서』 32-33쪽 참조.
44) 엥겔베르트 신부는 1901년 2월 23일에 태어나, 1923년 5월 10일 서원을 하고, 1927년 7월 17일 사제품을 받은 후, 1929년 3월 12일 한국에 파견되었다(1931년도 『오틸리엔 지침서』, 56-57쪽).
45) 실베스터 신부는 1900년 6월 28일 Neuendorf에서 태어나, 1922년 7월 4일 서원을 하고, 1927년 4월 3일 사제품을 받은 후, 1928년 5월 27일 한국에 파견되었다(1931년도 『오틸리엔 지침서』, 58-59쪽).
46) 콘라드 신부는 1896년 1월 7일 Elzach에서 태어나, 1920년 10월 7일 서원을 하고, 1925년 7월 19일 사제품을 받은 후, 1925년 9월 27일 한국에 파견되었다(1931년도 『오틸리엔 지침서』, 58-59쪽).
47) 『승리의 십자가』, 78-80쪽 참조.

3) 종교적 상황

1931년 9월 14일 스위스 캄(Cham)에 있는 성 십자가 수녀원(Heilig-Kreuz-Convent)에서 6명의 수녀들이 처음으로 延吉에 파견되어 왔다.[48]

한국 천주교회에 처음으로 교황사절이 파견되어 업무가 시작된 것은 일제시대인 1919년이었다. 이때 교황청은 일본에 교황사절관을 설치하고, 駐 일본 교황사절로 하여금 한국교회의 교황사절 임무까지 겸하게 하였다.[49] 1935년 가을, 백 테오도르 아빠스는 한국주교회의에 참석하였는데, 당시 延吉교구는 한국 교계제도에 속해 있어 결국 주일 교황사절 관할 하에 들어가 있었던 것이다.[50]

1936년 3월 19일 백 테오도르 아빠스는 이미 능동적으로 공적 활동을 해 오던 신자들과 신부들을 延吉로 오게 하여 가톨릭 운동을 위한 연맹을 결성했다. 그는 신앙을 위한 일을 사회에 확대하고 뿌리박으려고 했다.[51] 그 당시 만주에는 공산주의와 볼셰비키 운동이 만연되어 갔고, 그래서 이 운동들에 대응할 줄 아는 젊은이들을 교회는 양성해야 했다. 청소년지인 『가톨릭 소년』을 창간한 것도, 청소년들의 단체인 '타르시치오會'를 창설한 것도 그 깊은 뜻은 여기에 있었다.

1941년 12월 미일 전쟁 이후에는 학생들이 매달 8일에 신사를 참배하여 의식에 참여해야 했다. 그리스도교도들은 첫 번째 주일 미사 전에 東京을 향해 절하고 조국서약을 해야 했다.[52] 만주에 있는 모든 사립학교를 해체하려는 일제의 시도가 있었고, 학교에서 일하는 모든 이들이 1년마다 등록을 해야 했다. 학과목도 일본의 요구에 따라야 했고, 종교 수업은 다

---

48) 『은혜의 60년』, 19쪽.
49) 崔奭祐, 「韓國天主教와 로마 教皇廳」, 『二百周年 教會史 論文集』 Ⅰ, 732쪽.
50) 『승리의 십자가』, 87쪽 참조.
51) 『승리의 십자가』, 98쪽 참조.
52) 『延吉 事實報告書』, 9쪽.

224

른 모든 과목 수업이 끝난 후에야 할 수 있었다. 교실 내에 있는 십자가
를 모두 떼어내야 했으며 십자가 자리에는 일본 천황의 사진을 걸어야 했
다. 교무실에서는 간단한 神社儀式을 거행해야 했다. 1944년 2월 모든 가
톨릭 학교, 교사, 학생들과 대부분의 학교 재산은 정부에 헌납되었다.[53]

　1946년 5월 20일 검은 먹구름은 延吉교구를 덮쳤으니, 수도원 건물
과 각 본당의 건물들이 몰수되었고, 신앙의 자유마저 박탈되어 갔다.[54]
33명의 수도자들은 1946년 7월부터 그 이듬해 5월까지 두만강 가까운
국경지대인 남평 수용소에 억류되어 중노동을 했다.[55] 수용소 생활에
서 석방된 선교사들은 네 그룹으로 나뉘어 독일 귀향길에 오르게 되는
데 그 명단은 다음과 같다.[56]

	1949년 12월 延吉을 출발하여 1950년 1월 오틸리엔에 도착	
첫 째 그 룹	Abt-Bischof Theodor Breher P. Salvator Koller P. Alwin Schmid P. Meinrad Schweinberger P. Canisius Kügelgen P. Honirius Traber P. Lukas Ballweg	Br. Adam Reis Br. Bertulf Metz Br. Bertram Albert Br. Damasus Demhatrner Br. Rudger Schaub Br. Theodulf Haseidl Br. Erich Breitsameter
	1950년 9월 延吉을 출발하여 그해 11월 19일 오틸리엔 도착	
둘 째 그 룹	P. Ambros Hafner P. Gunther Heigl P. Odo Schweiger P. Theophil Bauer	Br. Silvinus Schlosser Br. Reginald Baumgärtner Br. Leopold Kimmel Br. Aichard Schiffczyk
	1950년 12월 24일 延吉을 출발하여 1951년 2월 8일 오틸리엔 도착	
셋 째 그 룹	P. Korbinian Schräfl P. Ansgar Müller	P. Egbert Dörfler Br. Stephan Gnann
	1952년 8월 24일 八道溝를 출발하여 1952년 10월 7일 오틸리엔 도착	
넷 째 그 룹	P. Raymund(Administrator) P. Philipp Lenz P. Balduin Appelmann P. Reginald Egner	P. Arnold Lenhart P. Michael Fütterer P. Anselm Benz Br. Amalarius Gumpp

---

53) 『延吉 事實報告書』, 10쪽.
54) 『옛 등걸에 새 순이』, 174쪽.
55) 『은혜의 60년』, 78쪽.
56) 『延吉 事實報告書』, 182~183쪽.

3. 延吉 대목구 각 교회와 선교사 활동

1) 延吉교구본부 및 延吉下市(局子街) 천주교회

소재: 延吉縣 延吉下市(滿洲人 市街), 主保: 聖 十字架

延吉에 살고 있던 중국인 신자들은 교회에 두 곳의 토지를 기증했고, 그 땅에는 교회·어린이 학교·서너 채의 부속건물이 세워져 있었다. 사제가 그곳을 비웠을 때는 교직에 종사하던 가톨릭 신자 왕이라는 사람이 그 건물들을 관리했었다.[57]

1922년 12월 6일 延吉 선교본당 주임 겸 수도원 분원장에 白 테오도르(Theodor Hermann Breher, 白化東)[58] 신부가 임명뇌어[59] 중국인 본당을 맡아보면서 한국 교우들이 있는 공소 몇 곳을 돌보고 있었다. 수도원 경내에는 중국인 학교와 중국 동정녀 '따구'(大姑娘)의 숙소가 있었고, 중국인 신부가 함께 거주하며 요리를 담당하였다.[60]

백 신부는 1922년 10월 국자가(延吉)에 부임[61]한 延 필립보(Philippus

---

57) 『승리의 십자가』, 38쪽.
58) 1889년 8월 23일 Augusburg 교구 Ottobeuren에서 출생, 1911년 10월 8일 서원을 하고, 1915년 7월 16일 司祭로 受品되었다. 1921년 6월 베를린 대학교 대학원에서 중국학을 전공하면서 중국어, 몽고어, 일본어, 산스크리트어 등을 연구하여 박사학위를 취득했고, 1921년 6월 16일 선교사로 파견 (1924년도 『오틸리엔 지침서』, 38-39쪽)되어, 1929년 2월 5일 대목구장이 되었다. 1950년 11월 2일에 善終하였다.
59) 1922년 11월에 테오도르 백 신부는 원산교구장 신 보니파시오 주교와 필요한 사항을 상의하기 위해 서울로 갔었는데, 그것이 省 소재지였던 延吉에 선교본당을 설립하게 된 결정적인 계기가 되었다(「승리의 십자가」, 40쪽 참조).
60) 『周聖道 신부 자서전』, 142쪽.
61) 경향잡지, 제16권 제504호, 1922년 10월 31일; 「함경도 천주교회사 자료집 제3집 한국어 자료집, 한국교회사연구소 編, 함경도천주교회사간행사업회, 1989, 66쪽에서 재인용(이하 「함경도 자료집」으로 略記함).

Lenz)[62] 신부와 1923년 봄 독일에서 파견되어 온 沈 마인라드(Meinrad
Schweinberger)[63] 신부의 사목상 협조를 받으며, 그들에게 중국말을 가
르쳐 주었다.[64] 얼마동안 중국어를 배우며 延吉의 중국인 지역을 돕던
延 신부[65]는, 1923년 11월 26일 서울 모원에서 기차 편으로 長春 근처
小八家子의 프랑스 선교사 아툴(Astoul)을 찾아가 중국어를 익혔다.[66]
그곳에서 6개월간 공부한 후 延 신부는 1924년 4월에 서울 수도원에 귀
원하였다.[67] 1924년 7월 13일 그는 沈 신부와 함께 依蘭 선교지로 파견
되었다.[68]

1926년 6월 朴 콘라드 신부와 姜 리보리오 신부가 延吉 백 테오도르
수도원장 관할 수도원으로 전입되어 왔다. 수도원장 백 신부는 곧 延
吉에서 서쪽으로 150km 지점인 敦化에 본당을 신설하고 강 신부를 그
곳으로 파견하였다.

1928년 7월 19일 로마 교황의 소칙서에 의해 원산, 延吉, 依蘭 세 포교지
가 교구로 분할 인준됨에 따라 延吉이 지목구로 승격되었다.[69]

1928년 10월 安 실베스텔(Silvest Aschoff, 1900~1932), 周 코르비니
안(Corbinian Schräfl, 1901~1990), 馬 호노리오(Honorius Traber, 189
4~1972) 신부 등이 덕원 아빠스 주교로부터 延吉 지역으로 소임을 받

---

62) Philippus Lenz 신부는 1892년 6월 3일 Reichenhall에서 태어나, 1912년 10
   월 6일 서원을 하고, 1916년 7월 25일 사제품을 받은 후, 1922년 2월 28일
   한국에 파견되었다(1924년도 『오틸리엔 지침서』, 38-39쪽). 1977년 10월
   19일에 선종하였다.
63) 마인라드 신부는 1888년 6월 23일 Eisenharz에서 태어나, 1909년 8월 15일
   서원하고, 1914년 6월 30일 사제품을 받은 후, 1922년 2월 28일 한국에 파
   견되었다(1924년도 『오틸리엔 지침서』, 38-39쪽).
64) 『승리의 십자가』, 45쪽 참조.
65) 『원산교구 연대기』, 48쪽.
66) 『원산교구 연대기』, 54쪽.
67) 『원산교구 연대기』, 60쪽.
68) 『원산교구 연대기』, 63쪽; 『승리의 십자가』, 45쪽 참조.
69) 『원산교구 연대기』, 123쪽.

아, 10월 22일 덕원 수도원을 떠나 延吉로 향했다.[70)

1929년 2월 5일 수도원장 白 신부가 지목구장에 임명되었다.[71) 白
지목구장은 1931년 스위스 캄(Cham)의 성 십자가 수녀회 수녀들을 초
빙하여 延吉에 성 십자가 수녀원을 개원하였다.[72)

1931년 독일 오틸리엔 수도원에서 연보로 발행되는 지침서 1931년 호
부터는 延吉교구 내 본당 이름들이 아래와 같이 한국식 이름에서 중국식
이름으로 바뀌었다. 이로 보아 중국 정부와 중국교계제도의 영향이 延吉
교구에 미쳐지고 있었던 것으로 추정된다. 또한 1931년은 일제가 만주국
을 건설한 해이기도 하여 그 영향이 음으로 양으로 미쳐진 것으로 생각되
기도 한다. 그 이름들은 다음과 같다.[73)

龍井(Ryongjong) → 룽칭춘(龍井村, Lungtsingtsun)

三元峰(Samwonpong) → 잉옌춘(英岩村, Yingyentsun)

八道溝(Hpaltokou) → 빠다구(八道溝, Padaugou)

大嶺洞(Tairyongtong) → 따링퉁(大嶺洞, Dalingtung)

琿春(Hunchun) → 본래 중국식 이름

六道泡(Ryoutohpo) → 류따쁘(六道泡, Liudaupau)

敦化(Tunhoa) → 본래 중국식 이름

頭道溝(Tutoku) → 투따고(頭道溝, Toudaugou)

甕聲磠子(Ungsonglatje) → 웅셩라즈(甕聲磠子·Ungschengladse)[74)

---

70) 『원산교구 연대기』, 124쪽 참조.
71) 『원산교구 연대기』, 136쪽에는 3월 6일에 교황교서가 로마로부터 도착했다
    고 기술되어 있다.
72) 1931년 9월 14일 첫 파견으로부터 1939년까지 다섯 차례에 걸쳐 총 21명
    의 선교수녀가 파견되었다(『은혜의 60년』, 부산 올리베따노 성 베네딕토
    수녀회, 1991, 19쪽). 延吉 성 십자가 수녀회는 발전하여 1936년에는 방인
    허원수녀 4명과 지원자 20여 명이 있었고, 1933년부터 각 본당에 수녀원
    支院이 설립되기 시작해 1936년에는 龍井, 明月溝, 琿春, 延吉上市 등 네
    곳에 분원이 설립되었다(『가톨릭청년』, 1936년 10월호, 16쪽).
73) 『오틸리엔 지침서』, 56~58쪽.

百草溝(Paitchoku) → 왕칭(汪淸, Wangtsing)

이 지침서들에서는 국내 지역 교구인 원산교구의 본당 이름들이 1933년에 일본식 이름으로 표기되어 있다.[75]

1933년 11월 12일부터 1935년 7월 1일까지 상트 오틸리엔 修族 장상총회에 참석하기 위해 백 테오도르 지목구장 겸 원장신부는 유럽으로 갔다가 1년 8개월가량 머문 후 延吉로 돌아왔다.[76] 백 신부가 유럽에 머무르고 있는 기간 중인 1934년 8월 1일에 延吉 성 베네딕토회 聖架 수도원이 대수도원(Abbatia)으로 승격되고, 9월 5일에 상트 오틸리엔 베네딕토회 모원의 예수 성심성당에서 수도원장 백 테오도르 신부가 초대 아빠스로 성성되었다.[77] 초대 아빠스는 延吉 대수도원 부감목으로 박 콘라드 신부를 임명했다.[78]

1936년 8월 24~26일 간도 천주교 전래 40주년 행사를 용정 해성학교 대강당[79]에서 개최하였다.

1937년 4월 13일 延吉 지목구가 대목구로 승격되었다. 당시 延吉 대목구는 12개 본당, 79개 공소, 신자 수 14,000명이었다. 8월 9일 주교 성성식 장소로 쓰일 단층 성당을 延吉에 새로 지어 봉헌식을 가졌다.[80] 9월 5일[81]에 백 테오도르 지목구장 겸 수도원장이 Gerona의 명

---

74) 『오틸리엔 지침서』에서는 1935년 자료부터는 웅성市(Ungsongsi)라고 가로 안에 附記하고 있다.
75) 『오틸리엔 지침서』, 74~76쪽에는 元山 Gensan, 高山 Kozan, 咸興 Kanko, 淸津 Seisin, 會寧 Kainei 등으로 일본식 본당 이름을 倂記하고 있다. 일본식 본당이름 인쇄의 시작 연도는 언제부터인지 자료복사 때에 延吉敎區 이외의 것은 다음으로 미루었기에 확인하지 못했다.
76) 『승리의 십자가』, 82-84쪽.
77) 『승리의 십자가』, 84쪽 참조.
78) 『가톨릭청년』, 1936년 10월호, 15쪽.
79) 40주년 행사 후 龍井에 본당이 신설되면서 그 해성학교 강당을 그리스도 왕 성당으로 사용하였다(『周聖道 신부 자서전』, 208쪽 참조).
80) 『승리의 십자가』, 96-97쪽 참조.

의주교로 성성되었다. 성성식 주례는 만주국 교황사절 서리 겸 吉林
교구장인 가스페(Gaspais) 주교가 맡았고, 瀋陽의 블루아(Blois) 주교와
서울의 元 라리보 주교가 함께 집전하였다. 그 밖에도 덕원 辛 주교와
지지카르와 전주 지목구장 등이 함께 하였다.[82]

1937년 12월 24일 독일에서 4명의 차부제들[83]이 선교를 위해 延吉에
도착했는데 이들은 1939년 4월 10일에 사제품을 받았고, 선교 소임은
학업 과정을 다 마친 이듬해에야 받게 되었다. 1938년 3월 21일에는
신윤철(베드로) 부제의 사제서품식과 독일인 차부제 4명의 부제서품식
이 수도원 성당에서 거행되었다. 1938년 3월 23일에는 延吉 수도원에
서 첫 한국인 사제 지망 수련자 두 명을 받아들였는데, 최영호(비안
네)[84]와 김봉식(마오로, 1913~1950)[85]이었다. 1940년 교구 소속 한국
인 부제 두 명이 延吉 수도원 성당에서 사제품을 받았는데, 그들은 용
정 그리스도 왕 본당 출신 김성환(빅토리오)과 이태준(야고보)였다.[86]

1942년 처음으로 한국 출신 수사 지원자가 수도원 입회를 신청했다.
1945년 봄에는 新京 출신 중국인 한 학생이 수련생활을 시작했는데,
후에 선교사들이 수용소 생활을 하는 동안에 그는 중국인이었기에 자
유로운 몸으로 외국인 선교사들에게 많은 도움을 주었고 마지막 버팀

---

81) 『延吉 事實報告書』, 4쪽에는 成聖式 일자가 9월 4일로 되어 있다.

82) 『승리의 십자가』, 98쪽;『周聖道 신부 자서전』, 214쪽.

83) 독일에서 파견되어 온 네 次副祭의 이름은 다음과 같다: Michael Fütterer,
Anselm Benz, Ansgar Müller, Gunther Heigl(『延吉 事實報告書』, 7쪽;『원
산교구 연대기』, 356쪽).

84) 延吉教區 소속인 최 신부는 1940년 6월 29일에 사제품을 받았다(이기명,『
한국인 가톨릭 사제 서품자』1845. 8. 17~1999. 2. 9, 가톨릭대학교 사목연
구소, 1999, 12쪽).『한국 천주교 주소록』1999-2000, 336쪽에 그의 居住地
가 성 베네딕토회 부산 수도회로 기록되어 있다.

85) 1913년 만주 琿春에서 태어나 1942년 5월 1일 사제품을 받고 간도와 강원
도 이천 본당에서 사목활동을 하였다. 공산당의 교회 탄압기에 신부 不在
지역을 다니며 신자들을 돌보다가 1950년 6월 24일 원산에서 체포되어 수
감 생활을 하다가 10월 9일 피살되었다(『한국가톨릭대사전』2권, 1182쪽).

86) 『周聖道 신부 자서전』, 227쪽;『승리의 십자가』, 100쪽 참조.

목 역할을 해주었다.[87]

1945년 9월 30일 용정 그리스도 왕 출신 허창덕(치로) 부제와 길림교
구에서 신학과정을 마치고 延吉 수도원에 들어 온 유일한 중국인 수사
조 철(요셉)이 延吉 수도원 성당에서 사제품을 받았다.[88]

1946년 4월 11일 중국의 교계제도 설정으로 延吉 대목구가 延吉교구
로 승격되었다.[89] 그러나 5월 20일부터 공산당 당국에 의해 교회의 재
산이 몰수되고 선교사들의 체포가 시작되었다.[90]

1950년 11월 2일 테오도르 아빠스 겸 延吉 교구장이 독일 모원에서
세상을 떠나자 11월 8일 악커만(Raimundo Ackermann) 신부가 교구장
서리로 임명되었다.[91]

延吉에 관한 1931년 하반기 통계에 의하면 延吉교구 신학생은 33명(원
산 교구 18명)이 있었다. 1936년 통계에 의하면 교구본부 부속기관 수도
원 내 목공장, 철공장 등이 있었고, 만주인 학교 교원 1명과 학생 87명이
있었다. 신부 5명과 수사 15명, 병원 원장 1명과 간호사 4명이 있었다.[92]

2) 延吉上市(延吉西部, YENKI WEST) 천주교회

소재: 延吉縣 延吉上市, 主保: 朝鮮致命福者

1931년 延吉 조선인 시가에 성당을 건립하여, 具 카니시오(Canisius
Kügelgen) 신부[93]와 수사 1명이 부임하였다. 1932년 한국인 이주민이

---

87) 『승리의 십자가』, 101쪽.
88) 『周聖道 신부 자서전』, 244~245쪽.
89) 趙慶源, 위의 책, 119쪽.
90) 『周聖道 신부 자서전』, 246쪽.
91) 1951년 『教皇廳 年鑑』, 429쪽.
92) 「延吉教區各地方紹介」: 『가톨릭 靑年』 1936년 10월호, 40쪽.
93) 1884. 5. 24 Magdeburg에서 출생, 1907. 10. 20 서원, 1909. 7. 26 사제수품,
    1911. 1. 6 슈바이클베르그에서 한국으로 파견됨[독일 오틸리엔 예수성심

지속적으로 늘어나자 넓은 땅을 매입해 교회와 학교를 건립하게 되었다.[94] 그해 12월부터 수녀들이 출퇴근하며 전교, 유치원, 학교, 학원 일을 돌보았다.[95] 具 신부는 1939년 9월까지 봉직하다 전임되었고, 裵 발두인(Balduin Appelmann) 신부가 그의 뒤를 이었으나 1946년 공산화 과정에서 본당이 폐쇄되었다.[96]

1936년 통계에 의하면 延吉상시 본당에는 해성학교 교원 7명, 생도 416명, 야학교 생도 90명이 있었고, 유치원생 25명과 주일학교 학생 80명이 있었다. 교우 총수는 997명이었고, 공소는 5개소가 있었다.[97]

3) 용정 천주교회[98]

소재: 延吉縣 龍井上市, 주보: 耶穌聖心

1909년에 설립[99]되어, 그해 5월 1일에 주임 南 레오(Jean Jules Léon Curlier, 南一良)[100] 신부가 부임하여, 성당과 사제관을 지었다. 1911년

대수도원에서 발행된 1924년도 외방선교를 위한 오틸리엔 분도수도회의 지침서(Directorium＝안내서 또는 명단이 든 주소록), 38-39쪽(이하 '오틸리엔 지침서'로 略記)].

94) 『延吉 事實報告書』, 4쪽.

95) 『은혜의 60년』, 부산 올리베따노 성 베네딕토 수녀회, 1991, 61쪽.

96) X 生, 「延吉教區 各敎會沿革과 現勢」, 『가톨릭靑年』, 1936년 10월호, 31쪽 참조.

97) 「延吉敎區各地方紹介」, 『가톨릭靑年』 1936년 10월호, 40쪽.

98) 『원산교구 연대기』 45쪽 각주 8에는 '용정 본당'이 용정上市에 소재하고 있는 것으로 기술되어 있다. 1909년 삼원봉 본당과 함께 간도의 첫 본당으로 창설되었다.

99) 1900년대 초 용정의 인구는 백 명가량이었다. 조선인 집은 거의 다 신자의 소유임으로 한때는 聖敎村이라는 별칭까지 있었다(『가톨릭청년』, 1936년 10월호, 32쪽).

100) Jean Jules Léon Curlier(한국명: 南一良) 신부는 파리외방전교회 소속으로 1863년에 태어나 1886에 이 회에 입회, 1889년에 사제품을 받고, 그해 6월 21일에 한국에 도착하였다. 이천 지역과 충청도 내포지방, 합덕,

용정 시내 대화재 때에 성당이 전소되자 1912년 벽돌 양옥성당으로 신축하였다.

1921년 5월 간도 지역 선교 수도회 교체 때에 南 신부는 독일 베네딕토회 신부에게 본당을 이양하고,[101] 그의 생을 마무리할 황해도의 玫花洞 본당으로 전임되었다.[102] 그의 뒤를 이어 독일 상트 오틸리엔 베네딕토회 소속 任 갈리스도(Callistus Hiemer)[103] 신부가 부임하였고, 그는 부임하자 곧 해성학교를 설립하였다. 1923년 상반기에는 일데폰스와 힐라리오[104] 두 수사가 용정 공동체에서 함께 봉사하고 있었다.[105]

1923년 1월 5일 보좌 朱 원선시오(Vincentius Schuster)[106] 신부가 장티푸스에 전염돼 세상을 떠났다.[107]

공주 등을 거친 후 간도에 자원하여 봉직한 후, 1935년 6월 6일 황해도 매화동에서 세상을 떠났다(『한국가톨릭대사전』, 1172-1173쪽: 『한국가톨릭대사전』 1, 216쪽 참조).

101) 『周聖道 신부 자서전』, 204쪽.

102) 『한국가톨릭대사전』, 1172-1173쪽 참조: 南 신부는 매화동에서 1935년 6월 6일 설사병으로 善終할 때까지 14년간 봉직하였다(『경향잡지』, 제15권 제469호, 1921년 5월).

103) 1884년 10월 16일 Wiggensbach에서 태어나, 1906년 10월 21일에 서원하고, 1910년 7월 23일 사제품을 받은 후, 1911년 1월 6일 한국으로 파견되었다(1924년도 『오틸리엔 지침서』, 38-39쪽). 간도가 원산교구 관할하에 있었을 때 만주지역 분원장 역할과 辛 주교의 대리역을 맡았었다(『승리의 십자가』, 39쪽 참조).

104) Ildefonsus Flözinger 수사는 1878년 7월 20일 Deiding에서 태어나, 1909년 10월 4일 서원하고, 1909년 11월 7일 한국에 파견되었다: Hilarius Hoiss 수사는 1888년 6월 27일 Unterau에서 태어나, 1910년 8월 5일 서원하고, 1911년 1월 7일 한국에 파견되었다(1924년도 『오틸리엔 지침서』, 38-39쪽). 1924년 자료에 힐라리오 수사의 任地가 八道溝인 것으로 보아 그는 龍井 소임 후 그곳으로 이동된 것으로 추정된다.

105) 『원산교구 연대기』, 48쪽.

106) 1890년 1월 27일 Kirchheim에서 태어나, 1912년 10월 6일 서원하고, 1916년 7월 25일 사제품을 받은 후, 1921년 1월 16일 한국으로 파견되었다. 龍井에서 사목을 담당하다 1923년 1월 5일에 病死하였다(『경향잡지』, 제16권 제494호, 1922년 5월 31일: 『함경도 자료집 제3집』, 65-66쪽에서 재인용).

107) 『가톨릭청년』, 1936년 10월호, 14쪽 참조.

1923년 11월 20일 모원 주방장 겸 정원사 소임을 하던 嚴 비오(Pius Emmerling, 嚴威明)108) 신부가 보좌신부로 부임109)하여 1924년 4월 하순까지 본당 사목을 돕다가 전임되자 다시 任 신부 홀로 사목을 전담해야 했다. 그해 9월 27일 韓 암브로시오(Ambrosius Hafner)110) 신부가 부임해 왔고, 1925년 10월 6일 임 갈리스도 신부가 함경북도 회령 본당 신부로 소임 이동111)되고 그 대신 韓 신부가 분원장과 주임신부 직책을 승계112)하였다. 그의 분원장 재임 중 孔 빌리발드(Willibald Kugelmann, 孔樂道)113) 신부가 함께 사목을 도왔다.114) 1926년 6월에는 鄭 엑베르트(Egbert Dörfler, 鄭默德)115) 신부가 보좌로 부임했다. 1927년 5월에는 高 보니파시오(Bonifatius Köstler)116) 신부가 龍井 보

108) 嚴 신부는 1886년 6월 23일 Heidingsfeld에서 태어나, 1910년 10월 16일 서원하고, 1914년 6월 30일 사제품을 받은 후, 1922년 2월 19일 한국에 파견되었다(1924년도 『오틸리엔 지침서』, 38-39쪽).
109) 『원산교구 연대기』, 54쪽.
110) 1897년 4월 5일 Rain에서 태어나, 1919년 10월 19일 서원하고, 1922년 7월 15일 사제품을 받은 후, 1923년 6월 3일 한국에 파견되었다(1925년도 『오틸리엔 지침서』, 40-41쪽); 『원산교구 연대기』, 67쪽: 간도 天主敎傳來 40주년기념호인 『가톨릭 靑年』(1936년 10월호)에는 1925년에 부임한 것으로 기록돼 있으나 1924년 이동된 것으로 보아야 할 것이다. 1931년 頭道溝 본당으로 전임되었다(『周聖道 신부 자서전』, 207쪽 참조).
111) 10월경 회령 본당 주임신부로 발령되어(『원산교구 연대기』, 80쪽), 회령에는 그 이듬해(1926년) 1월 6일에 도착하였다(『함경도 자료집 제3집』, 215쪽).
112) 1926년도 『오틸리엔 지침서』에는 한 암브로시오 신부가 용정 분원장으로 기술되어 있다.
113) 빌리발드 신부는 1894년 1월 24일 Langenneufnach에서 태어나, 1920년 7월 16일 서원하고, 1924년 7월 19일 사제품을 받은 후, 1924년 8월 17일 한국에 파견되었다(1926년도 『오틸리엔 지침서』, 42-43쪽).
114) 1926년도 『오틸리엔 지침서』에 한 신부와 빌리발드 신부가 함께 사목한 것으로 기술되어 있다.
115) 엑베르트 신부는 1898년 3월 22일 Dreuschendorf에서 태어나, 1921년 5월 22일 서원하고, 1925년 6월 29일 사제품을 받은 후, 1925년 9월 17일 한국에 파견되었다(1927년도 『오틸리엔 지침서』, 42-43쪽); 그의 부임에 대해서는 『원산교구 연대기』, 91쪽 참조.
116) 보니파시오 신부는 1897년 12월 21일 München에서 태어나, 1920년 2월

좌로 임명되었다.[117]

1929년에는 본당을 분할하여 頭道溝 공소를 본당으로 승격시켰다. 초대 주임신부로는 周聖道 신부가 임명되었는데 주 신부는 용정에 거주하며 사목 실습을 한 후 10월 4일 두도구 사제관으로 이사했다.[118]

1931년 10월에 朴 콘라드(Konrad Rapp) 神父가 용정 주임신부로 부임하였는데, 그는 용정에 부임하기 전 甕聲砬子에 부임해 학교를 확장하고, 사제관을 지었는데 공사 착수 3개월 만에 용정 본당 신부로 발령을 받은 것이었다. 1932년에는 裵 발두인(Balduin Appelmann)[119] 신부가 부임하였다. 그는 타르시치오 소년회를 조직하여 교구 차원의 소년운동으로 발전시켰다.[120] 1933년에는 에프렘(Ephräm Durach)[121] 보좌신부가 배 신부를 도왔고, 1935년부터 1936년까지는 아놀드(Arnold Lenhard)[122] 신부가 도왔다.

1933년 3월 25일 용정에 수녀회 支院이 설립되어 지원장 돌로로사 수녀와 김 젤뚜르다 수녀, 유 알로이시아 수녀, 신 안나 수녀, 이 안나 수녀가 파견되었다.[123] 1936년에 용정下市 본당(주보: 그리스도 왕)을 창설하여 본당을 분할하였다.[124] 1936년 6월 7일에 사제품을 받은 한

2일 서원하고, 1924년 7월 19일 사제품을 받은 후, 1924년 8월 17일 한국에 파견되었다(1928년도 『오틸리엔 지침서』, 48-49쪽).

117) 『원산교구 연대기』, 104쪽.

118) 『周聖道 신부 자서전』, 148쪽.

119) Balduin Appelmann 신부는 1901년 12월 6일 Rieden에서 출생하여, 1923년 5월 9일 서원하고, 1928년 3월 24일 사제품을 받은 후, 1929년 5월 9일 한국으로 파견되었다(1933년도 『오틸리엔 지침서』, 80-81쪽).

120) 『한국가톨릭대사전』, 한국교회사연구소, 1985, 883쪽 참조.

121) 에프렘 신부는 1899년 3월 25일 Böserscheidegg에서 태어나,1922년 10월 3일 서원을 하고, 1927년 4월 3일에 사제로 수품되어, 1928년 5월 27일 오틸리엔에서 한국으로 파견되었다(1933년도 『오틸리엔 지침서』, 80-81쪽).

122) 아놀드 신부는 1905년 1월 3일 Schallfeld에서 태어나, 1926년 5월 9일 서원하고, 1931년 3월 22일 사제품을 받은 후, 1932년 8월 21일 뮨스터슈바르작에서 한국으로 파견되었다(1935년도 『오틸리엔 지침서』, 90-91쪽).

123) 『은혜의 60년』, 63쪽.

윤승(필립보) 신부가 그동안 보좌로 근무하고 있었는데 분가된 그리스
도 왕 본당 보좌신부로 자리를 옮겼다.[125]

1939년 9월 裵 발두인 신부가 延吉 서부 성당으로 전임되고, 한윤승
(필립보) 신부가 주임신부로 부임하였다.[126] 1943년 6월에는 한윤승 신
부가 평양교구로 파견되어 갔고, 그 후 본당은 3개월 정도 공석이 되
었었다.[127]

1943년 9월 安 알빈 신부가 부임[128]하였다. 1946년에는 김성환(빅토
리아노) 신부가 이 본당에 봉직하고 있었다.[129]는 기록이 있는데 이로
보아 주임신부 교체가 그간 있었던 것으로 생각된다.

1946년에 만주를 점령한 소련군에 의해 성당 및 교회재산이 몰수되
고, 본당도 폐쇄되었다. 1947년 8월 16일 김성환 신부는 이들을 피해
월남하였나.[130]

1923년 4월의 본당 교우수는 약 2,800명[131]이었고, 11월 통계로는 약
3,000명[132]이었다. 1924년에 신학생이 11명 있었고, 1936년에 본당의 각종

---

124) 『한국가톨릭대사전』, 883쪽에는 龍井下市 성당이 신설되자 용정상시 성당
　　이 공소로 격하되었다고 하나 1936年度 『오틸리엔 지침서』(92-93쪽)에는
　　용정상시 본당 신부에 裵 발두인, 보좌신부에 아놀드가 기술되어 있고,
　　1937年度 『오틸리엔 지침서』(82-83쪽)에는 용정상시 본당신부에 裵 발두
　　인 신부(보좌신부 아놀드는 明月溝 주임으로 소임 이동), 용정하시 본당
　　신부에 레지날드와 보좌신부에 韓允勝(필립보)으로 기술되어 있다.
125) 『周聖道 신부 자서전』, 215쪽 참조.
126) 『한국가톨릭대사전』, 883쪽 참조.
127) 태평양전쟁이 발발하자 일제는 평양교구에서 사목하고 있던 미국인 신부
　　와 목사들을 감금하였다. 따라서 오세아(O'Shea) 주교를 비롯한 모든 메
　　리놀회 미국인 신부·수녀들이 감금되고 끝내 국외로 추방되었다. 이에
　　임시 교구장 서리직을 맡은 서울 교구장 노기남 주교는 각 교구에 평양
　　교구 지원을 요청하였고, 延吉교구에서도 한윤승 신부와 김충무 신부가
　　파견되게 되었다(『周聖道 신부 자서전』, 233쪽 참조).
128) 『周聖道 신부 자서전』, 233쪽.
129) 『周聖道 신부 자서전』, 259쪽.
130) 『周聖道 신부 자서전』, 265쪽.
131) 『원산교구 연대기』, 45쪽.

회 7개, 회원총수 507명, 해성학교 교원 10명, 생도 582명, 야학교 교원 3
명, 생도 46명, 교우총수 1,743명[133]이었고, 공소는 8개소가 있었다.[134]

4) 龍井下市 천주교회

소재: 延吉縣 龍井下市, 주보: 그리스도 왕, 공소: 6個所(1936년)

1936년 배 발두인 신부는 '간도 천주교 전래 40주년 기념 축제' 준비
를 위해 해성학교에 대강당 신축운동을 대대적으로 벌려 준공한 후, 40
주년 행사가 끝나자 곧 대강당으로 성당을 옮겨 학부형들로부터 비난을
받았다. 그러자 배 신부는 용정 중심지의 '예수성심 성당'을 부활시켜
그리로 가고 새로 시작한 '그리스도 왕 본당'에는 초대 주임 王 레지날
드(Reginald Egner)[135] 신부가 부임토록 하였다. 한윤승 신부가 보좌로
봉직[136]하다가 1939년에 용정 예수성심본당으로 전임[137]되었다.

1937년 1월 2일 周 코르비니안(Corbinian Schräfl, 周聖道)[138] 신부가

---

132) 『원산교구 연대기』, 54쪽.
133) 1936년 龍井下市 지역에 그리스도 왕 본당을 분가한 관계로 1923년도의
    교우 수(2800명)가 준 것으로 생각된다.
134) 『가톨릭靑年』1936년 10월호, 41쪽.
135) 레지날드 신부는 1906년 8월 1일 Oberkirch에서 태어나, 1926년 5월 15일
    서원하고, 1931년 3월 8일 사제품을 받은 후, 1932년 4월 19일 한국으로
    파견되었다(1937년도 『오틸리엔 지침서』, 82-83쪽).
136) 1911년 6월 9일 龍井에서 태어나, 1936년 6월 7일 사제품을 받았고, 龍井
    예수성심본당에서 첫 보좌생활을 시작하였다(1937년도 『오틸리엔 지침서』,
    82-83쪽).
137) 『周聖道 신부 자서전』, 226쪽.
138) 주성도 신부는 1901년 1월 31일 독일 바이에른 지방 Taxa에서 출생,
    1921년 6월 21일 상트 오틸리엔 베네딕토 수도회 입회, 1925년 8월 9일
    終身 誓願, 1927년 4월 3일 사제품을 받은 후, 1928년 5월 27일 한국으로
    파견되었다. 1950년 12월 24일 본국으로 송환되었으나, 1954년 9월 19일
    한국으로 재파견되어 활동하다가 1990년 2월 18일에 선종하였다. 1984년
    에 『하느님의 자비를 영원토록 노래하리라』라는 자서전을 저술하여, 분도

부임하였다. 周 신부는 교육의 혜택을 못 받은 소녀들과 20세 미만의 여성 교육을 위해 海星學院(Eine Hilfsschule)을 정비하고 확장시켜 나갔다. 이 학원의 교과목은 종교, 읽기, 쓰기, 셈하기, 수예, 조선어, 일본어, 농업실습 등이었고, 1일 3시간씩 3년간 교육했다. 나이가 어리고 성적이 좋은 사람들은 졸업 후 해성학교 5학년에 편입시키기도 했다.[139] 이 학원은 1945년 11월까지 지속되다가 공산주의 교육위원회로 넘어가게 되었다.[140] 1939년 9월에 安 알빈(Alwin Max Schmid) 신부가 보좌신부로 부임[141]하였고, 1940년 4월 21일에는 許 권더 신부가 제2보좌로 부임하여, 6개월간 사목 실습과 언어를 습득한 후 頭道溝 본당 신부로 전임[142]되었다.

1941년에 새 학교 건물을 Alwin 신부의 건설 계획에 따라 신축하였다.

1942년 2월 이태순(야고보) 보좌신부가 부임[143]하여 1944년 1월까지 봉직하다가 大拉子 본당 신부로 전임되었다.[144]

1945년 6월 말 도시 행정위원회가 용정 전 수도원을 비울 것을 명해 7월 1일에 사제관을 수녀원으로 옮겼다.[145] 그 와중인 10월 7일 새 사제 허창덕 신부의 첫 장엄미사가 본당에서 봉헌되었다.[146]

1945년 11월 공산주의자들에 의해 본당이 폐쇄되었다.

출판사에서 1993년에 출판하였다(위의 내용은 자서전 속표지 참조). 부임 일자에 대한 것은 그의 자서전, 209쪽 참조.

139) 『周聖道 신부 자서전』, 211-212쪽 참조.
140) 『延吉 事實報告書』, 6쪽.
141) 1904년 5월 29일 Rottenburg교구 Spaichingen에서 출생하여, 1032년 5월 13일 誓願하고, 1936년 3월 1일에 사제품을 받은 후, 1937년 5월 6일에 한국으로 파견되었다(1938년도 『오틸리엔 지침서』, 86-87쪽).
142) 『周聖道 신부 자서전』, 227쪽.
143) 『周聖道 신부 자서전』, 230쪽: 이 신부는 1956년 대구 파티마 병원에서 殞命하였다.
144) 『周聖道 신부 자서전』, 233쪽.
145) 『延吉 事實報告書』, 64쪽.
146) 『延吉 事實報告書』, 66쪽.

5) 英岩村(三元峰) 천주교회(1909~1931년) 大拉子
   천주교회(1931~1946년)

소재: 和龍縣 大拉子市, 주보: 護守天神

영암촌(삼원봉) 본당은 1909년에 설립되어, 원형근(Adrien Joseph Larribeau) 신부147)가 초대 주임으로 부임하였다. 원 신부는 1910년에 성당을 짓기 시작하여 1912년 10월에 완공하여 봉헌식을 가졌다.

1914년 제1차 세계대전의 발발(독일의 대 러시아 선전포고는 8월 1일이고, 대 프랑스 선전포고는 8월 3일에 있었다.148))로 젊은 선교사들이 동원 징집되어 프랑스로 돌아가자, 원 아드리안 신부도 동원 대상에 들었으나 8월 21일자 뮈텔 주교에게 보낸 전보에서 징집 면제되었음을 알렸다.149) 원 신부는 선교사들의 빈자리를 돌보기 위해 9월 14일 충청도 지역으로 전임되어 합덕 본당을 맡았다.150)

그 후 삼원봉 본당은 용정의 南一良 신부(1863-1935년)가 5년간 돌보았고, 1919년 9월에 白 필립보(Philippe Ferrin, 白文弼)151) 신부가 부

---

147) 1883년 프랑스의 La Romieu에서 태어나, 1904년 파리외방전교회에 입회, 1907년에 사제로 수품되고, 그해 5월 21일에 서울에 도착했다. 1908년 첫 소임지로 간도 삼원봉에 소임을 받은 것이다. 1933년에는 제8대 서울교구장, 1958년에는 대전 교구장을 역임하였다[『한국가톨릭대사전』, 한국교회사연구소, 1985, 318-319쪽 참조].

148) 『뮈텔주교일기』 5, 1911~1915년, 한국교회사연구소 역주, 한국교회사연구소, 1998, 338쪽 각주 85 참조.

149) 위의 책, 349쪽 참조.

150) 위의 책, 354쪽 참조: 라리보 신부는 구합덕 본당에서 1917년까지 봉직했다(『구합덕 본당 100년사 자료집』, 565쪽).

151) 파리외방전교회 소속 신부로서, 1885년 6월 17일에 태어나, 1910년 11월 30일에 사제품을 받은 후, 1921년부터 1950년까지 구합덕 본당 주임신부로 봉직하다 1950년 8월 14일 북한 공산당에 의해 납치된 이후 행방을 알 수 없게 되었다(『구합덕 본당 100년사 자료집』, 천주교 구합덕 교회, 1990, 564-565쪽 참조). 부임 내용은 『가톨릭청년』 1936년 10월호, 34쪽 참조.

임하였다.

1921년 간도 지역 선교단 교체로 파리외방전교회 소속 백 필립보 신부는 충남 당진군 합덕 본당으로 전임[152]되어 가고, 독일 오틸리엔 베네딕토회 신부들이 간도 지역을 인계 받았다.

1921년 5월 羅 가누또(Kanut d'Avernas, 羅國宰) 신부가 부임 명을 받았으나 즉시 부임 않고 용정시에 머무르며 조선어 습득을 한 후 본당에 주재하다 원산 본당으로 전임되었다.[153]

1922년 여름부터 11월까지 백화동 테오도르 신부가 5개월간 사목을 담당했다.[154] 백 신부의 뒤를 이어 그해 말 徐 빅토리노(Victorinus Zeileis, 徐相烈)[155] 신부가 부임하여 1925년 10월까지 사목을 담당했다.

1925년 10월에는 吳 하르트만(Hartmann Eberl, 吳根洙) 신부가 부임하여, 1929년에 싱딩을 재 수리(1000어 원 소요[156]) 하였고, 그 후 1946년까지 재임[157]하였다. 재임 중 1931년에는 먼저 덕흥학교를 大拉子로 옮기고, 이어 사제관과 성당을 옮김으로써 영암촌 본당은 화룡현 大拉子市로 이전, 이후 大拉子 본당이라 불렸다.

1946년 만주를 점령한 소련군에 의해 성당 및 모든 교회 재산을 몰

---

152) 『경향잡지』, 제15권 제469호, 1921년 5월 15일: 『구합덕 본당 100년사 자료집』, 416쪽에서 재인용.
153) 『한국가톨릭대사전』 3권, 1591쪽 참조: 『경향잡지』, 제15권 제469호, 1921년 5월 15일 참조: 1923년 4월에 원산 본당 옥 신부의 보좌로 봉직하고 있는 기록으로 보아 그 이전에 三元峰에서 전임되었을 것이다(『원산교구 연대기』, 46쪽).
154) 『승리의 십자가』, 39쪽.
155) 빅토리노 신부는 1888년 7월 1일 Hafenlohr에서 태어나, 1909년 3월 21일 서원하고, 1912년 10월 5일 사제품을 받은 후, 1922년 2월 19일 한국에 파견되었다(1924년도 『오틸리엔 지침서』, 38-39쪽): 『경향잡지』 제16권 제504호, 1922년 10월 31일: 『함경도 자료집 제3집』, 66쪽에서 재인용: 1925년 10월에 八道溝 본당 신부로 전임되었다.
156) 1930년대 돈의 가치는 집 한 채에 350원가량, 달걀 100개에 1원, 하루 노임 大工이 40錢 小工이 20錢이었다고 한다(『周聖道 신부 자서전』, 153, 155, 184쪽 참조).
157) 『한국가톨릭대사전』 3권, 1591쪽 참조.

수당하고 본당은 폐쇄되었다.

1924년 통계에는 본당 신학생이 2명 있었고, 1936년 통계에는 각종 회수 6회, 회원수 90명, 해성학교 교원 3명, 생도 101명, 야학교 교원 2명과 생도 10명, 유치원 원생 20명이었고, 교우총수는 727명, 공소는 5개소가 있었다.158)

6) 朝陽河 천주교회159) 八道溝 천주교회

소재: 延吉縣 八道溝市, 주보: 성모성심

1910년에 설립되어, 5월에 崔文植(베드로) 신부가 사목구 주임으로 부임하였다.

1919년 7월 19일부터 1920년 2월까지 최 신부와 10여 명의 교우가 마적 60여 명에 의해 납치되었다가 강홍권(라우렌시오) 교우의 노력으로 풀려나는 일이 있었다. 최 신부는 1921년 5월 강원도 양양군 上道門面 싸리재로 전임160)되었다.

1921년 가을 白 테오도르 신부가 잠시 본당을 돌보다 三元峰으로 전임되고, 具 카니시오(Canisius Kügelgen) 신부가 부임하여 조양학교를 건립하고 부근 10개 공소에 분교를 설립하였으며, 1923년 4월까지 봉직하다 서울로 전임되었다.161)

1923년 수도원장 金 금구 슈미트 신부와 兪 레오나르드 베버 신부가 부임하였는데, 금구 슈미트 신부는 1923년 11월에 원산 본당 신부로

---

158) 『가톨릭靑年』, 1936년 10월호, 41쪽.

159) 1910년 間島에서 세 번째로 창설된 본당으로 당시 명칭은 朝陽河 본당이었다(『한국가톨릭대사전』 1198~1199쪽); 『원산교구 연대기』, 46쪽.

160) 『경향잡지』 제15권 제469호, 1921년 5월 15일; 『함경도 자료집 제3집』, 64쪽에서 재인용.

161) 『원산교구 연대기』, 47쪽; 그 후 具 신부는 1923년 6월에 八池 본당 주임으로 임명되었다.

전임[162]되었고, 그 대신 玉 안드레아(Andrea Eckardt)[163] 신부가 부임하였다. 부임 당시 교우수는 4000명가량[164]되었다.

1924년 3월 25일 兪 레오나르드 신부가 한국 체류 2년 반 만에 사망[165]하였고, 1925년 10월 이후에 玉 안드레아 신부가 서울 수도원으로 소임 이동[166]되었다.

1925년 10월 徐 빅토리노 주임신부[167]와 栢洞(혜화동)의 高 보니파시오(Bonifatius Köstler) 보좌신부가 부임[168]하였다.

1932년 3월 5일 엄 비오 보좌신부가 장티푸스로 운명하였다.[169]

1933년에는 張 아도(Ado Trabold)[170] 신부가 부임했는데, 그해 9월 24일 4백여 명의 마적과 볼셰비키 당원들이 성당을 습격한 일이 있었다. 신부들은 다행히 피신했으나 교우들의 재산이 약탈되고 12가구가 전소되었다.[171] 1935년 상낭을 곁들인 학교가 신설되었고,[172] 1937년에는 서민을 위한 교회학교로 면세가 허락되었다. 그해에 사제 숙소로 사용될 집을 얻게 되었다.[173]

---

162) 『원산교구 연대기』, 52쪽.
163) 1923년 상반기 중에는 원산 본당 주임신부로 일하고 있었다(『원산교구 연대기』, 46쪽 참조).
164) 『원산교구 연대기』, 52쪽.
165) 『원산교구 연대기』, 59쪽.
166) 『원산교구 연대기』, 80쪽.
167) Victorinus Zeileis 분원장은 1888년 7월 1일에 출생하여, 1909년 3월 21일에 서원하였고, 1912년 10월 5일 사제품을 받은 후, 1922년 2월 19일 한국으로 파견되었다: 『경향잡지』 제19권 제576호, 1925년 10월 31일: 『함경도 자료집 제3집』, 68쪽에서 재인용.
168) 『경향잡지』 제19권 제576호, 1925년 10월 31일: 『함경도 자료집 제3집』, 68쪽에서 재인용.
169) 『周聖道 신부 자서전』, 162쪽.
170) 장 아도 신부는 1904년 1월 11일 Stuttgart에서 출생하여, 1924년 5월 12일 서원하고, 1929년 3월 10일 사제품을 받은 후, 1930년 4월 21일 한국으로 파견되었다(1933년도 『오틸리엔 지침서』, 82~83쪽).
171) 『승리의 십자가』, 77쪽 참조.
172) 『승리의 십자가』, 69쪽.

1938년 3월 27일[174] 八道溝 출신 새 사제 임화길(안드레아) 신부가 사제수품(3월 21일) 후 첫 장엄미사를 八道溝 본당에서 봉헌하였다.[175]

1945년 11월 허창덕(치로) 신부가 八道溝 보좌로 부임했다. 당시 본당 신부는 왕 레지날도(Reginald Egner, 王默道)[176]였는데, 그는 공산정권의 박해로 잠시 본당을 비우고 延吉 수도원으로 피신한 적도 있었다.[177]

1947년 9월 27일 성직자, 수도자들에 대한 공산정권에 의한 대대적인 박해와 교회 재산 몰수가 있었고, 두 신부가 투옥되었는데 10월 24일에서야 病보석으로 풀려났다. 허 신부는 그 후 원산으로 피신하였다가 월남하여 서울대신학교에서 라틴어 교수로 봉직하다 1992년 7월 15일 선종하였다.[178]

1924년 통계에 의하면 八道溝 본당의 신학생은 11명이 있었다. 1936년 통계에 의하면 각종 회수 10회, 해성학교 생도 285명, 도리학교 생도 66명, 시업소 치료자수 780명이었고, 교우 총수는 2,284명, 공소는 11개소가 있었다.[179]

---

173) 『승리의 십자가』, 70쪽.
174) Lätare주일(사순 제4주일)에 첫 장엄미사를 봉헌하였다고 기술되어 있다. 그해 사순 제4주일은 3월 27일로 逆算된다.
175) 『원산교구 연대기』, 361쪽.
176) Reginald Egner는 1906년 8월 1일 Oberkirch에서 태어나, 1926년 5월 15일 서원하고, 1931년 3월 8일에 사제품을 받은 후, 1932년 4월 10일 한국으로 파견되었다(1935년도 『오틸리엔 지침서』, 90-91쪽). 1975년 세상을 떠났다.
177) 허 신부는 1945년 9월 30일에 延吉 수도원에서 사제로 수품되었다(김남수 안젤로 주교 사제서품 50주년기념 회고록, 『모두 하나되게 하소서』, 126쪽 참조.
178) 『김남수 사제서품 50주년기념 회고록』, 127-128쪽 참조.
179) 『가톨릭靑年』, 1936년 10월호, 41-42쪽.

7) 大嶺洞 천주교회(1926~1935년) 茶條溝 천주교회 (1935~1946년)

소재: 延吉縣 大嶺洞. 주보: 성 요한 세자(大嶺洞 성당)

延吉縣 茶條溝市. 주보: 그리스도인의 도움(茶條溝 성당)

대령동은 1910년 이래 八道溝 본당 소속 공소였는데 1926년 6월 八道溝 보좌신부로 있던 엄 비오 신부를 맞아 準 본당을 이루었다.[180] 1927년 5월에 시국이 불안해지자 엄 신부는 다시 八道溝로 돌아가 대령동 본당은 다시 八道溝 공소로 전락하였다.[181]

1928년 5월 朴 콘라드 신부가 주임신부로 부임[182]하면서 다시 본당으로 승격되어 10여 개의 공소를 관할하게 되었다. 박 신부는 3년 동안 성당, 사제관, 사무실을 건축하고 청년회와 소년회를 조직하였으며, 1930년에는 明月溝 본당 설립을 준비하였다.[183]

1929년 안 실베스터(Silvester Aschoff)[184] 신부가 보좌신부로 부임하였는데, 후에 박 콘라드 주임신부가 甕聲砬子 본당으로 전임되자 안 신부가 주임신부가 되었다. 穆 뮐러(Engelbert Müller)[185] 신부가 보좌로 부

---

180) X 생, 「延吉敎區 各敎會沿革과 現勢」, 『가톨릭청년』, 1936년 10월호, 37쪽.
181) 차기진, 「大嶺洞 本堂」, 『한국가톨릭대사전』 3권, 1586쪽.
182) 『원산교구 연대기』, 120쪽.
183) 차기진, 위의 글, 『한국가톨릭대사전』 3, 1586-1587쪽 참조.
184) 안 신부는 1900년 6월 28일에 태어나, 1927년 4월 3일에 사제품을 받고, 1928년 5월 27일 한국에 파견되었다. 한국에서 사목하던 중 전염병에 걸려 1932년 6월 4일에 세상을 떠났다(『원산교구 연대기』, 35쪽). 안 신부와 함께 입국한 선교사들은 파비안(Fabian Damm, 卓) 신부, 코르비니안(Corbinian Schräfl, 周) 신부, 에프렘(Ephrem Durach) 신부, 호노리오(Honorius Traber, 馬) 신부 등 오틸리엔 출신 사제들과 뮌스터슈바르쟉으로부터 온 웬체슬라오(Wenceslaus Bader) 수사, 徐 알트프리드(Altfrid Sommer) 수사 등이었다(『원산교구 연대기』, 122-123쪽).
185) 엥겔베르트 신부는 1901년 2월 23일에 태어나, 1927년 7월 17일 사제품을 받았고, 1929년 3월 12일 한국에 파견되었다(1930년도 『오틸리엔 지침서』,

임하였는데, 안 신부는 1932년 5월 27일에, 목 신부는 6월 4일에 전염병에 걸려 사망하였다. 따라서 일시 본당 신부 不在 상태가 되었고, 그간 명월구 본당의 周 코르비니안 신부가 와서 본당을 돌보았다.[186]

1932년 9월 李 살바돌(Salvator Kohler)[187] 신부가 부임하였다.

1935년 3월 대령동 舊 본당과 鶴棲洞 공소의 성모 소성당이 화재를 만나 전소되자, 1935년 茶條溝市에 사제관과 성당 건물을 짓고 본당을 이전하였다.[188] 이때 본당명이 차조구 본당(본당 주보: 그리스도인의 도움)으로 바뀌었다. 1936년에는 강당이 있는 학교를 한 곳 인수하였다.[189]

1936년 6월 7일 본당 출신 김충무(클레멘스) 부제의 사제서품식이 덕원 수도원에서 있었는데, 한윤승(필립보) 부제도 함께 사제품을 받았다.[190]

1948년 차조구 출신 김남수 안젤로 부제의 사제서품식이 덕원에서 있었다.[191]

1936년 통계에 의하면 각종 會數 7회, 회원수 445명, 해성학교 교원 5명, 생도 155인, 야학교 생도 45명이었고, 공소는 8개소가 있었다.[192]

8) 琿春 천주교회

소재: 琿春縣 琿春市, 주보: 성녀 소화 데레사

1924년 6월 26일에 설립된 琿春 초대 주임신부로 六道泡의 具 카니

56~57쪽).

186) 차기진, 위의 글, 『한국가톨릭대사전』 3권, 1587쪽 참조.
187) 살바돌 신부는 1903년 8월 5일 Rieden에서 출생하여, 1924년 5월 12일에 서원하고, 1929년 3월 10일에 사제품을 받은 후, 1930년 4월 21일 한국에 파견되었다(1935년도 『오틸리엔 지침서』, 90-91쪽). 그는 1977년에 善終하였다.
188) 『延吉 事實報告書』, 16쪽.
189) 『승리의 십자가』, 69-70쪽
190) 『원산교구 연대기』, 318쪽.
191) 『延吉 事實報告書』, 17쪽.
192) 『가톨릭靑年』, 1936년 10월호, 41-42쪽.

시오(Canisius Kügelgen, 具傑根) 신부가 부임하였고,[193] 9월 27일 吳 하르트만(Hartmann Eberl) 신부가 보좌로 임명되었다.[194] 1929년에는 정 엑베르트(Egbert Dörfler, 鄭默德)[195] 신부가 2대 주임신부로 부임하였으나 폐병으로 인하여 부임 2개월 만에 요양 차 필리핀으로 떠나 그곳에서 그해 겨울부터 이듬해 4월 20일까지 머물다 돌아왔다.[196] 그가 필리핀으로 떠난 지 2~3주 후에 카니시오 전임신부가 다시 와서 겨울 동안 신자들을 돌보다 유럽 여행을 떠났고, 그의 뒤를 이어 육도포 선교기지 주임인 馬 호노리오(Honorius Traber) 신부가 琿春에 와 머물며 琿春과 육도포 양 지역을 임시로 돌보았다. 1930년 6월초에 馬 신부는 연례피정을 마치고 엑베르트 신부와 함께 琿春에 와 오순절까지 머물다가 鄭 신부에게 琿春을 인계하고 본인은 육도포로 돌아갔다.[197]

1933년 강당, 사제관, 수녀원 및 학교를 건립하였다.[198]

1936년 6월 7일에 사제품을 받은 김충무(클레멘스) 신부가 그해 6월에 琿春 보좌신부로 임명되었다.[199]

1940년 봄 연례 피정 후 안셀모(Anselm Benz)신부와 김성환(빅토리오) 신부가 琿春 보좌신부로 임명되어 왔다. 안셀모 신부는 1941년 연례 피정 때까지 보좌신부로 있다가 피정 후 도문 본당 신부로 이임되었다.[200]

1942년 4월 12일 옛 육도포 본당 출신 김치호(마오로) 신부가 사제 수품 후 첫 장엄미사를 琿春 본당에 와서 봉헌하였다.[201]

---

193) X 생, 위의 글, 『가톨릭靑年』, 1936년 10월호, 36쪽.
194) 『원산교구 연대기』, 67쪽.
195) 정 엑베르트 신부는 1898년 3월 22일 Dreuschendorf에서 태어나, 1921년 5월 22일 서원을 하고, 1925년 6월 29일 사제품을 받은 후, 1925년 9월 17일 한국으로 파견되었다(1931년도 『오틸리엔 지침서』, 58-59쪽).
196) 『원산교구 연대기』, 145쪽, 162쪽.
197) 「琿春 年代記 1929년 5월~1931년 4월」, 『1931년 오틸리엔 수도회 연대기 제4호』, 23쪽 참조.
198) 『승리의 십자가』, 69쪽.
199) 1937년도 『오틸리엔 지침서』, 83쪽.
200) 『延吉 事實報告書』, 20쪽, 22쪽.

1943년 여름 김성환 신부가 3년간의 보좌신부 소임을 마치고 일본
(東京)으로 유학을 떠났고, 후임으로 이태준(야고보) 신부가 전임되어
왔는데 그는 1년 후 투병 중인 삼원봉의 하르트만 신부와 교체되어 떠
났고, 八道溝에서 활동하던 김치호 신부가 그의 뒤를 이었다.[202]

1944년 12월에는 해성학교를 정부에 헌납해야 했고, 2년 후에는 본
당마저 폐쇄되었다.[203]

1924년 통계에 의하면 琿春 본당에는 신학생이 1명 있었고, 1936년 통
계에 의하면 회원수가 22명인 회가 하나 있었고, 해성학교 교원 3명, 생도
175명, 야학교 생도 50명, 주일학교 55명이 있었다. 년간 시약소 치료자수
는 4,500명이었고, 본당 교우수는 1,244명, 공소는 22개소가 있었다.[204]

9) 八池(六道泡) 천주교회

소재: 琿春縣 六道泡村, 주보: 성 안드레아

1923년 4월에 설립[205]되어, 6월 14일 具 카니시오(Canisius Kögelgen)

---

201) 『延吉 事實報告書』, 22쪽.
202) 『延吉 事實報告書』, 23쪽.
203) 『延吉 事實報告書』, 22쪽;『원산교구 연대기』, 70쪽, 각주 28 참조.
204) 『가톨릭靑年』, 1936년 10월호, 42쪽.
205) 八池 지역에는 본당이 설립되기 훨씬 이전인 1909년경 이미 백 명 이상 입
   교자가 있었음을 『가톨릭靑年』(1936년 10월호, 9쪽)은 밝히고 있다. 1923
   년 설립당시의 상황을 『원산교구 연대기』는 다음과 같이 설명하고 있다:
   "북간도의 가장 남쪽 모서리에 위치한 조선인 거류지이며 러시아의 국경
   에서 약 30분 거리에 있는 八池에 마침내 본당이 신설됨으로써 중요한 변
   동이 생겼다. 이미 프랑스 선교사들은 전쟁 후에 이 지점에 진출하려 했었
   다. 具 카니시오 신부가 그의 보좌인 方 말구 신부와 함께 그곳의 열렬한
   교우들의 사목을 맡게 되었다. 2명의 이 새 선교사를 위해 숙소가 없었기
   때문에, 그들이 도착하기 전에 벌서 신자들이 조그마한 한옥을 매입하고
   또 작은 성당을 마련했다. 이 본당에 속한 신자들의 수는 약 750명 정도이
   고 그 밖에 기백 명의 예비신자들이 있다."(1923년 1~7월 연대기, 46쪽)

신부와 보좌 方 마르코(Marcus Bainger, 方仁健)206) 신부가 부임하였다.207)

1924년 9월 27일에 方 마르코 보좌신부가 서울로 소임 이동되고, 吳 하르트만 신부가 부임하였다.208) 방 신부는 서울 수도원으로 가 유럽에서 새로 파견되어 올 4명의 신부들209)에게 한국말을 가르치는 일을 맡게 되었다.210)

1925년 6월 19일에 홍태화(Lucius Roth) 신부는 예수성심 대축일 저녁, 육도포 본당을 인수하기 위해 서울 수도원을 떠났고,211) 육도포 본당에서 1년간 주임신부로 봉직한 후 원산본당으로 移任되었다.212)

1926년 연례피정 후213) 鄭 엑베르트(Egbert Dörfler) 신부가 부임하

---

206) 방 신부는 1891년 9월 6일 Kirchheim에서 태어나, 1912년 10월 6일 서원하고, 1916년 7월 25일 사제품을 받은 후, 1921년 1월 16일 한국으로 파견되었다(1924년도 『오틸리엔 지침서』, 38-39쪽).

207) 『경향잡지』 제17권 제528호(1923년 10월 31일):『함경도 자료집 제3집』 26쪽.

208) 『원산교구 연대기』, 67쪽에는 비오 신부가 '琿春'으로 소임 이동된 것으로 기록되어 있으나 1925년도 『오틸리엔 지침서』에는 八池-琿春에서 소임하고 있는 것으로 기술되어 있다. 독일 母院 자료에 의거해 이곳에서 수정하였다:『경향잡지』 제18권 제551호(1924년 10월 15일):「함경도 자료집 제3집』 231쪽에서 재인용: 吳 Hartmann 신부는 1881년 7월 6일 Landau에서 태어나, 1918년 3월 19일 서원하고, 1910년 6월 29일 사제품을 받고, 1923년 6월 3일 한국에 파견되었다(1925년도 『오틸리엔 지침서』, 40-41쪽).

209) 洪 루치오(Lucius Roth), 高 보니파시오(Bonifatius Köstler), 俞 플라치도(Placidus Neugirg), 孔 빌리발도(Willibald Kugelmann) 신부 등 4명은 11월 21일에 서울 수도원에 도착되었다(『원산교구 연대기』, 68쪽).

210) 『원산교구 연대기』, 67쪽.

211) 『원산교구 연대기』, 77쪽.

212) 홍 신부는 1890년 2월 19일 독일 바이에른에서 태어나, 1914년 로마 성 안셀모 대학의 철학·신학과를 졸업하고 사제품을 받았다. 1924년 한국에 입국하여 서울 수도원에 머물다 1925년 六道泡 제2대 주임신부를 역임하였고, 그 후 1927년에는 원산본당 주임신부, 1930년에는 덕원 베네딕토 수도원장 겸 부감목직을 맡았다. 1949년 5월 공산군에 의해 체포되어 고문과 옥살이를 하다 1950년 10월 3일, 후퇴하는 공산군에 의해 살해되었다(『한국가톨릭대사전』 4권, 2225쪽 참조).

213) 『원산교구 연대기』에는 1927년 5월 연례피정이 끝난 후 인사이동 발표가 있었는데, 엑베르트 되르플러 신부의 六道泡 본당 임명도 이때 있었다(『원산교구 연대기』 104쪽).

였고, 1929년에는 馬 호노리오(Honorius Traber)[214) 신부가 보좌신부
로 부임하여 봉직하다 정 신부가 이임되자 그의 뒤를 이어 주임신부가
되어 1931년까지 헌신하였다.

1932년 본당이 폐지되고, 이후 琿春 천주교회의 관할하에 들어갔다.

10) 敦化 천주교회

소재: 敦化縣 敦化市, 주보: 성 야고보

1926년 6월에 敦化 본당이 설립되었는데 한국인 성당을 마련하기 전,
敦化에는 이미 중국인 성당과 선교사를 위한 집과 조그만 학교가 있었
다.[215) 姜 리보리오(Liborius Morgenschweis)[216) 신부가 초대 주임으
로 부임하였고, 1928년에는 高 보니파시오(Bonifatius Köstler) 신부가
보좌신부로 임명되었다.

1931년 姜 리보리오 신부는 시국 불안관계로 延吉로 철수하였고,[217)
그 후 敦化 성당은 延吉 본당 신부가 돌보았다.[218)

---

214) 마 신부는 1894년 2월 8일 Stuttgart에서 출생하였고, 1922년 12월 12일
서원을 하고, 1923년 7월 26일 사제품을 받았고, 1928년 5월 27일 한국으
로 파견되었다(1931년도 『오틸리엔 지침서』, 58~59쪽). 八池 본당에서
1931년까지 봉직했고, 쉬운 『교리문답』 책을 만드는 데 심혈을 기울였으
며, 1950년 독일에 귀국하여 여생을 보내다 1972년 2월 16일 79세의 일기
로 세상을 떠났다(『周聖道 신부 자서전』, 129쪽).

215) 『원산교구 연대기』, 91-92쪽: 백화동 테오도르 신부는 1923년 4월 28일자
자신의 누나인 아마란타 修女에게 보낸 편지에서 그가 敦化 지역을 방문
하고 있었음을 전하였다(『승리의 십자가』, 43쪽).

216) 강 신부는 1897년 1월 15일 Rosenberg에서 출생하여, 1921년 2월 2일 서
원을 하고, 1925년 7월 19일 사제품을 받고, 1925년 9월 27일 한국으로
파견되었다(1927년도 『오틸리엔 지침서』, 42~43쪽).

217) 강 신부는 延吉에서 백 테오도르 신부 대신 중국인 신자들을 돌보았다(『승
리의 십자가』, 76쪽).

218) 『승리의 십자가』, 76쪽 참조.

1936년 라이문도(Raymund Ackermann) 신부가 주임신부로 부임하면서 주임신부의 常住가 시작되었다.[219] 1937년 한국인과 중국인을 위한 학교를 인수하였고,[220] 1941년 수녀회 지원이 설립되어 릿다 수녀와 예비수녀들이 파견되었다.[221] 같은 해에 교회를 짓기 시작하여 1942년 11월에 봉헌식을 가졌다. 한국인들이 머무는 곳과 성당과는 45분 거리이고 신도수도 한국인 500명 중국인 300명 정도이므로 韓人들 지역에 성당을 지으려 준비했었으나 이루어지지는 않았다. 그래서 한인들을 돌볼 신부를 요청했는데 군터(Gunther Heigl) 신부가 자원하여 1943년 3월 7일에 부임하였다.[222]

1945년 8월 9일 敦化(선교기지)에 어려운 날들이 시작되었다. 8월 15일 일본이 항복하였고, 8월 22일에는 러시아 군대가 敦化에 들어와 그 날과 다음날 밤 72명의 일본 어인과 아이들이 죽었다. 1946년 5월 25일 성직자들이 延吉 감옥으로 연행되었고, 그 후 남평 수용소 생활로 이어졌다. 1948년 5월 남평의 노동 수용소가 철폐되면서 신부들이 풀려나게 되자 필립보(Philipp Lenz) 신부가 敦化에 파견되어 왔고, 성탄절 후에는 아말라리오(Amalarius) 수사도 敦化에 왔다. 그러나 교회 건물이 다 부서져 있었기에 교우 집을 빌어 머물며 수리를 마치고 여름에서야 입주할 수 있었다. 하지만 공산 정권 하에서의 어려움은 그때부터 시작되었다. 1949년 8월에는 다시 선교기지 건물을 군대가 사용해야 한다고 하여 성당에서 쫓겨나게 되었다. 이유 없는 체포의 위협과 공산주의 여성 동맹이 결성되어 젊은 아가씨들이 유럽 선교사들을 심문하였고, 이들이 집집마다 다니며 청결 상태를 점검하였고, 어린이 경찰대를 조직하여 어른들과 부모까지도 감시하게 했으며, 공개 자아

219) 『延吉 事實報告書』, 24쪽.
220) 『승리의 십자가』, 70쪽.
221) 『은혜의 60년』, 75쪽.
222) 『延吉 事實報告書』, 26쪽.

비판이 공개적 장소에서 시작되었다. 국영 농장에서의 노동과 야간 회의의 참석 강요, 과중한 세금 납부와 노동자들의 노동연맹 가입 등 어려움은 가중되었다. 1949년 가을부터는 모든 종교가 종교 활동에 대한 상세한 보고서를 지역행정관청에 제출해야 했고 신자들의 명부도 작성해 내야 했다. 1949년 성직자들의 고생은 마침내 延吉 지역으로부터 독일로의 강제 출국이라는 방법으로 그 막을 내리게 되었다.[223]

1936년 통계에 의하면 敦化에는 만주학교 교원 1명과 생도 52명이 있었고, 교우수는 176명, 공소는 3개소가 있었다.[224]

11) 頭道溝 천주교회

소재: 延吉縣 頭道溝市, 주보: 성 베드로 바오로 사도

1929년 가을 龍井 본당에서 頭道溝 본당이 분할 설정되어,[225] 그해 10월 4일에 周 코르비니안(Corbinian Schräfl, 周聖道) 신부가 부임하였다. 주 신부는 頭道溝에 학교를 설립하였고, 부녀자들을 가르치기 위한 강습소를 설치하였다.[226] 1931년 여름 이 살바돌(Salvator Kohler) 보좌신부가 부임했고,[227] 周 신부는 1931년 9월 말 甕聲磖子로 전임 명을 받아 10월 4일에 본당을 떠났고,[228] 韓 암브로시오(Ambrosius Hafner)[229] 신부가 그의 뒤

---

223) 『延吉 事實報告書』 73~75, 143~149쪽 참조.
224) 『가톨릭靑年』, 1936년 10월호, 43쪽.
225) 延吉 지목구장 백 테오도르 신부는 龍井 본당의 일부를 분할하여 頭道溝 본당을 신설하였다. 동시에 그는 신자들의 주보였던 동정 마리아에게 조그마한 교회 하나를 봉헌하였는데, 그 성당은 부감목 박 콘라도 신부가 鶴棲洞 근처의 낮은 언덕에 세운 성당이었다. 1931년에는 공산당의 성당 파괴 획책을 미연에 막을 수 있었으나, 1932년 두 번째 폭동 때에 이 성당이 완전히 파괴되었다(『승리의 십자가』, 68-69쪽).
226) 『周聖道 신부 자서전』, 206쪽 참조.
227) 『周聖道 신부 자서전』, 157쪽.
228) 『周聖道 신부 자서전』, 157~158쪽.
229) 한 신부는 1897년 4월 5일 Rain에서 출생하여, 1919년 10월 19일 서원을

를 이었다. 한 신부는 1937년에 학교, 강당, 사제관 등을 건립하였다.[230]

1940년 9월 2일 군터(Gunther Heigl) 신부가 부임하였다. 그의 부임과 더불어 頭道溝 본당을 분할하여 三道溝 본당을 신설하였다. 그곳 초대 주임으로는 한 암브로시오 신부가 부임해 갔다.[231] 군터 신부는 頭道溝에서의 2년 재임기간 중 건강이 나빠 7개월은 병원에서 4개월은 본당에서 병석에 누워있었다.[232]

1941년 일본은 태평양전쟁 도발 이후 만주 지역에서의 한국어 수업을 금지시켰고 이로 인해 초등학교에 입학할 수 없었던 여학생들을 위한 영세민 학원이었던 해성학원이 문을 닫게 되었다.[233]

1936년 통계에 의하면 頭道溝 본당에는, 신도 모임 4단체, 회원 총수 105명, 해성학교 교원 5명, 생도 150명, 해성학원 교원 5명, 생도 60명, 주일학교생 45명이 있었다. 교우수는 1,334명이었고, 공소는 10개소가 있었다.[234]

1940년 9월 22일 통계에 의하면 頭道溝 본당에는, 해성학교 교원 6명, 학생 200명, 해성학원 여학생 40명이 있었다.[235]

12) 明月溝(甕聲硐子) 천주교회

소재: 延吉縣 明月溝市, 주보: 성 요셉

1931년 大嶺洞 본당 공소였던 甕聲硐子에 본당이 설립되고,[236] 10월

하고, 1922년 7월 15일 사제품을 받고, 1923년 6월 3일 한국으로 파견되었다(1925년도 『오틸리엔 지침서』, 40-41쪽).

230) 『승리의 십자가』 70쪽.
231) 『延吉 事實報告書』, 28~29쪽.
232) 『延吉 事實報告書』, 8쪽.
233) 『延吉 事實報告書』, 30쪽.
234) 『가톨릭靑年』, 1936년 10월호, 43쪽.
235) 『延吉 事實報告書』, 29쪽.
236) 甕聲硐子에 새 본당이 설립되게 된 경위는 비오 에머를링 신부로부터 비롯된다. 그는 1926년 6월 大嶺洞에 머물면서 설립 준비 소임을 받아 준비하다

5일에 周 코르비니안 신부가 초대 주임신부로 부임하여, 1935년에 강당, 사제관, 수녀원, 학교 등을 건립하였다.[237] 1935년에 본당名이 甕聲磖子에서 명월구로 바뀌었다.[238]

1936년 周 신부는 新站 본당 신설을 위해 이임되고 용정 보좌로 있던 盧 레오날드 신부가 부임하였다.[239] 1940년에 崔榮浩(요한 비안네) 신부가 보좌신부로 부임하였다.[240] 盧 신부는 1942년에 성당 신축 공사를 시작하여, 1944년 11월에 완공, 헌당식을 가졌다.[241]

1936년 통계에 의하면 명월구 본당에는 각종會數 3회, 회원총수 249명, 해성학교 교원 7명, 생도 367명, 주일학교 133명이었고, 교우수는 1,266명, 공소 7개소였다.[242]

1년 후 전임되었고, 후임 박 콘라드 신부가 大嶺洞 주임 시절에 甕聲磖子 공소의 분할을 준비하였다. 당시 甕聲磖子는 중국 군대와 우체국, 두 개의 중국 경찰서, 그리고 이미 세 개의 개신교 교파가 있는 작은 시장 도시였다. 八道溝와 세 개의 높은 고갯길로 갈라져 있는 甕聲磖子에는, 6개의 학교와 14개의 분교, 1,700명가량의 신자가 있었다(『원산교구 연대기』, 92쪽).

237) 『승리의 십자가』, 69쪽.
238) 『周聖道 신부 자서전』, 178쪽.
239) 『가톨릭 青年』, 1936년 10월호, 38쪽.
240) 『延吉 事實報告書』, 58쪽; 崔榮浩 신부는 1940년 6월 29일에 사제품을 받았다 (이기명, 『한국인 가톨릭 사제 서품자』, 가톨릭대학교 사목연구소, 1999, 12쪽).
241) 『승리의 십자가』, 70쪽.
242) 『가톨릭青年』, 1936년 10월호, 43~44쪽.
243) 『오틸리엔 지침서』의 缺本이 있어 확실하게 추정해 보기는 어렵지만 1931년 지침서에는 본당 이름이 蛤蟆塘 대신 汪淸(百草溝)로 되어 있다. 1933년 지침서에서는 汪淸(百草溝) 본당 설립일이 '1930년'이고 主保가 '성모 마리아 領報'이며 초대 주임신부가 高 보니파시오로 되어 있어 이제껏 알려진 蛤蟆塘 본당에 관한 기록이 汪淸 본당에 관한 기록으로 바뀌어 있어 혼란을 가져온다. 1935년 지침서에서부터는 蛤蟆塘과 汪淸(百草溝) 본당 이름이 둘 다 나오며 蛤蟆塘 본당 주보가 '성모 마리아 領報'로 되어 있고, 汪淸 본당 주보는 성 엘리사벳이고, 본당 창립이 1930년이며 蛤蟆塘 신부 관할 하에 있다고 記述하였다. 이후 1936년, 1937년 지침서의 내용은 위와 같고, 1938년 지침서에서부터 蛤蟆塘 본당 설립이 1929년으로, 汪淸은 1930년으로 기술되었다. 이로 보아 1935년 이전까지는 蛤蟆塘에 세워진 본당이 汪淸으로 불리다가 汪淸에 본당 공동체가 생기면서 두 본당 이름이 지역에 부합하게

13) 北蛤蟆塘 천주교회[243)

소재: 延吉縣 北蛤蟆塘 大房子, 주보: 성모 마리아 영보

1900년대 초 조선 이주민들이 개척한 北蛤蟆塘(또는 하마탕)의 '대방
자'에 공소가 설립된 것은 1927년이었다.[244) 北蛤蟆塘 지역은 大正3년
(1914년) 간도총영사관 보고서에 의하면 南 레오 신부에 의해 전교가 이
루어졌고, 당시 교우수는 30명이었다.[245) 이곳에 본당이 설립된 것은
1929년[246)이었고, 高 보니파시오(Bonifatius Köstler)[247) 신부가 초대 주
임으로 부임하였다. 1932년 高 신부는 마적들에게 잡혀가기도 했었다.
몸값으로 5천 원(당시 독일 돈으로 1만 마르크)을 요구했었으나 다행히
그들의 마수에서 벗어날 수 있었다.[248) 1940년 신흥 발전 도시인 汪淸으
로 韓人들의 이주가 늘어나자 신자들의 대부분이 汪淸에 거주하여 본당
이전을 계획하여 성당 부지를 매입하고 성당의 일부 건물을 철거 재활
용하려 하였으나 1941년 미·일 태평양전쟁 발발로 이전 계획이 무산되
었고, 1943년 결국은 이전 계획을 포기하게 되었다.[249)

1945년 초 高 보니파시오 신부는 심장 질환으로 延吉 병원에 입원

蛤蟆塘과 汪淸(百草溝)으로 불려지게 된 것으로 추측해 보고 싶어진다.

244) 평화신문, 2000년 8월 13일자 5면 기사 〈延吉교구 합마당성당 찾았다〉 참
조.

245) 大正3年 間島總領事館報告書[分類番號 6-1-6, 86], 百草溝 一般, 第二節
鮮人ノ宗教 부분에는 耶蘇教, 檀君教, 天主教에 관한 보고를 하고 있는데
耶蘇教 일곱 포교지방의 신자수 467명, 檀君教 세 포교지방의 신자수 120
명, 천주교 蛤蟆塘 지역의 신도수 30명이었다.

246) 1938년도 『오틸리엔 지침서』, 90~91쪽: 위의 각주 244) 평화신문 기사에
서는 본당 설립년도를 1930년으로 기술하고 있다.

247) 고 신부는 1897년 12월 21일 München에서 출생, 1920년 2월 2일에 서원
을 하고, 1924년 7월 19일에 사제품을 받고, 1924년 8월 17일 한국에 파
견되었다(1926년도 『오틸리엔 지침서』, 42-43쪽).

248) 『승리의 십자가』, 77쪽 참조.

249) 『延吉 事實報告書』, 35쪽.

치료를 받고 완쾌되었으나 다시는 자신의 선교지로 갈 수 없었고, 延吉 감옥에 다른 성직자들과 함께 수감되었고, 하마탕(蛤蟆塘) 성당은 인민 재판소로 사용되게 되었다는 소식을 전해 듣게 되었다. 1945년 3월 25일 한 선교사의 생명의 빛은 이렇게 사위어갔고, 남평 수용소 생활을 마치고 석방된 선교사들이 다시 蛤蟆塘 본당을 복구하려 했지만 이미 모든 교우들이 이주를 하여 그곳에는 남은 것이 아무 것도 없었다.[250]

1936년 통계에 의하면 蛤蟆塘 본당에는, 회원수가 70명인 단체가 하나 있었고, 해성학교 교원 3명, 생도 104명이 있었다. 교우수는 590명, 공소는 5개소가 있었다.[251]

14) 汪淸(百草溝) 천주교회

소재: 汪淸縣 汪淸市, 주보: 성 엘리사벳

1930년 蛤蟆塘에서 동쪽으로 25km 거리에 있는 汪淸에 공소가 설립[252]되어 蛤蟆塘 주임신부가 이곳을 관리하였다. 1934년에 준 본당으로 승격되었다.[253] 1939년에 주임으로 데시데리오(Desiderius Terzer)[254] 신부가 활동하고 있었던 것으로 보아 그가 초대 주임으로 부임한 것이 아닐까 추정하게 된다. 데시데리오 신부는 병 때문에 1940년 1월 러시아를 경유하여 고향으로 돌아갔다.[255] 1941년에는 방인 사제가 주

---

250) 『延吉 事實報告書』, 36쪽 참조.

251) 『가톨릭靑年』 1936년 10월호, 44쪽.

252) 1939년도 『오틸리엔 지침서』, 94쪽.

253) 평화신문, 2000년 8월 13일자 5면 기사 〈延吉교구 합마당성당 찾았다〉 참조.

254) 데시데리오 신부는 1902년 9월 1일에 Hofkirchen에서 태어나, 1925년 5월 12일에 허원을 하고, 1930년 4월 27일 사제품을 받고 1933년 8월 15일에 선교사로 파견되었다(1939년도 『오틸리엔 지침서』, 94쪽).

임신부로 봉직하였다.[256]

1936년 통계에 의하면 汪淸 본당의 교우수는 108명이었다.[257]

15-1) 牧丹江 천주교회(韓人 공동체)

소재: 寧安縣 牧丹江市, 주보: 통고의 성모

1935년 8월 말에 馬 호노리오(Honorius Traber) 신부는 부지 매입을 위해 延吉敎區 최북단 지역인 牧丹江市를 방문하였다. 日本에 유학 갔다 온 김 안나라는 여교우를 통해 韓人 신자 25~30명을 만나게 된 것이 공동체 형성의 첫걸음이었다. 馬 신부는 그해 9월에 주임신부로 부임하여,[258] 성당과 수녀원, 사제관과 교육관을 건립하였는데,[259] 성당은 12월 8일에 완공하여 헌당식을 가졌다.[260] 1939년 가을에 중국인 신도들을 위해 韓人 수도원에 두 번째 사제인 필립보 신부가 파견되어 옴으로써 馬 신부의 업무가 덜어졌다.[261]

牧丹江에는 1936년에 韓人 공동체, 중국인 공동체, 일본인 공동체 등 세 개 공동체가 설립되어 있었다.[262]

1945년 8월 8일에 露日戰爭이 시작되었고, 8월 10일부터 牧丹江 지역에 러시아 비행기들이 폭격을 가했다. 8월 17일 러시아 군인들이 牧丹江에 진입하여 선교기지를 해체시키고 선교사들을 감옥에 감금하였

---

255) 『延吉 事實報告書』, 57쪽.
256) 1941년도 『오틸리엔 지침서』, 93쪽. 그러나 이 지침서에는 韓人 사제의 이름은 기록되어 있지 않아 이름을 확인할 수 없었다.
257) 『가톨릭靑年』 1936년 10월호, 44쪽.
258) 『延吉 事實報告書』, 37~38쪽.
259) 『승리의 십자가』, 69쪽; 『周聖道 신부 자서전』, 206쪽 참조.
260) 『延吉 事實報告書』, 40쪽.
261) 『延吉 事實報告書』, 43쪽.
262) 『周聖道 신부 자서전』, 186쪽 참조.

다. 1949년 1월 남평에서 돌아온 후 옛 선교기지 반환을 위해 담당 기관과 협의했으나 교회는 공산당 위원회가 사용하고 있었고, 신자들은 뿔뿔이 흩어져 단 10명도 남아 있지 않았다. 교회의 반환을 요구하기 위해 갔던 선교사들은 기약 없이 延吉로 돌아갈 수밖에 없었다.[263]

1936년 통계에 의하면 牧丹江 본당의 교우수는 921명이었다.[264]

15-2) 牧丹江 천주교회(中國人 공동체)

소재: 寧安縣 牧丹江市, 주보: 바오로 사도

1939년 10월 5일에 설립되어, 초대 주임으로 필립보(Philipp Lenz) 신부가 부임하였다.[265] 牧丹江市의 중국인 공동체의 시작은 馬 호노리오 신부가 牧丹江을 방문했을 때 역전에서 만난 山東 출신 신자인 한 마부로부터 비롯되었다.[266] 필립보 신부는 馬 신부와 함께 韓人 공동체에 머물며 중국인 교우들을 돌보았다.[267] 1941년 1월 필립보 신부는 延吉로 돌아갔고 그 후임으로 미카엘 신부가 부임해 왔다. 그러나 미카엘 신부는 한인 공동체를 위해 일했고 대신 주임신부인 마 신부가 활동의 반은 韓人 신자들을 위해 반은 중국인 신자들을 위해 사목활동을 하였다.[268]

1941년 4월 15일 중국인 본당을 시작할 부지를 물색하여 매매계약을 체결하였고, 성당 건축을 시작하여 10월 5일에 완공, 교구장을 초청하여 봉헌식을 가졌다.[269] 중국인 성당 완공 후에는 정식으로 중국인 교

---

263) 『延吉 事實報告書』, 76~77쪽 참조.
264) 『가톨릭青年』 1936년 10월호, 44쪽.
265) 1941년도 『오틸리엔 지침서』, 93쪽.
266) 『延吉 事實報告書』, 38쪽.
267) 『延吉 事實報告書』, 43쪽.
268) 『延吉 事實報告書』, 44쪽.
269) 『延吉 事實報告書』, 45쪽.

우들을 돌볼 목자가 필요하게 되었으니 延吉에서 중국어를 공부하고
있던 루카(Lukas) 신부가 미카엘 신부 후임으로 부임하여 시의 동쪽을
담당하며 중국인 공동체의 선교 책임자 역할을 하였다. 이후 두 본당
공동체의 발전이 거듭되다가 파멸의 해인 1945년에 갑자기 중단되게
되었다.[270]

16) 新站(Sintchan) 천주교회

소재: 額穆縣 新站市, 주보: 성 분도

1936년 8월 하순에 성당과 사제관이 완성되자 周 코르비니안 신부가
부임하였다.[271] 주 신부는 韓人 어린이들을 위한 학교와 사제관, 성당
등을 지었다.[272]

1936년 12월 27일 周 신부는 龍井 본당으로 전임되어 가고, 그 후임
으로 윤 세르바시오 신부[273]가 부임하여 10여 년 사목하다가 1946년 5
월 26일 공산군에 의해 총살당했다.[274]

1936년 통계에 의하면 新站의 교우수는 222명이었다.[275]

---

270) 『延吉 事實報告書』, 45~46쪽 참조.
271) 교회 건물이 없어서 처음에 주 신부는 敦化 본당에서 임시 거주하였다.
   敦化 본당은 주임 강 리보리오 신부가 미국으로 전출한 후 새 본당 신부
   가 아직 오지 않아 비어 있었다(『周聖道 신부 자서전』, 187쪽).
272) 『승리의 십자가』, 69쪽; 새 성당과 사제관은 8월 하순에 완공되었다(『周
   聖道 신부 자서전』, 187쪽 참조).
273) 윤 세르바시오 신부는 1907년에 태어나, 1928년 수도서원을 하고, 1933년
   사제품을 받은 후, 1934년에 한국에 파견되었다. 1946년 5월 26 순교하였
   다(위의 책, 190쪽).
274) 『周聖道 신부 자서전』, 190쪽, 258쪽 참조.
275) 『가톨릭靑年』 1936년 10월호, 44쪽.

17) 三道溝 천주교회

소재: 延吉縣 三道溝市

1940년 9월에 설립[276]되어, 韓 암브로시오(Ambrosius Hafner) 신부가 부임하였다.

1946년 5월 22일 공산당에 의해 체포된 독일 성직자들이 이곳 三道溝에서 일시 감금생활을 했었다.[277] 이들은 이후 三道溝에서 약 50㎞ 거리에 있는 南坪으로 유배지를 옮겨 1949년까지 수인생활을 하다가 석방되어 남은 기간 교회의 재건을 도모하던 중 공산주의의 핍박 하에 강제 출국 당하였다.

1940년대의 통계에 의하면 三道溝 본당은 2만 명의 인구 중 120명이 신자이고 공소는 10개소가 있는데 약 5백 명 정도의 교우들이 있다.[278]

18) 圖們 천주교회

소재: 延吉縣 圖們市

1934년 함석지붕을 얹은 20m 길이의 벽돌로 지은 성당은 神聖路를 지나 일본 신사 뒤인 산 위 밭 가운데에 공소 경당이 지어져 있었다. 본당이 신설되기 전까지는 카니시오 신부, 발두인 신부, 루카 신부 등이 延吉로부터 와 圖們 신자들을 보살폈었다.[279] 1941년 6월 29일에 본당이 설립[280]되고, 范 안셀모(Anselm Benz) 신부가 부임하여 1년 동

---

276) 『周聖道 신부 자서전』, 207쪽: 三道溝는 頭道溝 본당의 公所였었다. 延吉에서 남쪽으로 약 100㎞ 떨어진 곳이다(『周聖道 신부 자서전』, 253쪽).
277) 『周聖道 신부 자서전』, 253-254쪽 참조.
278) 『延吉 事實報告書』, 47쪽.
279) 『延吉 事實報告書』, 48~49쪽.
280) 본당 설립 以前에는 延吉과 琿春 본당의 공소로 있었다(『한국가톨릭대사

안 보좌 신부직을 수행한 후 성당을 건립하라는 명을 받았다. 1942년
에 그는 성당과 사제관을 건립하고, 올리베따노 성 베네딕토 수녀회
수녀들을 초청, 한국식 주택에 거주케 했다.[281]

1945년에 김봉식(마오로) 보좌 신부를 맞이하였고, 1946년 5월에 范
신부가 중국 공산당에 의해 투옥되자, 金鳳植 신부가 주임신부를 승계
하였다.[282]

1947년 8월 만주를 점령한 중국 공산당에 의해 성당과 교회 재산이
몰수되고 본당은 폐쇄되었다.[283]

1945년 통계에 의하면 圖們의 인구는 약 4만 명이었는데 이들 중 반
가량이 일본인이었고, 그 나머지는 한국인과 수백 명 정도의 중국인 가
정이었다.[284] 1946년 圖們의 신자수는 800명에 이르렀다.[285]

19) 延吉 올리베따노의 성 베네딕토 수녀회

주보: 예수 성심

延吉 수녀원은 1931년 9월 14일 스위스 캄(Cham)의 성 십자가 수녀
원에서 수녀 6명[286]이 처음으로 延吉에 파견되어 옴으로써 그 支院이

전』 3권, 1772쪽).

281) 『延吉 事實報告書』, 51쪽.

282) 한국교회사연구소 편찬실, 「圖們本堂」, 『한국가톨릭대사전』 3권, 1772쪽.

283) 圖們 천주교회에 관한 자료는 『한국가톨릭대사전』 3권, 1772쪽을 참조;
     수녀원에 관한 내용은 『승리의 십자가』, 70쪽 참조.

284) 『延吉 事實報告書』, 48~49쪽.

285) 『延吉 事實報告書』, 54쪽.

286) 제1차로 파견된 수녀들은 프란치스카(Franziska Proietti) 수녀, 이르멘뜨
     루디스(Irmentrudis Meier) 수녀, 루까(Lukas Ettlin) 수녀, 돌로로사
     (Dolorosa Füglistaller) 수녀, 베로니카(Veronika Lauer) 수녀, 릿다(Rita
     Hess) 수녀로서 그해 11월 6일에 도착하였다(『은혜의 60년』, 부산 올리베
     따노 성 베네딕토 수녀회, 1991, 22쪽; 이하 『은혜의 60년』으로 略記함).

설립되었다. 이후 1939년까지 네 차례 수녀들이 더 파견되어 모두 21명의 선교 수녀들이 파견되었다.[287]

延吉 수녀 공동체는 1934년부터 법정수련을 시작하여 본방인 수녀 양성에 힘썼으며 1935년 10월 첫 서원자 4명에 이어 1944년까지 20명의 수녀들이 배출되었다.[288]

1936년의 통계에 의하면 延吉 수녀원에서 봉사하고 있는 스위스 출신 베네딕토회 수녀 9명과 조선인 수녀 4명, 예비 수녀 20명이 있었다. 주요 사업으로는 병원 운영이었는데 1935년 치료자수는 17,500명이었고, 지부 시약소를 琿春縣 明月溝에 두었었다. 龍井 본당 분원에는 수녀 1명, 예비 수녀 4명이, 琿春 본당 분원에는 수녀 2명, 예비 수녀 3명이, 明月溝 본당 분원에는 수녀 2명, 예비 수녀 2명이 각 지역에서 본당 전교활동을 도왔다.[289] 1933년 3월부터 龍井 下市 본당을 시작으로 수녀회 분원 설립이 시작되었는데 모두 9개 분원이 설립되었고, 아울러 대부분의 본당에는 해성학교, 해성학원, 유치원 등이 설립되어 수녀들의 주 활동 무대가 되었다.[290]

또한 延吉 下市를 비롯하여 琿春, 八道溝, 龍井, 明月溝에 진료소를 설치하여 환자들을 돌보았다.[291]

1945년 8월 러시아 군대가 만주에 진입하게 되자 시련과 박해가 시작되었고, 1946년 5월 20일 중국 공산당에 의해 수녀회 건물과 소유 일체를 몰수당하고 수녀들은 연금되었다. 스위스 국적을 가진 수녀들과 한국 수녀들은 지역 구류로 끝났으나 독일과 이탈리아 국적을 지닌 세 명의 수녀들은 독일 수사, 선교사들과 함께 南坪 수용소에 억류되

---

287) 『은혜의 60년』, 19쪽: 2차~5차에 걸쳐 파견된 이들은 1933년에 4명, 1934년에 4명, 1936년에 4명, 1939년에 3명이 파견되었다.
288) 『은혜의 60년』, 19쪽.
289) 『가톨릭靑年』 1936년 10월호, 44~45쪽.
290) 『은혜의 60년』, 19쪽.
291) 『은혜의 60년』, 19쪽.

었다. 당시의 원장 수녀(니꼴라 수녀)는 1946년 5월 20일에 수련원을 해산시키고 한국의 남쪽으로 피난할 것을 명하였다.[292]

1947년부터 고향으로의 귀향이 시작되었는데, 리타(Rita Heß) 수녀는 함흥의 병원에서 세상을 떠났고, 레오카디아(Leokadia Kuhn) 수녀는 운 좋게 미국 트럭을 만나 한국 국경에 닿아 1948년 2월 7일에 스위스에 도착되었다. 그 수녀의 뒤를 따라 1949년 12월에는 베다(Beda König) 수녀, 레나타(Renata Klaus) 수녀, 에반젤리스타(Evangelista Brun) 수녀, 데오다타(Deodata Katenkamp) 수녀가 귀향했고, 1950년 9월에는 니콜라(Nikola Fäßler, Oberin) 수녀, 아폴로니아(Apollonia Buholzer) 수녀, 왈부르가(Walburga Peter) 수녀, 훔베르타(Humberta Küng) 수녀가 귀향했다. 1950년 12월에는 프란치스카(Franziska Proietti) 수녀, 이르멘트루드(Irmentrud Meier) 수녀, 우르술리(Ursula Schai) 수녀, 요하니타(Johannita Weingartner) 수녀가, 1951년 1월에는 야누아리아(Januaria Pfiffner) 수녀, 시도니아(Sidonia Waldispül) 수녀, 돌로로사(Dolorosa Füglistaller) 수녀, 루카(Lukas Ettlin) 수녀가 귀향했다.[293] 이로써 延吉 교구에 머물던 외국인 수녀들이 모두 소임지를 떠났고, 한국인 수녀 2명을 제외한 모든 수녀들은 모두 남쪽으로 안전하게 피신하여 부산에 새 터전을 마련하였다.[294]

---

292) 『은혜의 60년』, 77쪽.
293) 『延吉 事實報告書』, 183쪽.
294) 『延吉 事實報告書』, 62쪽.

결 론

1. 조선교우들의 끊임없는 호소는 당시 중국 교회가 박해를 겪고 있었고, 서구 교회 역시 프랑스 혁명 이후 정치적 혼란 속에 놓여 있었는데도 불구하고 1831년 조선 대목구를 설정하도록 하는 계기가 되었고, 파리외방전교회가 조선교회의 사목을 담당하도록 하는 디딤돌 역할을 하였다. 조용히 있었으면 잊혀졌을지도 모를 동방의 한 작은 나라에 불과했던 이 땅의 소수 신앙인들이 北京의 선교사들을 찾아가 신앙 입문을 하고, 선교사의 파견을 요청하며, 교황께 서신을 올리는 등 적극적인 노력의 모습을 보여 결국은 초기 교회 공동체의 성장을 이룩해 냈고 외국 선교사들의 입국도 가능하게 하였다. 아울러 중국에 머물며 조선 선교를 위해 물심양면으로 협조를 아끼지 않았던 선교사들의 노고가 있었음도 생각해 보게 되었다. 마카오 주재 포교성 경리담당 엄피에르 신부는 1826년 11월 29일 유진길과 정하상이 전해준 교황 레오 12세에게 올리는 조선인들의 편지를 라틴어로 번역하여 교황청으로 보낼 때 자신의 의견을 첨부하여, 조선교회를 北京 교구에서 분리시키고 또 조선교회를 돌볼 수 있는 고유한 수도회가 필요함을 아울러 청원하였다. 이에 포교성에서는 선교사 파견에 대한 논의와 결정을 내리게 되었다. 한편 北京에 있던 선교사들은 신앙 서적이나 성물들을 조선에 보내주며, 北京을 찾은 조선 밀사들을 만나 신앙 지도와 세례를 베풀기도 하였다. 이러한 세례성사의 집전은 교회법상 재치권자의 공식적인 사목활동이었고 朝·中 교회관계의 형성을 가능하게 한 일이었다. 이후 조선 대목구 설정 시 파리외방전교회 자체 내의 분분한 의견도 있었고, 포르투갈의 보교권과 교황청 포교성 교황대리 감목제도(代牧制)와의 갈등도 있었지만 파리외방전교회원들은 포교성 방침에

따라 조선 교회의 선교를 담당하기로 결의하고, 그 후 순교자적 희생을 감내하며 기꺼이 동 아시아의 변방 조선에까지 선교의 발걸음을 내디뎠던 것이다. 더욱이 조선천주교회가 파리외방전교회 회원들에게 감사해야 할 일은 그들의 선교방침 중 방인 성직자 양성을 최우선으로 여겼던 점이다. 그들은 조선에 입국하자마자 곧 선발된 신학생 후보자들을 마카오 유학길에 오르도록 결정하였고, 정치적으로 어려운 여건 속에서도 배론 신학당이나 여주 부엉골과 용산에 신학교를 설립하여 방인 성직자 양성을 하였다.

2. 1831년 9월 교황청의 조선 대목구 설정 발표는 의외의 일이었다. 기존의 조선 재치권을 주장하던 北京 교구장이 있었고, 또한 조선에는 아직 교계제도가 설정된다 하더라도 이를 수행할 한 명의 성직자도 없었기 때문이다. 한 걸음 더 나아가 교황청은 1938년에 조선교회와 연관지어 遼東 대목구를 분할하게 되는데, 이러한 중국교회에 대한 교황청의 조처들은 조선 대목구 설정 이후 南京, 北京, 마카오 세 보교권 관할 교구만을 남겨 놓고 대부분의 지역을 교황대리 감목구로 분할하였던 것이다. 이는 성청 포교성의 의도 즉, 아시아에 대한 새로운 선교 전략을 세우고자 함이었다. 교황대리대목구 제도 설정 이후 기존의 보교권을 주장하던 포르투갈이나 스페인의 권한은 최소화되어 갔고 속속 중국 내 대목구들이 분할되어 갔다. 파리외방전교회의 창립은 이러한 포교성의 결행에 직접적 도움이 되었고, 그동안 교황의 근위대 역할을 해오던 예수회의 해산과 재소집 또한 교황청이 새로운 선교방법을 택할 수밖에 없게 하는 한 원인이 되었다. 이후 새롭게 중국 선교의 일익을 담당하게 된 파리외방전교회는 중국 내 기존 선교회들로부터 눈총을 받게 되었고, 중국이나 조선 진출 시 비협조적인 대우를 받을 수밖에 없었다. 그러나 그들은 극동 아시아에 파견되면서 포교성이 내린 훈령에 따라 현지 문화를 존중하며 선교지 지역교회의 설립을 최우선으로 여기는 활동을 시작하였다. 조선 대목구와 遼東 대목구는 서로

국경을 경계로 인접하고 있었기에 이 두 지역 관할권을 동일한 선교회가 위임받은 것은 두 지역 선교에도 큰 도움이 되었다. 요동 대목구 내에는 陽關이나 岔溝, 小八家子 등 조선교회를 위한 대표부 역할을 하던 곳들이 있어 조선 입국 시 선교사들의 중간 거류지가 되기도 했고, 신학생 양성의 터가 되기도 했다. 최양업 신부는 이 지역에서 사제 수품 후 첫 사목을 담당하기도 했다. 이 같은 최 신부의 첫 사목활동은 사제직 수련의 의미도 있기는 하지만 한편 방인 사제의 첫 해외 (중국인) 선교였다는 점에 그 가치를 둘 수도 있다.

遼東 지역교회는 1840년에 남·북 만주 兩 대목구로 나뉘어 성장하던 중 1900년 의화단 사건을 만나 교회와 신자들이 많은 수난을 겪었다. 하지만 明治 37년(1904)과 明治 38년(1905) 일본 외무성 사료를 보면 슐레(蘇斐理) 주교가 수장으로 있는 남 만주 대목구는 28개 본당에 프랑스인 선교사 26명, 중국인 신부 7명이 사목 일선에서 소임을 하고 있었고, 랄루예(藍祿葉) 주교가 이끄는 북 만주 대목구는 16개 본당에 프랑스인 선교사 19명이 사목을 담당하고 있었던 점[295]으로 보아 곤경 속에서도 교회는 꾸준히 성장하고 있었던 것으로 보인다. 이들 지역 내에는 압록강을 남북 경계로 하여 撫順 대목구와 평양 대목구가 같은 선교회인 미국 메리놀외방전교회에 맡겨졌고, 두만강을 남북 경계로 하여 원산(함흥) 대목구와 延吉 대목구가 같은 수도회인 상트 오틸리엔 베네딕토회에 맡겨져 남북 대목구 간의 교류는 물론 동서 대목구들 간에 상호 교류와 협조를 하면서 교회의 사목을 담당하고 있었다. 특히 간도 지역에는 韓人 이주자들이 많이 거주하게 되면서부터 북 만주 교구장은 간도 지역 한인 신자들을 돌볼 선교사를 조선 대목구장에게 요청했고 조선 교구장은 원산본당 신부로 하여금 그곳을 돌보게 하다가 1909년에는 선교사들을

---

295) 明治 37年 7월 15일자 남 만주 대목구에 대한 보고서 「滿洲ニ於ケル 第三國宣敎師關係雜件」(문서 분류번호 3-10-1, 18)와 明治 38년 1월 9일자 북 만주 대목구에 대한 보고서, 같은 史料.

직접 파견함으로써 延吉 지역은 조선교구 재치권 하에 들게 되었다. 이
후 간도 지역은 원산 대목구 관할로 이관되었다가 1928년 延吉 지목구
로 승격되었고, 교세가 더 확장되자 1937년에는 대목구로 승격되게 되었
다. 延吉 대목구는 1946년 중국의 교계제도가 정식으로 설정될 때까지
조선 교계제도 관할 하에 속해 있었다.

3. 조선에 진출하기 전 프랑스 파리외방전교회와 독일 상트 오틸리
엔 베네딕토회와의 의미 있는 영적인 만남은 세 번 있었다. 이 만남은
한국교회에 큰 영향을 끼쳤는데, 그 첫 번째 만남은 1831년 9월 9일
베네딕토회 출신인 교황 그레고리오 16세가 조선 대목구를 설정하면서
그 임무를 파리외방전교회에 맡겼을 때였다. 교황이 된 카펠라리 추기
경은 베네딕토 회원으로서 수도명은 마오로였고, 베네딕토회의 영성에
따라 포교활동에 큰 관심을 기울였던 교황이었다.[1]

두 번째의 만남은 1867년 5월 30일에 있었는데, 그것은 상트 오틸리
엔 베네딕토 수도회의 창설자인 암라인이 파리에서 미술공부를 하고
있을 당시 파리외방전교회에서 주관한 '순교자 기념 전시회'에서였다.
암라인은 이 전시회를 관람하고 깊은 인상을 받아 선교사가 되고자 하
는 열의를 싹 틔우게 되었다고 한다.[2]

세 번째 만남은 조선 교회 안에서 영적으로 이루어졌는데 이 만남에
대해서는 필자가 본 연구 제4장에서 기술하였다. 신비스럽게도 이 만
남은 1896년 뮈텔 주교가 명동 대성당을 지을 때 이루어졌는데, 당시
토지 문제로 어려움을 겪게 된 뮈텔 주교가 베네딕토 성인께 기도하기
를, 만약 자신의 기도로 어려움이 잘 해결되어 성당을 완공할 수 있게
된다면 성인에게 제단을 하나 봉헌하겠다고 약속했고, 그 약속대로 문

1) 백 플라치도, 「한국에서의 초기 베네딕토회의 선교방법」, 『二百周年敎會史
論文集』, 782쪽.
2) 포교 성 베네딕토 수녀회 『원산수녀원사』, 포교 성 베네딕토 수녀회, 1988,
27쪽 참조.

제가 원만히 해결되어 성당이 완공되자 그는 대성당 우편 측량에 베네
딕토 성인에게 봉헌하는 제단을 하나 설치하였던 것이다. 이 영적인
만남은 뮈텔 주교로 하여금 미구에 선교사 파견 요청을 하기 위해 독
일 상트 오틸리엔 베네딕토 수도원을 찾아가게 하는 용기를 갖게 하는
예비 만남이었다고 하겠다.

조선 내에서의 실제적 (네 번째) 만남은 두 수도회 회원들끼리의 구
체적인 만남으로서 상트 오틸리엔 베네딕토회의 두 성직자 보니파시오
사우어 신부와 도미니코 엔쇼프 신부가 1909년 2월 25일 서울에 도착
하여 파리외방전교회원인 뮈텔 주교를 만난 것이었다.

이 네 번의 만남은 왜정시대를 겪고 있던 우리 민족의 아픔과 수난
을 베네딕토회 수도자들이 함께 겪는 계기가 되었고, 이 땅에 정착한
첫 남성 수도자들의 장인의 모습을 통해 노동이 폄하되던 시절, 노동
에 대한 새로운 시각을 일깨워 준 만남이기도 하였다. 또한 베네딕토
회원들은 한국 진출 중반기에 서울로부터 멀리 떨어져 있던 낙후된 함
경도 지역을 선교지로 택함으로써 함경 남·북도와 간도 지방의 신앙
전파와 사회 문화적 발전에 기여하기도 했다. 수도회 소속 선교사들인
이들은 섬처럼 혼자나 둘이 살아가는 교구 사제들과는 달리 수도원과
선교기지를 중심으로 하여 기도와 활동, 교육, 휴식 등 공동으로 하는
새로운 선교방법을 보여주었다. 또한 후진 양성을 위해 신학교와 여러
학교들(숭공학교·숭신학교, 간도 지역 각 선교기지에 설립되었던 해성
학교 등)을 설립하여 이 땅의 개화를 위해 노력하기도 했고, 가톨릭 전
례를 쇄신하여 우리말로 기도하고, 찬양하며, 미사에 적극 참여할 수
있도록 하여 그리스도교의 토착화에 선구자적 역할을 하였다. 그들은
또한 간도 지역에서 타르시치오회라는 청소년 단체를 조직하여 공산주
의 이념이나 볼셰비즘에 대처할 수 있는 크리스챤 청년들을 양육하려
애쓰기도 하였다. 아울러 출판 및 의료 사업 등을 펼쳐 문맹을 퇴치하
고, 환자들의 영육간의 치료를 위해 헌신하기도 했다. 이 같은 시대 상

황에 적응하는 다양한 사목활동의 전개는 창설자 암라인의 사상이 그 대로 구현되는 모습이었다고 하겠다.

4. 한국 천주교회가 지금까지 교구 조직과 교구 사제들을 중심으로 발전해 온 것은 당연하기만 한 일은 아니다. 서구 교회의 각 분야 지 도급 인물들이 대부분 수도회 소속 사제들이며, 우리 주변국들인 일본, 필리핀, 월남, 인도 등도 대부분 수도회 회원들이 중심이 되어 교회를 이끌어오고 있는 현실임에 비해 한국교회가 교구 중심 즉 재속 사제 중심의 교회로 성장할 수 있었음은 오로지 파리외방전교회의 선교 정 책 덕분이었다. 포교성이 파리외방전교회 첫 대목구장들을 아시아 지 역에 파견하며 내린 훈령이나 20세기 초반 교황 비오 11세의 선교 정 책(로마 중심의 선교, 전 가톨릭 신자의 동참, 지역교회 설립) 등도 이 러한 선교 정책과 맥을 같이 하고 있다. 옛 수도회 소속 선교사들은 포교지 지방 교구의 발전과 교계제도의 형성을 돕는 것보다는 선교 지 방에 나아가 그곳의 유능한 인재를 찾아내 자기 수도회 사제로 양성하 는 것이 우선적이었다. 그래서 수도회가 주도권을 잡고 있는 교회에서 는 一級의 인재들이 먼저 수도회에 흡수되었고, 그 나머지가 교구 사 제로 귀속되는 것이 통례였었다. 그런데, 이에 비해 수도회가 아닌 재 속 사제들의 선교 단체였던 파리외방전교회는 그러한 수도회의 예들과 는 달리 선교 지방에서 그 자체 회원을 선발하지 않는 것을 원칙으로 하였고, 전교회 창립 정신에서 분명히 밝히고 있는 것처럼 각 선교지 의 현지 교회 설립과 방인 사제 양성을 그 첫째 목표로 삼고 있었다. 그러기에 한국 천주교회는 그들의 방침으로 인해 수도회 중심이기보다 는 교구 중심의 교회 구조가 처음부터 탄탄하게 자리 잡을 수 있게 되 었던 것이다.

5. 延吉 대목구 內에는 韓·中·日 교회 공동체가 함께 어우러져 있 었다. 이 지역교회들에 관한 약사는 간도 천주교 전래 40주년 기념 特 輯號 『가톨릭 靑年』 1936년 10월호가 비교적 상세히 다루고 있다. 그

후 각 宣敎基地(교회)의 발자취를 정리한 자료들은 국내에서 발간된
것들이 많지 않았다. 그래서 본 연구 제4장에서는 이들 각 선교기지의
역사를 각 교회별로 정리하는 데에 주안점을 두었고, 그 과정 중에
韓·中 兩 교회 공동체의 관계들을 살펴보게 되었다. 韓·中 또는
韓·中·日 세 민족의 교회 공동체가 공존하고 있는 이 지역 교회들은
그중 특별히 敦化, 牧丹江, 圖們 등의 교회 공동체는 세 민족의 문화가
함께 녹아있는 교회 공동체 모습을 보여 주기도 했다.

敦化에는 기존의 중국인 성당이 있었지만, 1933년 일본이 만주를 점
령하고 敦化에 군사기지를 건설하는 과정에서 인구가 갑자기 늘어나게
되자 1941년부터 성당 공사를 시작하여 이듬해 11월에 중국인 신도들
과 韓人 신도들을 위한 새 성당 헌당식 예절을 가졌다. 그 후 이 성당
에서는 매 수일 첫 미사는 중국인을 위해서, 두 번째 미사는 韓人 신
자들을 위해서 봉헌하였다. 두 민족 교우 간 갈등도 있었지만 선교사
들의 중재를 통해 화해하게 되었음을 연대기 저자들의 보고를 통해 볼
수 있었다.[3]

圖們에서도 韓·中·日 3개국 신자들이 함께 매주 한 성당에서 미사
를 봉헌하였는데, 고해성사는 사제들이 세 나라 말로 따로 집전했다.[4]

牧丹江은 1931년 이래 일본이 만주를 점령하고, 만주국을 건설하게
되자 1934년부터 많은 한국인들이 유입돼 들어온 곳이었다. 1935년 성
당을 지어 봉헌식을 가졌는데 약 2백 명의 한인 신자들과 50명의 中國
人 신자들이 참석하여 교구장 앞에 모여 그들 서로의 기도로 신성한
의식을 마무리하였다.[5] 그 후 도시가 발전하여 신자수도 늘게 되자 牧
丹江 서쪽 한인 지역에는 한인들을 위한 선교 수도원을 따로 마련하
고, 동쪽 중국인 도시에는 그들을 위한 선교 수도원을 건립하였다.[6] 牧

3) 본 연구 서론 부분의 각주 7)에서 언급한 『延吉 事實報告書』, 26쪽 참조.
4) 『延吉 事實報告書』, 54쪽 참조.
5) 『延吉 事實報告書』, 40쪽 참조.

丹江 선교기지의 경우에는 일본인 신자들도 있었는데, 일본인 신자 집에서 그들을 위한 미사를 봉헌하였다. 그러나 견진성사 때만은 세 민족이 함께 모여 예식에 참석하였다. 때문에 테오도르 교구장은 중국어와 한국어로 강론이나 인사말을 해야 했고, 일본어는 주임신부(호노리오 신부)가 통역을 해주었다.

吉林 교구의 海北鎭 中國人 본당과 善牧村 한인 공동체 간에도 서로 돕는 사이였었는데, 善牧農場은 海北鎭 본당에서 조선인 농군들을 위해 마련해주었고, 水利 공사도 가옥들도 다 본당에서 맡아서 해결해주었다. 조선 농부들은 이들을 위해 소작을 했는데, 본당에서 받는 소작료는 수리조합 비용 외에는 없었다고 한다. 이들 한인 신자 7백 명을 위해 吉林 교구장 高德惠(1952년 10월 21일 歸天) 주교는 延吉 교구장에게 요청하여 사목자를 파견해 달라고 하였고, 백 테오도르 주교는 中國語를 할 줄 아는 신부 한 명을 그곳에 파견하였다.[7]

1938년도 『서울교구 연보』(Ⅱ)에는 두 명의 한국인 신부가 奉天과 吉林에 각각 파견되었음을 보고하고 있다.[8]

이들 선교기지 內의 한인 공동체들은 선교사들 간의 교류를 잦게 만들었고, 신자들은 이들 선교사들을 통해 서로간의 교류와 연계 활동을 할 수 있었다.

1941년 12월 시작된 미일전쟁의 영향으로 평양교구에서 봉직하던 메리놀외방전교회 소속 미국선교사들이 구금되게 되자 평양 교구장 홍용호 주교는 延吉 교구장에게 사목자 파견을 요청하였고, 이에 延吉 교구장은 교구 소속 사제 한윤승(필립보) 신부와 김충무(클레멘스) 신부를 1943년 6월 평양 교구에 파견하였었다.

이와 같은 사목자들의 상호 교류와 신자들의 나눔이 민족 간의 벽을

---

6) 『延吉 事實報告書』, 42~43쪽 참조.
7) 『周聖道 신부 자서전』, 179~182쪽 참조.
8) 『서울敎區年報』(Ⅱ) 1904~1938, 明洞天主敎會, 1987, 288쪽.

뛰어넘었듯이 오늘의 우리 현실에서도 이 같은 시도는 다시 재연될 수
있어야 할 것이다. 아직은 북방 지역이나 중국 쪽 선교의 벽이 높아
보이지만 신앙 선배들이 보인 용기와 인내 등을 본받는다면 그 가능성
도 훨씬 빨리 다가오리라고 믿게 된다.

6. 필자는 연대기 기록들을 고찰하면서 각 지역 성당 건축 양식을 통
해서도 일종의 韓·中 교회의 연계성을 찾아볼 수 있었다. 1938년에 수
리된 龍井의 그리스도 왕 성당은 1936년에 지은 해성학교 강당을 개조
하여 교회로 만든 것이기에 원래 성당 분위기가 아니었었다. 그래서 목
수 일을 맡은 안스가르(Ansgar) 수사와 그의 조수는 中國式 神堂을 본
따 감실을 만들었고, 제대와 감실의 조각과 그림은 알윈(Alwin) 신부가
한국풍 천사 그림을 직접 그려 넣어 兩國 건축 양식을 활용하였다.[9]

1941년 八道溝 교회 공동체는 성당을 건축하려던 계획을 실행에 옮
기기 어렵게 되자 사용하고 있던 교회를 보수하고 사제관을 개축하기
로 하였는데, 그동안 천장이 없이 중국식의 지붕 뼈대만이 눈에 띠던
성당을 라소(Rasso) 수사와 아말라리오(Amalarius) 수사가 널빤지로
교회의 천장을 만들어 붙였고, 이러한 공사가 진행되는 동안 레기날드
(Reginald) 신부는 사제관의 담을 한국식으로 쌓았다.[10]

양국 간 건축 양식의 조화는 그 안에 모여 기도하는 이들의 마음을
모아줄 수 있는 한 방법임을 생각해 보았고, 토착화의 한 면모가 될
수 있음 또한 생각해 보았다.

7. 베네딕토 회원들이 활동하던 지역교회는 오늘날 부분적으로 다시
옛 삶의 모습을 되찾아 가고 있는 현실이다. 전례 개혁운동과 노동운
동을 통해서 종교가 대중 속에 있어야 함을 가르쳐 주었던 베네딕토
회원들의 선교방법의 再 적용의 모습은 무엇일까 생각해 보게 된다.
7:1의 비중으로 평수사들 중심의 선교공동체를 만들려 했던 것이 상트

9) 『延吉 사실보고서』, 6~7쪽 참조.
10) 『延吉 事實報告書』, 14쪽 참조.

오틸리엔 베네딕토회 창설자 암라인 신부의 창립이념이었다면 제2차
바티칸공의회가 추구하는 교회 공동체의 모습 또한 그렇게 평신도[11]
활동 중심의 교회로 변화되어 가야 하지 않을까 생각해 보게 된다. 암
라인은 어렸을 때부터 동양문학, 민속학, 종교학 등에 관심을 가졌었고,
중국어로 쓰인 논어를 독일어로 변역하기도 했다.[12] 그는 튀빙엔 대학
에서 교회사 전문가인 헤펠레 교수로부터 과거 베네딕토회의 훌륭했던
포교활동에 대한 강의를 듣고 감명을 받기도 했고, 聖言會의 창설자
아놀드 얀센(Arnold Janssen) 신부의 영향과, 그를 통한 유럽 전례운동
의 태두인 솔렘(Solesme) 수도원의 동 게랑제(Dom Guéranger) 아빠스
의 영향을 받기도 했다.[13] 이러한 암라인의 삶의 준비가 베네딕토 회
원들이 제2차 바티칸공의회를 앞서 가게 한 근본 원인이었음을 생각해
보게 되며 로마 가톨릭교회가 중국에서 잃었던 것을 다시는 반복하지
않기 위해서, 그리고 새롭게 다가가야 할 이들과의 현실 적응을 위해
우리가 다가갈 이들에 대한 종교, 역사, 문화의 연구와 일방적이지 않
은 상호간의 흐름을 만들어가야 할 것이다.

---

11) '平信徒'라는 표현은 '聖職者'에 대비되는 교계제도적 용어이기에 제2차 바
   티칸 공의회 정신에서는 지양되어야 할 말이었다. 제2차 바티칸공의회는
   '하느님 백성'이라는 단어를 선택함으로써 성직자·평신도라는 二分法的인
   교회상에서 탈피하여 '신비로이 구성된 몸'이라는 표현을 사용하여 교회
   공동체 구성원간의 일치성을 강조하였다(하 인, 『제2차 바티칸공의회의 정
   신을 산다』, 가톨릭출판사, 1996, 77쪽 참조).
12) 『옛 등걸에 새 순이』, 68쪽.
13) 『옛 등걸에 새 순이』, 104쪽 참조.

참고문헌

1) 日本 外務省 外交史料院 史料

分類番號 1-6-1, 68「在間島總領事館ノ調査ニ係ル〈龍井一般〉」

分類番號 3-10-1, 8「宗敎關係雜件 第4朶」, 「宗敎關係雜件 第5朶」

分類番號 3-10-1, 17「韓國ニ於ケル佛國宣敎師布敎ニ關シ協定」

分類番號 3-10-1, 18「滿洲ニ於ケル第三國宣敎師關係雜件」

分類番號 3-10-1, 24「間島ニ於ケル宗敎關係雜纂」

分類番號 3-10-1, 25「韓國ニ於ケル外國宣敎師」

分類番號 3-10-2, 34「獨國羅馬敎分派宣敎師韓國人民敎育」

分類番號 6-1-6, 86「間島總領事館報告書」

分類番號 6-1-6, 87「間島視察關係雜纂」

分類番號 Ⅰ 2-3-0, 1「中國ニ於ケル諸外國ノ傳道及敎育」

2) 資料集

1900-LA Gerarchia Cattolica la Famiglia e la Cappella Pontificia con Appendice(敎階制度, 年鑑), ROMA TIPOGRAFIA VATICANA.

ANNUARIO PONTIFICIO PER L'ANNO(敎皇廳 年鑑) 1916, 1920, 1921, 1925, 1929, 1930, 1931, 1939, 1940, 1941, 1946, 1947, 1950, 1951, 1952, 1954, 1974.

Chroniken aus den Mission, DER BENEDIKTINER-MISSIONÄRE VON ST. OTTILIEN, SONDERDRUCK AUS DER CHRONIK

DER BENEDIK-TINER-KONGREGATION VON ST. OTTILIEN, *TATSACHEN-BERICHT AUS DEM MISSIONSGEBIET YENKI (MANDSCHU-REI)*, Nummer 3 / 1954.

DIRECTORIUM sive *Ordo Divini Officii* REETANDI SACRIQUE PERAGENDI JUXTA RITUM ROMANO-MONASTICUM AD USUM MONACHORUM O. S. B. CONGREGATIONIS OTTILIENSIS PRO MISSIONIBUS EXTERIS PRO ANNO DOMINI COMMUNI MCMXXI, TYP. ARCHIABB. SS. CORDIS JESU AD S. OTTILIAM *1921, 1922, 1923 ······ 1947*

PIUS BONIFACIUS GAMS(O. S. B.), *SERIES EPISCOPORUM ECCLESIAE CATHOLICAE*, QUOTQUOT INNOTUERUNT A BEATO PETRO APOSTOLO, RATISBONAE. TYPIS ET SUMTIBUS GEORGII JOSEPHI MANZ. 1873.

『구합덕 본당 100년사 자료집』, 구합덕 본당 100년사 자료집 편찬위원회·한국교회사연구소 편, 천주교 구합덕 교회, 1990.

성 김대건 신부 순교 150주년기념 전기 자료집 제2집 『성 김대건 신부의 활동과 업적』, 한국교회사연구소, 1996.

대전교구사 자료 제1집 『파리 외방전교회 선교사 서한집』, 한국교회사연구소·대전교구 홍보국 역·편, 천주교 대전교구, 한국교회사연구소, 1994.

『리델(F. Ridel, 李福明) 문서』, 한국교회사연구소, 1991.

리델, 펠릭스 클레르 원저, 한국교회사연구소 번역위원회 역주, 조선교구 역대 교구장 서한집 제1집 『리델 문서 Ⅰ』(1857~1875) -병인양요와 선교사 활동의 좌절-, 한국교회사연구소, 1994.

명동천주교회200년사 자료집 제1집 『서울教區年報』(Ⅰ)(*Compte Rendu de la Société des Missions Etrangères de Paris*), 1878~1903, 명동천주교회, 1984.

명동천주교회200년사 자료집 제1집 『서울敎區年報』(Ⅱ)(*Compte Rendu de la Société des Missions Etrangères de Paris*), 1904~1938, 명동천주교회, 1987.

『뮈텔 주교 일기』 Ⅱ권 1896~1900, 명동천주교회 200년사 자료집 제4집, 천주교 명동교회 編, 한국교회사연구소 譯註, 한국교회사연구소, 1993.

『뮈텔 주교 일기』 4권 1906~1910년, 한국교회사연구소 역주, 한국교회사연구소, 1998.

『뮈텔 주교 일기』 5권 1911~1915년, 한국교회사연구소 역주, 한국교회사연구소, 1998.

『윤유일 바오로와 동료 순교자들의 시복 자료집』 제1집, 감수 최석우, 역주 차기진, 천주교 수원교구 시복 시성 추진 위원회, 한국교회사연구소, 1996.

『윤유일 바오로와 동료 순교자들의 시복 자료집』 제2집, 감수 최석우, 역주 하성래, 천주교 수원교구 시복 시성 추진 위원회, 한국교회사연구소, 1997.

『윤유일 바오로와 동료 순교자들의 시복 자료집』 제3집, 감수 최석우, 역주 차기진, 천주교 수원교구 시복 시성 추진 위원회, 한국교회사연구소, 1998.

『윤유일 바오로와 동료 순교자들의 시복 자료집』 제4집, 역주 윤민구, 천주교 수원 교구 시복 시성 추진 위원회, 한국교회사연구소, 1999.

『은혜의 60년』, 부산 올리베따노 성 베네딕토 수녀회, 1991.

이기명, 『한국인 가톨릭 사제 서품자』 1845. 8. 17~1999. 2. 9, 가톨릭대학교 사목연구소, 1999.

최양업 신부의 전기 자료집 제1집 『최양업 신부의 서한』, 배티 사적지 편, 천주교 청주교구, 19972.

최양업 신부의 전기 자료집 제2집 『스승과 동료 성직자들의 서한』, 배티 사적지 편, 천주교 청주교구, 1997.

최양업 신부의 전기 자료집 제3집 『증언록과 교회사 자료』, 배티 사적지
　　편, 천주교 청주교구, 1996.

최양업 신부의 전기 자료집 제4집 『기해·병오박해 순교자들의 행적』, 배
　　티 사적지 편, 천주교 청주교구, 1997.

한국 가톨릭교회사 신서 제6집, 『만남과 믿음의 길목에서』, 한국교회사연
　　구소, 1989.

『함경도 천주교회사』, 한국교회사연구소 편, 함경도 천주교회사 간행사업
　　회, 1995.

함경도 천주교회사 자료집 제2집, 『원산교구 연대기』, 한국교회사연구소
　　편, 함경도 천주교회사 간행사업회, 1991.

함경도 천주교회사 자료집 제3집 『韓國語 資料集』, 한국교회사연구소 편,
　　함경도천주교회사간행사업회, 1989.

3) 辭典·法典·指針書類

CODEX JURIS CANONICI(1917).

『한국가톨릭대사전』, 한국가톨릭대사전 편찬위원회, 한국교회사연구소, 1985.

『한국가톨릭대사전, 권 1~7(미완간)』, 한국가톨릭대사전 편찬위원회, 한
　　국교회사연구소, 권1(1995)~권7(1999).

『교회법전』 라틴어-한국어 대역판, 한국주교회의 교회법위원회 번역, 한
　　국천주교중앙협의회, 1989.

『미사경본의 총지침』, 제2차 바티칸공의회의 결의에 따라 개정 공포된, 한
　　국천주교중앙협의회, 1990.

4) 單行本

Adelhard Kaspar・Placidus Berger, *HWAN GAB*, 60 Jahre Benediktiner-mission in Korea und in der Mandschurei, VIER-TÜRME-VERLAG MÜNSTERSCHWARZACH, 1973.

ADRIEN LAUNAY, *MONSEIGNEUR VERROLLES ET LA MISSION DE MANDCHOURIE*, PARIS TÉQUI, LIBRAIRE-ÉDITEUR, 1895.

Claudio Leonardi-Andrea Riccardi, *Il grande libro dei Santi*, vol.III, Torino, 1998.

FRUMENTIUS RENNER, *DER FÜNFARMIGE LEUCHTER*：Bd. II, Beiträge zum Werden und Wirken der Benediktiner-kongregation von St. Ottilien, EOS VERLAG ERZABTEI ST. OTTILIEN, 1971.

Jean-Paul Wiest, *Maryknoll In China*, Sharpe, 1988.

羅　光,『天主敎在華傳敎史集』, 光啓出版社・徵祥出版社・香港眞理學會 聯合出版, 中華民國 56.

方　豪,『中國天主敎史人物傳』, 第一, 二, 三冊, 香港公敎眞理學會・臺中光啓出版社 出版, 1967.

費賴之 著, 馮承鈞 譯,『在華耶蘇會士列傳及書目 上』, 中華書局, 1995.

費賴之 著, 馮承鈞 譯,『在華耶蘇會士列傳及書目 下』, 中華書局, 1995.

楊森富,『中國基督敎史』, 臺灣商務印書館發行, 중화민국 612.

張力・劉鑒唐,『中國敎案史』, 四川省社會科學院出版社, 1987.

趙慶源,『中國天主敎敎區劃分及其首長接替年表』, 聞道出版社印行, 中華民國六十九年.

項退結,『黎明前的 中國天主敎』, 徵祥歷史叢書之一, 徵祥出版社・光啓 出版

社 聯合發行. 1963.

金基風·方永春·權立 編著, 『일본제국주의의 동북침략사』, 연변인민출판
　　사, 1987.

김숙련·김영림·채영춘 공저, 『중국 연변』, 김영사, 1991.

김진소, 『천주교 전주교구사』 Ⅰ·Ⅱ, 천주교 전주교구, 1998.

『모두 하나가 되게 하소서』, 김남수 안젤로 주교 사제 서품 50주년기념
　　회고록, 천주교수원교구, 유림문화사, 1998.

메디나 신부 지음, 박철 옮김, 『한국천주교전래의 기원(1566~1784)』, 서
　　강대학교 출판부, 1989.

閔庚培, 『日帝下의 韓國基督敎 民族·信仰運動史』, 대한기독교서회, 1991.

박도식, 『순교자들의 신앙』, 성바오로출판사, 1993².

백 브레트 저, 임충신 역, 『원산에서 북간도까지』 전교 기행문, 한국천주
　　교중앙협의회, 삼화인쇄주식회사, 1970.

베르니타 발터 지음, 배은주 옮김, 『하느님의 충실성에 의지하여』 튓징 포
　　교 성 베네딕토 수녀회의 역사, 제1권 회의 창설과 초기 발전사,
　　포교 성 베네딕토 수녀회, 1996.

샤를르 달레 저, 안응열·최석우 역주, 『韓國天主敎會史』 上中下, 분도출
　　판사, 1979(上券), 1980(中券·下券).

아우구스트 프란쯘 지음, 최석우 옮김, 『敎會史』, 분도출판사, 1996⁶.

연변조선족자치주개황, 『중국의 우리민족』, 「연변조선족 자치주 개황」 집
　　필소조, 도서출판 한울, 1988.

『옛등걸에 새 순이』 베네딕토회 성 오딜리아 수족 100년, 왜관 성 마오로
　　쁠라치도 수도원 1984, 분도출판사, 1985.

유홍렬, 『한국천주교회사』, 가톨릭출판사, 1962.

李時岳 외 지음, 이은자 옮김, 『근대중국의 반기독교 운동』, 고려대학교·
　　중국학 총서 6, 고려원, 1992.

이원순, 『한국 교회사의 산책』, 한국교회사연구소, 1988.

이정순 엮음, 『목요안 신부』, 영원한 도움의 성모수녀회, 분도인쇄소, 1994.

전달수, 『교황사』, 가톨릭출판사, 1996.

주성도, 『주성도 신부 자서전』 하느님의 사랑을 영원토록 노래하리라, 분도출판사, 1993.

崔韶子, 『明淸時代 中·韓 關係史 硏究』, 이화여자대학교 출판부, 1997.

崔韶子, 『東西文化交流史硏究』-明·淸時代 西學受容-, 三英社, 1990.

P. H. 왈터 저, 정학근 역, 『승리의 십자가』, 延吉교구 설정 50주년기념출판, 분도출판사, 1978.

河聲來, 『殉敎者 尹有一(바로오) 殉敎者 鄭澈(바오로) 評傳』, 聖黃錫斗루가書院, 1988.

하 인, 『제2차 바티칸 공의회의 정신을 산다』, 가톨릭출판사, 1996.

한국기독교역사연구소·북한교회사집필위원회 지음, 『북한교회사』, 한국기독교역사연구소, 1996.

『韓佛修交100年史』, HISTOIRE CENTENAIRE FRANCO-COREENNE (1886-1986), 韓國史硏究協議會, 正文社, 1986.

후안 카트레트 저, 신원식 역, 주영락 감수, 『예수회 역사』, 이냐시오 영성연구소, 1994.

5) 論文 및 硏究物

Chi-Hun Son, *Studien zur benediktinischen Missionsmethode von 1909 bis 1949 in Korea und in der Mandschurei*, Universität München, 1996.

Georges Mensaert, L'ETABLISSEMENT DE LA HIERARCHIE CATHOLIQUE EN CHINE DE 1684 A 1721, in: *Archivum Franciscanum Historicum*-An. XLVI(1953. 10).

JOSEPH DE MOIDREY, S. J., *LA HIERARCHIE CATHOLIQUE*

EN CHINE, EN CORÉE ET AU JAPON(1307~1914), ZI-KA-WEI PRÈS CHANG-HAI, 1914.

김기만, 「인류복음화 성성 고문서실에 보관되어 있는 한국교회사 관계사료」, 『복음과 문화』 제3호(1999), 대전가톨릭대학교.

김용자, 「敎皇 비오 11세와 東洋 宣敎政策」, 韓國天主敎會創立二百周年 紀念 『韓國敎會史論文集 Ⅱ』, 韓國敎會史硏究所, 1985.

李榮春, 「余恒德(파치피코) 신부에 대하여」, 『교회와 역사』 제277호(1998. 6).

李榮春, 「중국에서의 포르투갈 '선교 보호권' 문제 및 조선 대목구 설정에 관한 연구」, 최석우 신부 수품 50주년기념 논총 제1집 『민족사와 교회사』, 한국교회사연구소, 2000.

전수홍, 「조선인들의 서신과 여항덕 신부」, 『신앙과 삶』 제3호(1999 / 겨울), 부산가톨릭대학출판부.

전수홍, 「코친차이나, 통킹 그리고 중국의 대목들에게 내린 선교지침(1659년)」, 『釜山敎會史報』 제25호(2000 / 1월), 부산교회사연구소.

張貞蘭, 『그리스도교의 中國 傳來와 東西文化의 對立』, 釜山敎會史硏究所, 1997.

배세영, 「한국에서의 파리외방전교회의 선교방침」: 韓國天主敎會創設二百周年紀念 『韓國敎會史論文集 Ⅰ』, 韓國敎會史硏究所, 1984.

裵賢淑, 「朝鮮에 傳來된 天主敎 書籍」: 韓國天主敎會創設二百周年紀念, 『韓國敎會史論文集 Ⅰ』, 韓國敎會史硏究所, 1984.

윤민구, 「신미년(1811) 조선 천주교 신자들이 북경 주교에게 보낸 편지에 대한 연구」, 『수원 가톨릭대학 논문집』 제2집(1990).

崔基福, 『儒敎와 西學의 思想的 葛藤과 相和的 理解에 關한 硏究』, 성균관대학교 동양 철학과 박사학위논문, 1989.

崔奭祐, 「韓國天主敎와 로마敎皇廳」, 韓國天主敎會創設二百周年紀念 『韓國敎會史論文集 Ⅰ』, 韓國敎會史硏究所, 1984.

崔奭祐, 「李承薰 관계 書翰 자료」, 『敎會史 硏究』 第8輯(1992), 韓國敎會

史研究所.

崔奭祐, 「韓國 芬道會의 初期 修道生活과 教育事業」, 『韓國教會史의 探究』 II, 韓國教會史研究所, 1991.

崔奭祐, 「한국 교회와 한국인 성직자 양성」 예수성심신학교를 중심으로, 『韓國教會史의 探究』 II, 韓國教會史研究所, 1991.

崔韶子, 「韓國과 中國 天主教會史의 比較史的 검토」 –천주교 수용의 문제–, 韓國天主教會創設二百周年紀念 『韓國教會史論文集 I』, 韓國教會史研究所, 1984.

6) 雜誌類

「가톨릭 청년」(월간), 가톨릭청년사, 1936년 10월호(延吉教區特輯號).

「가톨릭 청년」(월간), 가톨릭청년사, 1935년 10월호(蘇主教의 最後).

「교회와 역사」(월간), 한국교회사연구소.

제264호(1997. 5): 崔奭祐, 「한국 천주교회의 창설」(1)

제265호(1997. 6): 車基眞, 「한국 천주교회의 창설」(2)

제267호(1997. 8): 車基眞, 「한국 천주교회의 창설」(3)

제269호(1997. 10): 車基眞, 「한국 천주교회의 창설」(4)

제273호(1998. 2): 車基眞, 「한국 천주교회의 창설」(5)

제276호(1998. 5): 車基眞, 「北京大教區」/ 車基眞, 朝鮮後期 천주교 신자들의 聖職者迎入과 洋舶請來에 대한 연구.

제277호(1998. 6): 元載淵, 「17~19세기 연행 사절의 천주당 방문과 서양 인식」(1)

제277호(1998. 6): 李榮春, 「여항덕(余恒德, 파치피코) 신부에 대하여」

제278호(1998. 7): 車基眞, 「박해 시대의 한국 천주교회(1)」

제279호(1998. 8): 尹敏求, 「조선 신자들의 大舶請來運動에 대한 海外의 인식(1)」

282

제280호(1998. 9): 尹敏求,「조선 신자들의 大舶請來運動에 대한 海外의 인식(2)」

제281호(1998. 10): 車基眞,「제2편 박해 시대의 한국 천주교회(2)」

제286호(1999. 3): 車基眞,「박해 시대의 한국 천주교회(4)」

제290호(1999. 7): 車基眞,「중국 안의 한국 천주교회 사적지」

제291호(1999. 8): 方相根,「숭공·숭신학교」

제293호(1999. 10): 金雄泰,「宣敎의 역사(1)」,「釜山敎會史報」(계간), 부산교회사 연구소,

제4호(1994. 10): 도날드 베이커 저, 김세윤 역,「조선인의 눈에 비친 예수회의 과학」

제14호(1997. 4): 야자와 토시히코 저, 김영 역,「중국 천주교사 연구를 위하여」

제14호(1997. 4): 요시다 토라 저, 이훈상 정리,「중국 천주교사 연구문헌 목록」

제22호(1999. 4): 김수태,「메리놀 외방전교회의 진출과 활동」-목이세(John E. Morris) 신부를 중심으로-

제23호(1999. 7): 고노이 다까시,「16·17세기 베트남에 있어서 그리스도교 포교」

「항아리」(계간), 한국가톨릭문화선양회,

제20호(1994. 겨울): 아카키 진베이,「周文謨 神父의 朝鮮 入國」

제21호(1995. 1): 김현욱,「오늘의 한·중 관계」

제21호(1995. 1): 조광,「박해시대 조선교회와 중국교회와의 관계」

제22호(1995. 12): 장봉훈,「백색 순교자 최양업 토마스 신부」

제22호(1995. 12): 정양모,「최양업 신부의 사목과 사상」

제23호(1997. 3): 윤양로,「昭顯世子와 천주교」

제23호(1997. 3): 야마구치 마사유키,「昭顯世子와 아담 샬」-조선기독교사 연구 4-

부 록

별첨: 지도 1

間島 地域의 公所·本堂 분포도

『함경도 천주교회사』, 한국교회사연구소 편, 146쪽에서 옮김.

별첨: 지도 2

德源·咸興·延吉·依蘭 地域 교회 관할 구역도

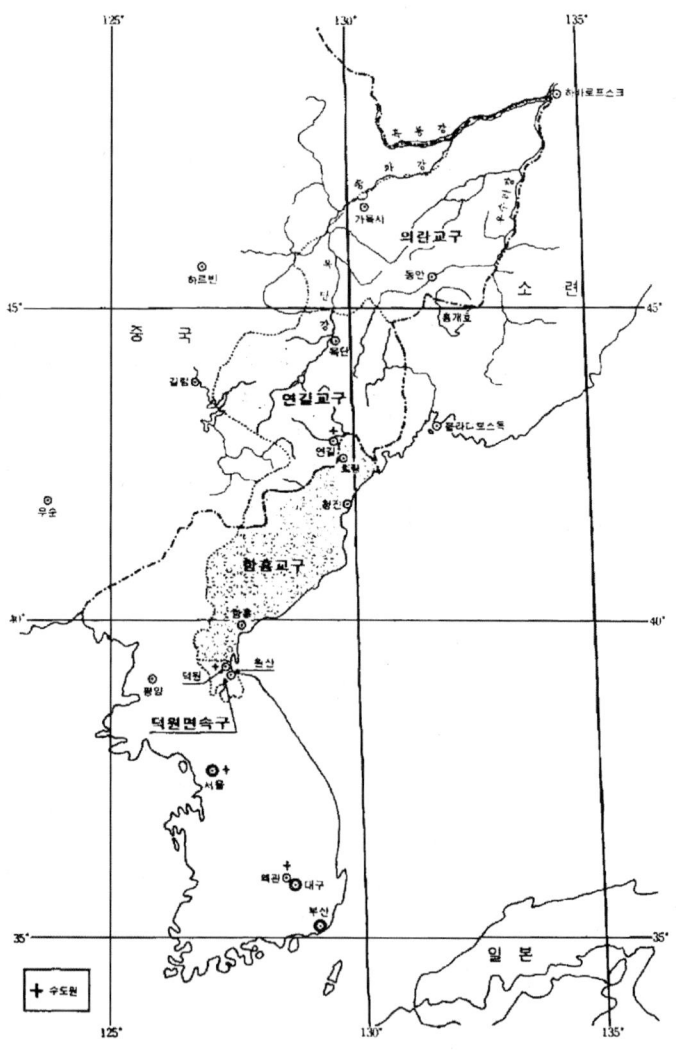

『옛 등걸에 새 순이』, 왜관 분도 출판사, 1984, 157쪽에서 옮김.

별첨: 지도 3

滿 洲 國 現 勢

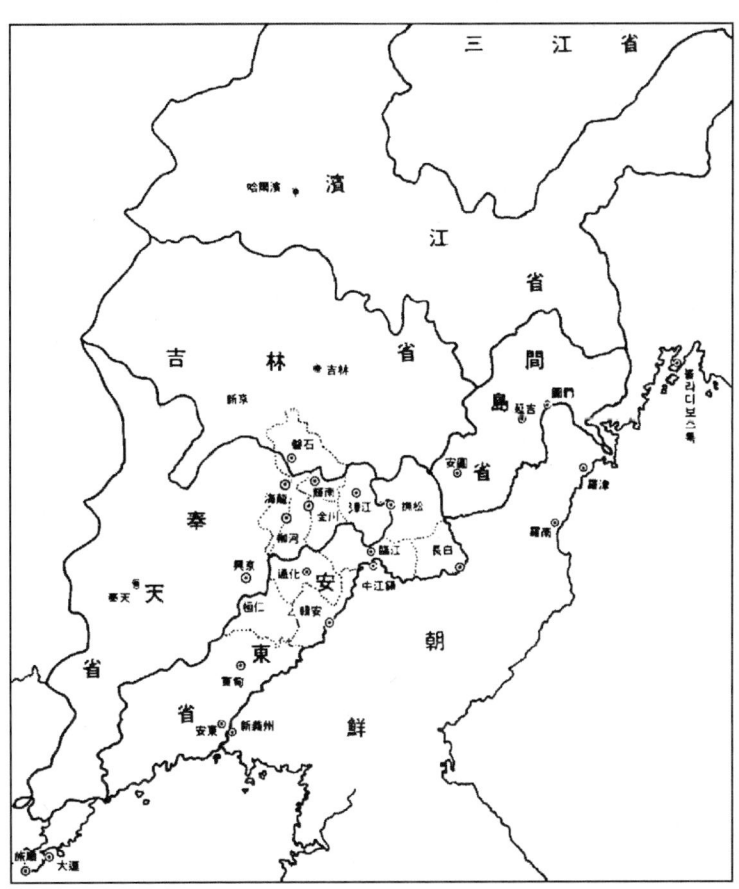

『東洋史學硏究』第42號(1993. 1), 동양사학회, 124쪽에서 옮김.

별첨: 지도 4

1659년 中國 세 대목구장 관할도

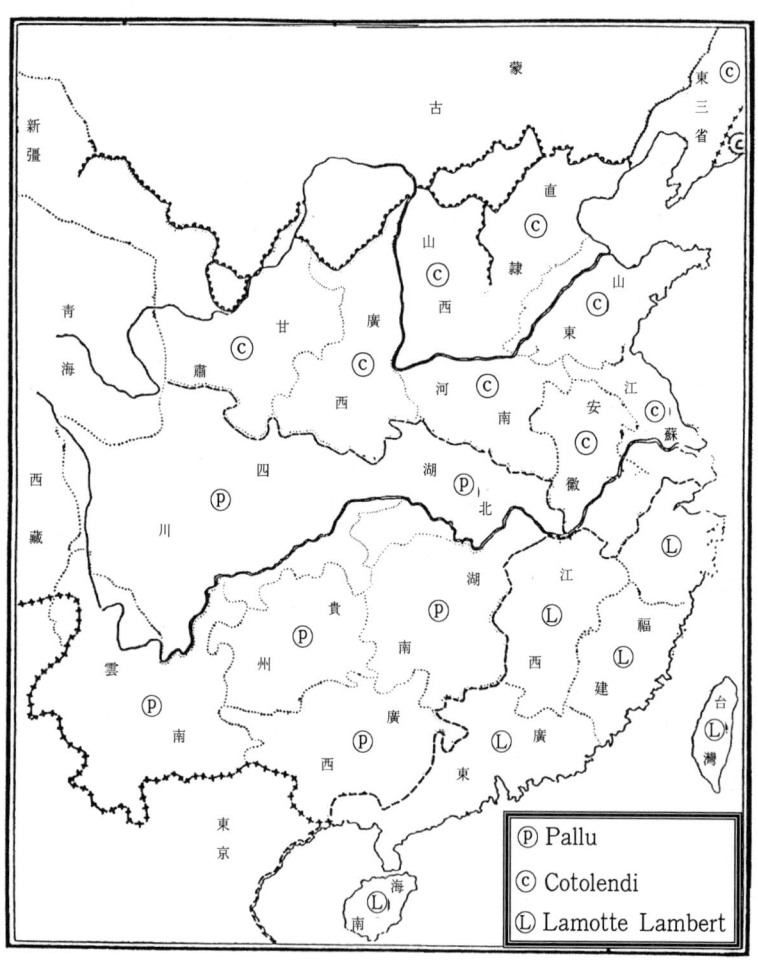

PÈRE JOSEPH DE MOIDREY, *LA HIÉRARCHIE CATHOLIQUE, EN CHINE, EN CORÉE ET AU JAPON(1307~1914),*
IMPRIMERIE DE L'ORPHELINAT DE T'OU-SE-WE, CHANG-HAI, 1914, 247쪽에서 옮김

별첨: 지도 5의 1913년 中國 교구 및 대목구 설정 년도

1576 Macao(澳門)	1874 Mongolie centrale(中 蒙古)
1696 Chen-si central(中 陝西)	1875 Koang-si(Préf.)(廣西)
Fou-kien(福建)	1878 Kan-sou septentrional
Se-tch'oan occidental(西 四川)	(北 甘肅)
1831 Corée(朝鮮)	1879 Hou-nan septentrional
1838 Hou-pé oriental(東 湖北)	(北 湖南)
Mandchourie méridionale	Kiang-si méridional(南 江西)
(南滿洲)	1882 Ho-nan septentrional
Tché-kiang oriental(東 浙江)	(北 河南)
1839 Chan-tong septentrional	1883 Amoy(廈門)
(北 山東)	Mongolie orientale(東 蒙古)
1840 Yun-nan(雲南)	Mongolie occident.(西 蒙古)
Mongolie(première fois)(蒙古)	1885 Chan-tong méridional
1841 Hong-kong(香港)	(南 山東)
1844 Chan-si septentrional	Kiang-si oriental(東 江西)
(北 山西)	1887 Chen-si méridional(南 陝西)
Ho-nan méridionale(南 河南)	1888 Ili(mission)(亦力)(派遣)
1846 Kiang-si septentrional	1890 Chan-si méridional(南 山西)
(北 江西)	1894 Chan-tong oriental(東 山東)
Koei-tcheou(貴州)	1898 Mandchourie septen.(北滿洲)
Thibet(première fois)	1899 Tchel-li oriental(冀東))
1856 Tche-li septentrio.(冀北)	1905 Kan-sou méridional(Préf.)
Tche-li occidental(冀西)	(南 甘肅)
Tche-li S. E.(冀東南)	1906 Ho-nan occidentale(Préf.)
Kiang-nan(江南)	(西 河南)
Se-tch'oan oriental(東 四川)	1910 Kien-tchang(建昌)
Hou-nan méridional(南 湖南)	Tchel-li central(冀中)
1857 Thibet(de nouveau)	Tché-kiang occiden.(西浙江)
1858 Koang-tong(Préf.)(廣東)	1911 Tai-kou(大邱)
1860 Se-tch'oan méridio.(南四川)	Chen-si septentrion.(北陝西)
1870 Hou-pé N. W.(北西 湖北)	1912 Tche-li maritime
Hou-pé S. W.(南西 湖北)	(直隷海濱區)
	1913 Formose(Préf.)(臺灣)

PÈRE JOSEPH DE MOIDREY, *LA HIÉRARCHIE CATHOLIQUE,
EN CHINE, EN CORÉE ET AU JAPON (1307~1914)*,
IMPRIMERIE DE L'ORPHELINAT DE T'OU-SE-WE, CHANG-HAI, 1914,
258쪽에서 옮김(한자 지명은 필자가 넣음)

별첨: 지도 5

1913년 中國 교구 및 대목구 관할도

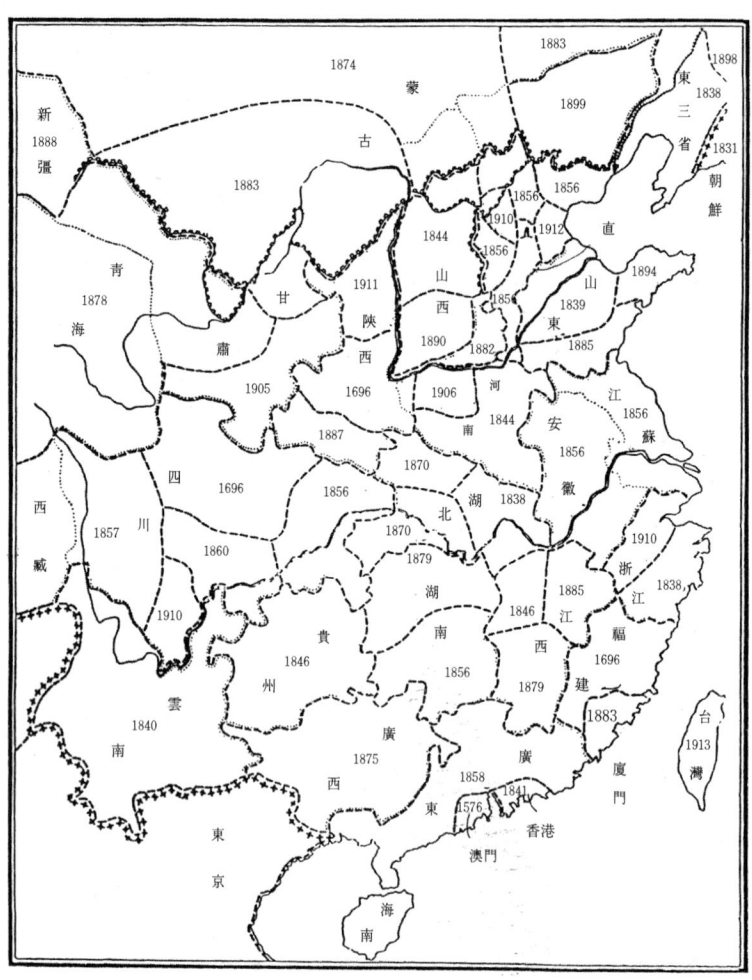

PÈRE JOSEPH DE MOIDREY, *LA HIÉRARCHIE CATHOLIQUE,*
EN CHINE, EN CORÉE ET AU JAPON (1307~1914),
IMPRIMERIE DE L'ORPHELINAT DE T'OU-SE-WE, CHANG-HAI, 1914, 259쪽에서 옮김

· 저자 ·

이석재 · 약 력 ·

1978년 가톨릭대학교 대학원 졸업(신학석사)
1979년 3월 사제품(천주교 인천교구 소속 신부)
1981-1984년 육군 군종신부(대위 전역)
1984-1998년 인천교구 간석4동, 제물포, 부개동 주임신부
1991-2000년 8월 인하대학교 대학원 사학과(문학박사)
1996-현재 인천가톨릭대학교 교수

· 주요논저 ·

「성인입교과정」
「일제 강점기 독일 분도회와 미국 메리놀회의 선교방법 비교연구」
「인도의 고아 교구 창설(1533년) 이후의 아시아 복음화 초기 역사 소고」
『성서사십주간 문제집』
『신난다 첫영성체교리』
외 다수

중국천주교회와 조선천주교회의
연계활동에 관한 연구

-19~20세기 만주지역 천주교회를 중심으로-

· 초판 인쇄 | 2006년 11월 30일
· 초판 발행 | 2006년 11월 30일

· 지 은 이 | 이석재
· 펴 낸 이 | 채종준
· 펴 낸 곳 | 한국학술정보㈜
경기도 파주시 교하읍 문발리 526-2
파주출판문화정보산업단지
전화 031) 908-3181(대표) · 팩스 031) 908-3189
홈페이지 http://www.kstudy.com
e-mail(출판사업부) publish@kstudy.com
· 등 록 | 제일산-115호(2000. 6. 19)
· 가 격 | 29,000원

ISBN 89-534-5906-0 93230 (Paper Book)
89-534-5907-9 98230 (e-Book)